本书为国家社会科学基金青年项目"我国民营企业社会责任问题的社会学研究"（项目编号：11CSH055）的项目成果

民营企业社会责任
现状、影响因素与推进机制

薛天山　著

中国社会科学出版社

图书在版编目（CIP）数据

民营企业社会责任：现状、影响因素与推进机制／薛天山著.—北京：
中国社会科学出版社，2020.6
ISBN 978 - 7 - 5203 - 6515 - 4

Ⅰ.①民… Ⅱ.①薛… Ⅲ.①民营企业—企业责任—社会责任—
研究—中国 Ⅳ.①F279.245

中国版本图书馆 CIP 数据核字（2020）第 086718 号

出 版 人	赵剑英
责任编辑	姜阿平
责任校对	邓晓春
责任印制	张雪娇

出 版	中国社会科学出版社
社 址	北京鼓楼西大街甲 158 号
邮 编	100720
网 址	http://www.csspw.cn
发 行 部	010 - 84083685
门 市 部	010 - 84029450
经 销	新华书店及其他书店

印刷装订	北京市十月印刷有限公司
版 次	2020 年 6 月第 1 版
印 次	2020 年 6 月第 1 次印刷

开 本	710 × 1000 1/16
印 张	17.5
插 页	2
字 数	244 千字
定 价	99.00 元

目　　录

第一章　企业社会责任的兴起与研究的思路

第一节　企业社会责任的兴起与中国现实

进入 21 世纪，企业面临着更为复杂的成长环境，科学技术水平的不断进步与消费者需求的多样化，使得企业产品的更新周期不断缩短；基于网络平台的信息技术方兴未艾，加速了企业信息的流动性；经济全球化的趋势，推动着企业迈向国际化的轨道。为了更迅速地回应消费者的需求，参与国际竞争，提高核心竞争力，越来越多的企业将履行社会责任写入企业发展的章程，成了新时代的新战略。

一　企业社会责任的兴起

企业社会责任的提出是社会经济发展到一定程度的产物，它使企业与社会之间休戚相关。19 世纪末 20 世纪初，工业革命的成果促进了社会生产力的提升，进而促进了企业数量的日益增长和规模的日益扩大，增强了企业的市场竞争力、抵御风险的能力与社会影响力。然而，伴随着经济取得飞跃式发展的同时，也为社会带来了诸多社会问题：企业结构重组使得大量劳动者沦为失业者；垄断的形成大大地限制了有效竞争；产品的复杂性与信息的隐蔽性将消费者置于不利地位；利益分配不均而导致贫富两极化发展；社会资源的大量消耗以及生态环境的恶化等。由于当时受"社会达尔文主义"思潮的影响，许多企业为了谋取经济利益的最大化，对企业是否应当承担社会责任持消极态度，更为了可以在竞争中成为赢家，盘剥与企业利益密切相关的供应商与员工等群体，由此产生了一系列社会不公现象。面对这些现象，许多学者开始质疑并批评"社会达尔文主义"思想的冷漠，并逐渐开始关注企业社会责任问题。

1899 年，美国钢铁集团公司的创始人安德鲁·卡内基（Andrew Carnegie）在其著作《财富福音》中最早提出"公司社会责任"的观点，他将"公司社会责任"建立在慈善原则和管家原则基础之上，认为富人应以捐献自己财富的方式回馈社会。① 20 世纪 20 年代，现代公司制在美国诞生，公司的所有权与经营权发生了分离，公司的管理者成为了受托人，他们作为企业运行的关键，不仅享有相应的权力和地位，而且他们还需肩负起满足消费者、员工和社会需求的责任；这些受托人需将各个利益团体之间相互冲突的利益进行有效平衡；企业的管理者意识到企业有义务造福及服务于公众。"受托人观""利益平衡观"以及"服务观"这三种相互联系的观点为企业社会责任获得广泛认同起到了重要的推动作用。从这一时期开始，学者们开始尝试明确"企业社会责任"概念，分析企业社会责任所带来的附加正效应，建构企业社会责任理论体系，并从伦理学、经济学、法学、社会学、管理学等角度对企业社会责任展开了深层次的研究与讨论。

20 世纪中期以后，随着企业社会责任理论的发展和社会各界的广泛关注，更多企业将社会责任付诸实践，积极承担相关责任，并从被动的接受逐渐向主动承担转变，企业活动对社会的影响也逐步凸显。20 世纪 60—80 年代，企业社会责任所涉及范围更加广泛，企业参与和支持的项目不仅覆盖了传统项目，例如教育、公共健康、就业福利、环境保护、资源利用等，同时也涵盖了战争、疾病以及学校教

---

① ［美］安德鲁·卡内基：《财富的福音》，杨会军译，京华出版社 2006 年版。

育等社会领域。大量具有强制约束力的法律规范也成为了推动企业承担相应社会责任的力量之一，企业的经营者也认识到承担社会责任与企业获取利润之间的联系，并主动地融合这两者。

20 世纪 80 年代，跨国公司的产生将全球经济发展带入新的发展阶段，与此同时，在生产转移过程中也造成了诸多社会性问题，例如劳工权益、环境转移性污染以及产品质量安全等问题，促使社会对企业承担社会责任有了新的要求。20 世纪 90 年代后，在经济全球化的大背景下，随着信息技术水平的提高，使得全球的信息可以在短时间内自由共享，信息披露的扩大化也影响着人们的价值观、消费观。在两者共同作用下，人们愈加关注企业社会责任的承担问题。1991 年 Levis 公司在亚洲工厂雇用低龄女工的行为被媒体曝光，受到了社会公众的指责，为了维护其企业声誉与利益，Levis 公司制定了公司社会责任守则以及社会责任审核体系。企业主与高层管理者逐渐认识到了企业可持续发展的重要性，不再对企业履行社会责任秉持冷漠的态度，沃尔玛、锐步、迪士尼等品牌公司也相继制定了针对自身的企业社会责任守则，大多数企业设立了正式的工会组织，部分企业开始主动开展捐款资助活动，大企业还设立了慈善基金。总体而言，企业对承担社会责任的态度由排斥、被动接受逐渐转变成主动承担，其中不乏企业已经把企业社会责任作为独特的竞争优势和发展战略，企业社会责任成了促使企业重新焕发生命力的重要手段。

二　中国企业承担社会责任的进程

20 世纪 90 年代企业社会责任问题引起了中国各界的重视和关注，人们开始认识到企业虽然是利润导向的经济体，最大化的利益是其永恒的追求目标，但履行企业社会责任与否，关乎着企业的生死存亡与未来发展。在计划经济时代，国有企业和集体企业是国民经济的主要组成部分，私人企业和外资企业几乎不存在，国家统一对整个经济发展作出决策和指导，此时的企业扮演着"小社会"的角色，即除了担当经济职能外，还担负很多本该属于政府的政治、社会职能，形成了"企业办社会"的现象。企业属于政府分支的机构，不拥有独立的经济利益，虽然这种局面为当时社会的稳定提供了积极贡献，但大量的人力、物力、财力被占用，社会资源使用低效，企业承受着沉重的社会负担，阻碍了企业的良性成长。

在改革开放的初期，企业经历了经营自主权、利改税、承包经营责任制、转换企业经营机制等阶段，在前进中不断探索和解决涌现的问题，并逐步建立和完善现代企业制度。在着眼于塑造企业的市场主体地位进程中，经济制度渐渐由计划经济体制向社会主义市场经济体制转型，但相对不完备的经济体制对于企业逐利的外部性很难产生有效约束，加之企业与社会之间的双向信息存在不对称性，致使企业产生投机性行为，从而引发社会责任危机。消费者群体愈加处于弱势、社会环境日益遭到破坏、劳工权利问题逐渐凸显……这些都唤起了普通社会公众对企业履行社会责任的关注。尤其是我国加入 WTO 以后，企业在参与国际市场竞争过程中，不可避免地受到全球企业社会责任运动的影响，企业在走向国际市场时，积极和勇于履行企业社会责任成为了一项必要条件。2001 年，中国企业出现第一份社会责任报告，2006 年，国家电网公司首次对外正式发布央企第一份企业社会责任报告，标志着中国企业社会责任走向了新纪元。伴随人们对企业社会责任意识的不断提高，企业社会责任报告发布数量呈明显的上升趋势，截至 2014 年，我国发布的企业社会责任报告已经达到 1526 份。

三 民营企业承担社会责任的现状

随着中国企业融入国际市场步伐的加快，企业作为社会的基本经济单位，在创造社会价值时，其所扮演的社会角色的影响力也在不断增强，企业无可避免地需要承担更多的社会责任。而作为社会经济体系中最活跃的群体——民营企业，在逐步成长为国民经济的重要组成部分和经济增长的主要动力的同时，也成为了企业社会责任新的关注点和落脚点。十一届三中全会确立的改革开放的发展路线为民营企业的发展壮大创设了优势条件，党的十五大报告和十六大报告分别指出"非公有制经济是我国社会主义市场经济的重要组成部分"，"必须毫不动摇地鼓励、支持和引导非公有制经济的发展，对充分调动社会各方面的积极性，加快生产力发展具有重要作用"。这为民营企业建构了一个参与市场竞争的平等合法的平台。

民营企业产权边界清晰，权责关系明确，具有充分的自主权、较强的市场适应能力以及高灵活度的内在机制，这些优势使得民营企业相较于国有企业拥有特殊的生命力与竞争力。2003 年福布斯全球行政总裁会议上，《福布斯》杂志国际版亚洲副主编范鲁贤表示，中国民营企业的发展正在并已经改变了中国的经济面貌，是推动中国社会经济发展的一支不可忽视的重要力量。国家统计局数据显示，1989 年，中国民营企业总数为 90581 户，从业人员 164 万人，注册资金 84 亿元；随着经济的繁荣与社会的进步，2010 年 9 月，我国民营企业数量超过 840 万户，占实有企业总数的 74%，注册资金总额突破 19 万亿元；2011 年，全国登记注册民营企业的数量增长至 900 万户，从业人员达 10353.6 万人，注册资金为 25 万亿元，且 2011 年前 11 个月民营企业出口总额超过 5700 亿美元，同比增长 36.8%，占全国出口总额的三分之一；截止到 2012 年 9 月，我国登记注册的私营企业数量突破千万家，达 1059.8 万户，注册资金达 29.8 万亿元，并且民营上市公司总数突破 1000 户。由此可见，民营企业的总数在迅速增长，而且规模在不断扩大，彰显出蓬勃的生机与活力。

据国家税务总局统计，2006 年民营企业税收总额达到 3495.2 亿元，比 2005 年增长 28.6%，占全国企业税收总额的比重为 9.28%，比 2005 年提高了 0.48 个百分点。[①] 2012 年，民营企业数量占企业总数的 87.4%，且 GDP 贡献率超过了 60%，同年前 10 个月，民营工业

---

① 黄孟复主编：《中国民营经济发展分析报告 VOL.4（2006—2007）》，中国社会科学出版社 2005 年版。

企业增加值累计增速为 14.9%，高于国有工业企业 6.4% 和全国工业企业 10% 的平均水平，民营工业企业为实体经济基础的稳固作出了突出贡献。民营企业所缔造的经济效益丰富了社会主义市场经济多元化竞争环境，为企业产权制度改革，实现多样化产权结构提供契机，并且成为了我国产业结构调整和完善的直接动力。

民营企业的蓬勃发展，不仅推动了我国国民经济的增长，还为社会带来了一系列正效应。民营企业吸纳了大量劳动力，减缓了我国劳动力供需压力。此外，民营企业还推动了大量的农村劳动力向城镇转移，加速了城乡之间资源交换，加速了城市化进程。随着民营企业的成长，对企业社会责任的认知理念由先前的模糊，逐渐发展为清晰；承担企业社会责任的行为，由被动到主动，由盲目到自觉，民营企业在承担社会责任方面也取得了一定的成绩。如在光彩事业"感恩行动"中，全国共有 13.2 万家民营企业积极响应，受助对象总计达 30.6 万人，资助金额和物资约 75.7 亿元，招工扶贫 60 万人，惠民项目到位资金 90 亿元。2008 年汶川大地震，全国各界齐心协力共同抗震救灾，据官方统计汶川地震捐款达 800 亿元，国际社会援助约 12 亿元，港澳台捐助 30 亿元，而最大部分捐款来自于内地，而民营企业捐款则超过 60%。在 2012 年中国慈善排行榜上，605 家上榜企业中，民营企业达到 392 家，捐赠总额达 54.4 亿多元。可以说民营企业在履行社会责任方面，尤其是对慈善公益事业作出的贡献是令人瞩目的，彰显了民营企业已成为社会责任领域不可忽视的力量之一。

民营企业不仅在慈善捐赠方面表现突出，还大力发展科学教育事业，完善社会公共设施，提高人们生活水平，关注特殊群体，平等公平地为其提供岗位和帮助；在关注环境保护，合理利用有限资源等方面也取得了一定的成就。但有部分民营企业在对社会责任的认知和实践方面依然存在着一些问题。部分民营企业对企业社会责任还存在一些模糊认识和观念误区，有些民营企业认为，企业社会责任是国外在其发展历程中应运而生的，对于我国来讲是"舶来品"，并不符合中国国情及社会发展需要。还有一些企业将承担社会责任等同于慈善捐助或企业办社会，认为承担社会责任是企业发展到一定的阶段才需要考虑的议题，是大企业的责任，与小企业无关。这些观点导致部分民营企业对承担社会责任缺乏积极性甚至有抵触情绪，具体表现为消极履行或是逃避承担，对自身缺乏社会性综合考虑与定位。

认识上的模糊不清导致了部分企业在实践中出现了许多偏离社会责任理念的行为。首先，产品质量与安全问题亟待解决。近年来，我国频繁出现产品质量安全问题，企业为了获取短期的利益，用廉价的原料以次充好，或降低成本偷工减料，置消费者的身心健康于不顾。其中最典型案例即为三鹿集团，石家庄三鹿集团股份有限公司在创立后经过半个世纪的努力，已经发展成为同行业的优秀领航者，创造了多项奇迹。三鹿集团处于辉煌时期时，曾被认定为"中国驰名商标"、中国500个最具价值品牌之一、最具市场竞争力品牌，2006年在国际知名杂志《福布斯》评选的"中国顶尖企业百强"中位列乳产品行业第一位。2008年，为降低成本偷工减料衍生出震惊中外的三鹿奶粉"三聚氰胺"事件被披露，毒奶粉事件致使6名孩童不幸死亡，30万儿童严重患病，酿成了重大食品安全事故。这样一个在行业中拥有一席之地的民营企业，由于对产品质量安全的忽视，偏离了企业社会责任实践的轨迹，造成了严重的后果。诸如此类的"质量门"事件更深层次地反映了我国民营企业急功近利、不择手段追求利润的社会责任偏误，并没有切实地践行企业社会责任的准则。

其次，民营企业的诚信缺失。有些企业以制作和发布虚假信息为诱饵，诱导欺骗消费者对产品的质量与性能的认知与考核，刻意隐瞒产品存在的问题与缺陷，通过不正当竞争手段阻碍信息的双向交流。部分民营企业采取虚报费用、增列开支、伪造账本、欺瞒利润等方法，进行偷税漏税的寻租行为，甚至有些企业还与财务审计公司联合发布虚假财务信息，利用假资产上市牟利，严重扰乱了市场经济运行秩序。另外，民营企业社会责任诚信缺失还体现在较低的合同履行率上。故意违约、不按时交货付款、三角债等纠纷层出不穷，致使商业合作伙伴的利益受到了侵害，导致了商业诚信的缺失。民营企业的失信行为，动摇了投资者的信心，降低了社会公众的信任，破坏了市场运行规则，已成为民营企业发展道路上的瓶颈。

再次，民营企业生产安全存在严重的弊端，民营企业忽视安全成本，对安全生产投入的经费不足，对员工的岗前培训不到位，隐瞒岗位存在的潜在性危害，不履行告知义务，也不予以防范，员工缺乏安全操作的知识和技能，致使其面对突发事件时应变能力较弱，对员工的合法权益造成了损害。

最后，民营企业发展迅速的背后，衍生出一系列的连带性资源环境问题。大部分民营企业在发展过程中，缺乏足够的环境保护意识，存在不少浪费资源、污染环境的隐患，尤其是加工型企业，多为"靠山吃山，靠水吃水"，自然资源的无序使用和过度开采，致使生态严重恶化甚至失衡。有些民营企业为了降低企业的投入成本，使用相对落后的技术和陈旧的机械设备，以牺牲生态环境为代价，大量消耗甚至破坏资源。民营企业相关项目评估的规定也十分松散，很多项目并没有通过资源环境评估就直接投入生产以获取经济效益。部分企业被查封后，依然继续生产，漠视自己酿成的严重后果。民营企业对环境保护的漠视，已经成为了企业自身可持续发展的绊脚石。

第二节　研究思路、方法与对象

民营企业加强对经济、环境、人权和社会的关注，不仅可为其自身生产经营和企业声誉带来积极益处，还可以造福企业所在地区的社会发展，而社会的进步也会为企业的可持续发展构建更广阔的空间，从而达成双向共赢的局面。以长远眼光来看，民营企业履行社会责任不仅有利于提升企业业绩、降低企业运营的成本，而且有益于增加社会对企业的接受和认可程度，塑造良好的品牌效应。企业对社会责任的积极履行，不仅可以实现企业内部体系的良性调节，而且可以均衡各方利益，实现社会各方全面、协调的可持续发展；实现资源的有效利用、环境的优化保护。

因此，针对我国民营企业的社会责任问题进行深入细致的研究具有重要的理论与现实意义，对我国和谐社会的建设具有不可忽视的作用。本书尝试对企业承担社会责任的合理性与必要性进行探讨，在此基础上，通过实证分析探索民营企业的管理者对企业社会责任的认知水平、态度倾向及其影响因素。在通过深度访谈把握当前民营企业履行社会责任的总体状况及其特征，并在参考其他学者所设计开发的企业社会责任调查问卷的基础上，选择企业社会责任调查的理论模型与测量指标，最终形成"民营企业社会责任调查问卷"。利用问卷调查的结果探索我国民营企业承担社会责任的现状与影响因素，并尝试探究企业社会责任的推动机制。最后，结合实证分析的结果和社会现实情况，提出一些相应的对策建议。具体来说，本书主要针对以下内容进行研究：

第一，通过梳理中外研究者所提出的企业社会责任理论，进一步明确企业社会责任的意涵、内容及层次。

第二，民营企业社会责任的功能与必要性研究。民营企业是否履行社会责任不仅会影响其自身的健康发展，而且对社会制度、文化、伦理道德、公众信用等产生极大的影响，本书将尝试研究企业社会责任对企业与社会的影响方向与影响路径。并在此基础上，探讨我国民营企业承担社会责任的必要性与可能性。

第三，我国民营企业社会责任的指标体系设计。在考察国际上通用的企业社会责任标准（如 Social Accoutability 8000）的基础上，结合我国民营企业的实际特点，对我国民营企业社会责任进行指标设计。

第四，民营企业的发展周期与社会责任实践之关系研究。社会责任的履行与民营企业生命周期之间存在相关关系。本书希望在借鉴我国民营企业履行社会责任的成功案例基础上，构建社会责任与民营企业生命周期演变模型，分析中国民营企业社会责任履行的不同特征以及社会责任对民营企业生命周期的影响，探讨中国民营企业的可持续变迁路径。

第五，我国民营企业社会责任履行情况及特点研究。在结合企业社会责任相关理论的基础上，对民营企业社会责任进行指标设计，并对转型期民营企业社会责任履行现状进行调查。

第六，我国民营企业履行社会责任的影响因素研究。我们从初步的调查中感受到，影响我国民营企业承担社会责任的因素有很多。本书初步假设有三个层面的因素对企业社会责任行为有重要的影响作用，即个体层面的因素（主要指企业高层管理者对企业社会责任的认识与态度）、企业层面的因素和社会因素。

第七，民营企业社会责任的推进机制研究。在西方国家，企业社会责任的履行，除了依托于相对健全的法律、法规以外，还可以依靠市民社会中生成的工会组织、消费者群体来促进企业社会责任的履行，而对于中国的民营企业而言，其社会责任的推进应该借助于何种机制推行？这也是我们提出相应对策建议的基础。

在研究方法方面，从已有的研究文献来看，现有的关于企业社会责任问题或民营企业的社会责任现状研究多数还是导向性的，关于现状的感性分析较多，对民营企业履行社会责任的客观状况与社会主观评价状况都没有展开调查研究，本书率先在全国范围内对此展开大规模的实证调查，实证研究将是本书的一个重要基础。

抽样调查法是本书最主要的调查研究方法，主要是指采用抽样调查的方法收集相关信息，如我国民营企业的社会责任履行状况、承担的方式、社会责任缺失的表现形式、民众对企业社会责任缺失的态度与看法、民营企业社会责任缺失的可能后果等。并用因子分析法、多元回归分析法与聚类分析法等去确定我国民营企业社会责任的履行状况、特征和影响因素。具体来说，我们首先在对民营企业高层管理者和研究专家访谈基础上，借鉴其他学者已开发好的成熟量表，设计出问卷初稿，并将问卷初稿提交给专家进行评定与修改；同时，通过试调查发现问卷中实际出现的问题并加以修改。遵循经济而有效的原则，本书采用多阶段分层抽样的方法，通过样本估计总体。实践证明，这种抽样方式对全国及不同类型地区有较好的代表性。在每一个调查地区设立调查小组招聘当地大学生为专门的调查员，并设专职督导对调查员在调查过程中出现的问题进行指导解决。调查人员的严格挑选和培训是取得准确、可靠资料的不可或缺的前提，因此在调查之前对调查员进行了培训，使调查员明确调查的目的和意义，了解调查设计的原则和方法，了解调查对象的选择方法，统一调查指标的含义及填写方法，明确调查工作的进程等。

　　调查组在 2013 年 6—10 月实施了正式调查，问卷填答者要求为副总经理及以上的企业高管人员。在江苏、浙江、四川、江西、广东、安徽、湖北、上海等地组织调查员共发放了 1520 份问卷，回收1024 份有效问卷，有效回收率 67.4%。问卷调查对象的基本情况如表 1-1 所示。

表 1-1　　　　　　　　　调查对象的基本情况统计

变量	类别	频次	百分比（%）	累计百分比（%）
性别	男	691	69.7	69.7
	女	300	30.3	100.0
年龄	25 岁及以下	77	7.6	7.6
	26—30 岁	146	14.3	21.9
	31—35 岁	163	16.0	37.9
	36—40 岁	167	16.4	54.3
	41—45 岁	251	24.6	78.9
	46—50 岁	134	13.2	92.1
	51—55 岁	57	5.6	97.6
	56—60 岁	17	1.7	99.3
	61 岁及以上	7	.7	100.0

续表

变量	类别	频次	百分比（%）	累计百分比（%）
学历	小学或小学以下	15	1.5	1.5
	初中	122	11.9	13.4
	高中或中专	291	28.5	41.9
	大专	242	23.7	65.6
	本科	306	30.0	95.6
	研究生及以上	45	4.4	100.0

因为企业的社会责任表现会受到企业特征的影响，因此我们对所调查的企业的年龄、规模、上一年的销售额、资产总额、产业类型、所在地区进行了调查。其中，对企业年龄的调查我们要求被调查者填写企业的开创年份，在实际统计分析时，我们用 2013 减去企业开创年份，不足 1 年的算作 1 年。企业规模我们以 2013 年的企业员工人数作为企业规模的指标，请被调查者直接填答企业职工数量。所调查企业的基本情况如表 1-2 所示。

表 1-2　　　　　　　调查企业的基本情况统计

变量	类别	频次	百分比（%）	累计百分比（%）
企业年龄	5 年及以下	193	19.0	19.0
	6—10 年	282	27.7	46.7
	11—15 年	272	26.7	73.5
	16—20 年	152	14.9	88.4
	21 年及以上	118	11.6	100.0
企业规模	50 人及以下	470	46.0	46.0
	51—100 人	194	19.0	65.0
	101—150 人	78	7.6	72.7
	151—200 人	72	7.1	79.7
	201—500 人	91	8.9	88.6
	501—1000 人	46	4.5	93.1
	1001 人及以上	70	6.9	100.0

续表

变量	类别	频次	百分比（%）	累计百分比（%）
上一年的销售额	500 万元以下	382	37.4	37.4
	500 万—1000 万元	246	24.1	61.5
	1000 万—3000 万元	171	16.7	78.3
	3000 万—1 亿元	85	8.3	86.6
	1 亿—3 亿元	75	7.3	93.9
	3 亿元以上	62	6.1	100.0
资产总额	500 万元以下	377	37.1	37.1
	500 万—1000 万元	199	19.6	56.7
	1000 万—3000 万元	178	17.5	74.2
	3000 万—1 亿元	110	10.8	85.0
	1 亿—3 亿元	62	6.1	91.1
	3 亿元以上	90	8.9	100.0
产业类型	农林牧渔业	36	3.5	3.5
	采掘业	19	1.9	5.4
	制造业	402	39.3	44.6
	房地产业	43	4.2	48.8
	交通运输、仓储和邮政业	29	2.8	51.7
	电力、煤气及水的生产和供应业	19	1.9	53.5
	建筑业	57	5.6	59.1
	批发和零售业	124	12.1	71.2
	住宿和餐饮业	106	10.4	81.5
	租赁和商务服务业	50	4.9	86.4
	其他行业	139	13.6	100.0
地区	浙江	154	15.1	15.1
	江苏	388	38.0	53.1
	江西	175	17.1	70.2
	四川	164	16.1	86.3
	广东	71	7.0	93.2
	北京	18	1.8	95.0
	其他	51	5.0	100.0

第二章 企业社会责任的意涵、争论与理论

第一节 企业社会责任的意涵

　　早期的企业社会责任倡导者并未对"企业社会责任"这一关键的核心概念进行明确的定义。这一概念最初的使用，主要是针对"股东利益至上"论的，其含义含糊不清。因此，有学者（如 Smith，1998）认为仅凭这一点，"企业社会责任"这一概念就失去了意义①。面对这样的指责，众多的企业社会责任倡导者们开始力图揭示其题中应有之义。然而，学者们对企业社会责任的理解并不一致，如 Votaw 所说，"企业社会责任"是"一个精妙的词汇。它有所指，然其意涵在不同人的心目中却并非总是一致。许多人仅将其与慈善捐赠等而视之；某些人则以为它意指社会良心；众多这一提法的热烈拥护者则把它视为正当性（Legitimacy）的同义语；另有少数人将其看作一种信义义务（Fiduciary Duty）——一种赋予商人的比加予一般民众的行为标准要求更高的义务"。② Carroll 曾于 1999 年总结了为企业社会责任理

---

　　① Smith R. , "Social Responsibility：A Term We Can Do Without", *Business and Social Review*, Vol. 31, No. 6, 1998, pp. 21 – 26.

　　② Votaw D. , "Genius Becomes Rare", in D. Votaw and S. P. Sethi（ed.）, *The Corporate Dilemma：Traditional Values Versus Contemporary Problems*（Prentice Hall, Englewood Cliffs, NJ）, 1975, pp. 1 – 45.

论演变作出重要贡献的学者对这一概念所下的 30 多种定义。① 可见其含义的丰富复杂性，我们收集整理了部分有代表性的定义，如表 2 - 1 所示。

从这些学者对"企业社会责任"的定义来看，对"企业社会责任"的界定主要有两种方式：一种为内涵式定义法，即尝试把握"企业社会责任"本质性意义、特征、要素，在此基础上界定概念（如 Bowen 的定义）。另一种为外延式（罗列式）定义法，即列出企业应采取的"合适"的行动范围，划定"企业社会责任"的边界，以此来界定概念（如 CED 的定义）。

从某种意义上来说，"企业社会责任"概念之所以无法形成统一的定义，其原因主要在于学者们对"企业社会责任"的本质、要素、意义、边界等方面存在着很大的分歧与争议。这样的争议主要存在于这样几个方面。

表 2 - 1　　　　　　　　**关于企业社会责任含义的代表性观点**

代表人物	定义
H. R. Bowen	商人按照社会的目标和价值，有向有关政府靠拢、作出相应的决策、采取理想的具体行动的义务②
W. C. Frederick	社会责任意味着商人应该监督经济体制的运行以满足社会的期望。生产的经济意义在于，生产和分配应以提高总体社会经济福利为目标，公众期望社会的经济、人力资源能通过企业被运用于广泛的社会目的，而不是为了狭隘的个人和企业有限利益③
C. C. Walton	简言之，企业社会责任是指企业必须认识到企业与社会的密切关系，并且此种关系必须被企业高层管理者牢记，就像企业与相关群体的目标一样④

① Carroll A. B. , "Corporate Social Responsibility: Evolution of a Definitional Construct", *Business and Society*, Vol. 38, No. 3, 1999, pp. 268 - 294.

② Bowen H. R. , *Social Responsibilities of the Businessman*, Iowa: University of Iowa Press, 2013.

③ Frederick W. C. , "The Growing Concern Over Business Responsibility", *California Management Review*, Vol. 2, No. 4, 1960, pp. 54 - 61.

④ Walton C. C. , *Corporate Social Responsibilities*, Belmont, CA: Wadsworth, 1967.

续表

代表人物	定义
J. W. McGuire	社会责任的思想主张公司不仅有着经济和法律方面的义务，在这些义务之外，还承担有其他社会责任①
Harold Johnson	一个负有社会责任的公司是一个平衡多种利益的公司，而不是仅仅为股东争取更多的利益。一个负有社会责任的公司会考虑对员工、供应商、经销商、当地社区和国家的责任与义务②
H. G. Manne & H. C. Wallich	企业社会责任行为必须包含三个要素：（1）企业履行社会责任行为的边际收益必须低于其他行为的边际收益；（2）企业的行为必须是完全自愿的；（3）必须是企业的行为而非个人的慷慨行为。③
K. Davis	企业社会责任是指企业应考虑或回应超出狭窄的经济、技术和法律要求之外的议题，同时实现企业经济目标和社会利益的增加。企业社会责任行为意味着超越法律规范要求的行为，如果只是遵循法律的行为不能被称为企业社会责任行为④
H. Eilbert & I. R. Parke	企业承担社会责任可以理解为企业成为一个"好邻居"。这个概念包含两方面：一方面是不损害邻居的利益；另一方面是自愿承担帮助邻居解决困难的义务⑤
R. Eells & C. Walton	企业社会责任是指企业必须关注超越纯粹的经济的社会需求与目标⑥
K. Davis & R. L. Blomstrom（Davis & Blomstrom）	社会责任是决策者在考虑自己的利益的同时，也有义务采取措施以保护和改善社会福利⑦

---

① McGuire J. W. , *Business and Society*, New York：McGraw – Hill, 1963, p. 144.

② Johnson H. L. , *Business in Contemporary Society：Framework and Issues*, Wadsworth Pub. Co. , 1971, p. 50.

③ Manne H. G. & Wallich H. C. , *The Modern Corporation and Social Responsibility*, Washington D. C. ：American Enterprise Institute for Public Policy Research, 1972.

④ Davis K. , "The Case for and Against Business Assumption of Social Responsibilities", *Academy of Management Journal*, Vol. 16, No. 2, 1973, pp. 312 – 322.

⑤ Eilbert H. & Parket I. R. , 1973, "The Current Status of Corporate Social Responsibility", *Business Horizons*, Vol. 16, No. 4, 1973, pp. 5 – 14.

⑥ Eells R. & Walton C. , *Conceptual Foundations of Business* (3rd ed.), Burr Ridge, IL：Irwin, 1974.

⑦ Davis K. & Blomstrom R. L. , *Business and Society：Environment and Responsibility* (3rd ed.), New York：McGraw – Hill, 1975, p. 39.

续表

代表人物	定义
T. M. Jones	企业社会责任是指企业负有对社会其他群体而不是股东的，超越法律与契约的义务。其有两个特点，一是自愿性，二是超出传统的对股东的义务①
E. M. Epstein	企业社会责任主要与组织对特别问题的决策（有一定规范性的）结果有关，决策要达成的结果应对利益相关者是有益而不是有害的。企业社会责任主要关注企业行为结果的规范性、正确性②
R. W. Griffin	是指在提高本身利益的同时，对保护和增加整个社会福利方面所承担的责任③
哈罗德·孔茨与海因茨·韦里克	就是认真地考虑公司的一举一动对社会的影响④
斯蒂芬·P. 罗宾斯	一种工商企业追求有利于社会的长远目标的义务，而不是法律和经济所要求的义务……企业追求社会目标仅限于它们有利于该企业实现其经济目标的程度……加入了一种道德规则，促使人们从事使社会变得更美好的事情，而不做那些有损于社会的事情⑤
P. H. Werhane & R. E. Freedman	企业具有的那种超出于对其业主或股东狭隘责任观念之外的替其整个社会所应承担的责任⑥
P. 普拉利	正如实行质量管理一样，企业也接受具体的道德责任。在最低水平上，企业须承担三种责任：（1）对消费者的关心，比如能否满足使用方便、产品安全等要求；（2）对环境的关心；（3）对最低工作条件的关心。……首先，企业有义务承担最基本的道德责任：即为消费者提供安全而又性能良好的商品和服务。在这一基础性和永久性的责任上，现在又增加了新的道德责任。第二层次的道德责任的范围扩大了，涉及关心环境和减少资源消耗。最后一个层次的道德责任指的是企业作为一个道德共同体的质量。这意味着起码没有滥用（道德责任）⑦

① Jones T. M., "Corporate Social Responsibility Revisited, Redefined", *California Management Review*, Vol. 22, No. 3, 1980, pp. 59 – 67.

② Epstein E., "The Corporate Social Policy Process: Beyond Business Ethics, Corporate Social Responsibility and Corp Orate Social Responsiveness", *California Management Review*, Vol. 29, No. 3, 1987, pp. 126 – 141.

③ [美] 里基·W. 格里芬：《实用管理学》，杨洪兰等译，复旦大学出版社1989年版，第73页。

④ [美] 哈罗德·孔茨、海因茨·韦里克：《管理学》，郝国华等译，经济科学出版社1997年版，第689页。

⑤ [美] 斯蒂芬·P. 罗宾斯：《管理学》，黄卫伟等译，中国人民大学出版社1997年版，第97—98页。

⑥ Werhane P. H. & Freedman R. E., *The Blackwell Encyclopedic Dictionary of Business Ethics*, USA: Blackwell Business, 1998, p. 593.

⑦ [美] P. 普拉利：《商业伦理》，洪成文等译，中信出版社1999年版，第98—119页。

续表

代表人物	定义
乔治·恩德勒	企业的责任范围包括经济责任、社会责任和环境责任三方面①
理查德·T. 德·乔治	有时它超越了法律意义，指企业履行其道德义务的责任；有时指社会加之于企业的义务本身。通常，它是指企业对社会、对自身行为给社会所造成影响的关注，不管这种关注是否符合社会的要求。企业道德义务可分为四类一般义务。其中，一般义务根源于企业、社会的性质以及二者之间内含的合约性质。第一类一般义务是"不造成任何伤害"。第二类一般义务来源于企业建立于其间的自由企业制度的本质。企业依赖于制度整体，因此企业就有道德义务不危及该制度的自由与价值。第三类一般义务即在企业所从事的交易活动中做到公平。第四类一般义务在于按照自己自由签订的契约合同去做②
世界商业可持续发展委员会（Peter Ranard and Maya Forstater）	企业社会责任是指承诺企业行为符合伦理标准，并在促进经济发展的同时尽可能地改善工作环境，提高员工家庭生活质量，促进当地经济和社会发展
欧洲议会	企业社会责任不仅意味着符合法律规定，而且要积极改善人力资本、环境和利益相关者的利益
社会责任协会	企业社会责任是指经营获得符合或超出伦理、环境商业和公共预期的标准
美国经济开发委员会（CED）	企业的职责要得到公众的认可，企业的基本目的就是积极地服务于社会的需要——达到社会的满意。计有58种企业社会责任行为与任务，涉及10个领域：（1）经济增长与效率；（2）教育；（3）用工与培训；（4）公民权利与机会均等；（5）城市建设与开发；（6）污染防治；（7）资源保护与再生；（8）文化与艺术；（9）医疗服务；（10）对政府的支持③

资料来源：根据相关文献整理而成。

一 利己主义抑或利他主义

这一争议所关注的是企业行为的动机因素，有学者认为只有利他主义的行为才能被称为企业社会责任行为，而带有经济目的的行为无

---

① [美] 乔治·恩德勒：《面向行动的经济伦理学》，高国希等译，上海社会科学院出版社2002年版，第229—234页。

② [美] 理查德·T. 德·乔治：《经济伦理学》，李布译，北京大学出版社2002年版，第228—235页。

③ CED, *Social Responsibilities of Business Corporations*, New York：Commottee for Economic Development, 1971.

论其结果如何，均不能称为企业社会责任行为。当然，也有很多学者反对这一判定标准。持第一种观点的学者有 Manne、Haas、Ackerman、Loevinger 和 Bauer 等学者。他们认为，唯有带有促进社会公益的主观意愿的企业行为才能称为企业社会责任行为。而与此相反，以 Davis、Blomstrom、Starling 和 Sturdivant 为代表的学者则主张，一种企业行为是否为企业社会责任行为，其判断标准不应该取决于其动机为何，而应该从该行为的社会影响及其特定效果角度进行衡量。只要该企业行为有助于促进社会公益，符合社会利益，无论其是否具有慈善动机，均可视为企业社会责任行为。

二 是否应以"自愿"为标准？

对企业社会责任定义中是否应该包含"自愿"的内涵，许多学者也持不同的看法。Wallich、Manne 和 Jones 等学者认为企业社会责任应该以"自愿性"为其前提条件，企业社会责任是指企业的一种完全自愿性的行为，而不是由法律或者外部压力所强制的。如 Manne 与 Wallich 就提出，公司社会责任的概念必须符合三个要素：第一，公司社会责任的支出或行动给公司带来的边际回报低于其他支出的边际回报；第二，公司社会责任的行为必须是自愿的；第三，公司社会责任的行为必须是公司行为，而不是个人行为。[①] 他们将"自愿性"作为企业社会责任定义所必须满足的三个条件之一。持这一观点的还有菲利普·科特勒与南希·李，他们指出："企业的社会责任是指企业通过自由决定的商业实践以及企业资源的捐献来改善社会福利的一种承诺。"[②] 其用"自由决定的"这一限定词来强调企业社会责任的"自愿性"属性。

---

① Manne H. G. & Wallich H. C.，*The Modern Corporation and Social Responsibility*，Washington D. C.：American Enterprise Institute for Public Policy Research，1972，pp. 3 – 7.

② ［美］菲利普·科特勒、南希·李：《企业的社会责任：通过公益事业拓展更多的商业机会》，姜文波等译，机械工业出版社 2006 年版，第 2 页。

　　将"自愿性"作为企业社会责任的前提条件，得到了一些学者的支持，但也遭到了一些学者的反对，如 Steiner 就认为，将企业社会责任"完全定义在这种自愿性领域上，忽视了企业很多其他的重要行动，因而是不完整的"①。确实，有许多企业社会责任行为是出于自愿的，但以"自愿性"作为其评判标准，会将许多早已被广泛认定为企业社会责任的行为排除在外，如"防止污染""不使用童工"等，这些行为为法律制度所强制要求，但早已被认定为是任何一个企业都应该履行的社会责任。甚至有学者认为，企业社会责任的精髓，就在于它是社会期望、社会风俗、法律制度等外在力量对企业的义务性要求。美国经济开发委员会（CED）将其所列举的 58 种企业社会责任行为明确地划分为两种类型，一种为自愿性的企业社会责任行为，另一种则为非自愿性的行为，即由法律法规、社会习俗所强制、激励或引导的行为。②

三　是否应以损害经济利益为标准？

　　此一争议的焦点在于企业社会责任是否以"经济牺牲"为前提，以不求回报为标准。Manne 与 Wallich 所提出的企业社会责任的三要素中，第一个要素即为"企业社会责任的支出或行动给公司带来的边际回报低于其他支出的边际回报"③。即认为企业社会责任行为即使不一定要赔钱，但必定是少赚了钱，损害了企业的经济利益，只有这样的行为方能称为企业社会责任行为。Walton 与 Manne 及 Wallich 的观点一致，也将"愿意花费可能无法评价直接经济回报的成本"④ 作

---

① Steiner G. A. & Steiner J. F. , *Business, Government and Society*, New York: McGraw-Hill Inc. , 1997.

② CED, *Social Responsibilities of Business Corporations*, New York: Commottee for Economic Development, 1971.

③ Manne H. G. & Wallich H. C. , *The Modern Corporation and Social Responsibility*, Washington D. C. : American Enterprise Institute for Public Policy Research, 1972, pp. 3 - 7.

④ Walton C. C. , *Corporate Social Responsibilities*, Belmont, C. A. : Wadsworth, 1967, p. 261.

为企业社会责任的条件之一。以"经济牺牲"为企业社会责任的标准之一，可能与这些学者所持的"公益性动机"标准有关，认为只有在经济利益方面不求回报或受到损害，才能证明该企业有关行为是利他主义的。

但这样的观点也遭到了很多学者的反对，如 Bock、Davis、Blomstrom 等学者认为，企业实践社会责任与企业追逐经济利益之间并不必然产生冲突。如 Drucker 所说："目前大部分对'企业社会责任'的讨论都假定或隐含，赚取利润在本质上是违背'社会责任'的，或者至少是与社会责任无关的。……现今，社会责任的赞同者，很少考虑'行善赚钱'，也就是将社会的需要和问题转化为企业的盈利机会，即使那些否定企业负有社会责任的人也很少这样看。"[1] Galbraith 更是提出："大企业最大化的不是金钱上的回报而是整个企业组织的全部利益，而金钱回报只是这些利益之一。"[2] 换言之，企业采取社会责任行为即使在金钱上受到一些损失，但从企业的整体利益来看，企业承担社会责任与企业利益并不必然产生冲突。

四 企业社会责任行为的范围与边界

作为反对企业社会责任思想的代表人物，Friedman 声称："在自由经济中，企业有且仅有一个社会责任——只要它处在游戏规则中，也就是处在开放、自由和没有欺诈的竞争中，那就是要使用其资源并从事经营活动以增加利润。"[3] 即企业只有一种责任——经济责任。在这里，弗里德曼将企业的经济责任与社会责任做了严格的区分，并通过强调企业只负有唯一的经济责任来反对企业承担社会责任。

从本源的意义上来说，"企业社会责任"的概念创设与理论建构

---

① Drucker P. F. , "The New Meaning of Corporate Social Responsibilities", *California Management*, Vol. 26, No. 2, 1984, p. 59.

② Galbraith J. K. , *The New Industrial State* (2nd ed), Boston: Houghton Mifflin Company, 1971, p. 18.

③ Friedman M. , *Capitalism and Freedom*, Chicago: Chicago University Press, 2002.

是与企业经济责任相对应与区分使用的，这也是自由主义经济学家与企业社会责任倡导者及支持者之间对话的焦点。无论是企业社会责任的支持者还是反对者，都承认企业社会责任独立于企业经济责任而存在。如 Brummer 认为，企业经济责任与企业社会责任都属于企业责任，它们是一种并列的关系。① 然而，随着争论的不断推进，也许是为了调和与反对者的争论，也许是为了特定的论证需要，越来越多的学者倾向于将企业经济责任纳入企业社会责任范畴内，认为企业经济责任是企业社会责任的一个组成部分。如美国经济发展委员会（CED）于 1971 年发布的《商事公司的社会责任》报告，报告对企业社会责任用了三个同心圆的模型加以定义（见图 2 - 1）：同心圆最里面的圆圈包括有效地执行经济功能的基本责任——产品、就业和经济增长。中间的圆圈包括实施经济功能所必须密切关注的社会价值与优先权的变化，要求企业满足环境保护，尊重员工，以及消费者对产品信息、公平交易和免遭损害的强烈期望。外面的圆圈代表企业应该更广泛地参与提升社会环境的活动中新出现的和不确定的责任。② 虽然 CED 尝试将企业社会责任与企业经济责任区别开来，曾指出，"本报告的主要关注点，是企业责任中的社会方面而非经济方面，尽管我们承认，企业造福于社会，主要是通过发挥其生产产品和服务、创造财富的基本功能，来提高国民的生活水平"③，但同心圆模型的企业社会责任定义已经模糊了企业社会责任与企业经济责任之间的界限。

美国佐治亚大学管理学教授阿尔奇·卡罗尔（A. B. Carroll）对企业社会责任的定义非常著名。1979 年，卡罗尔提出了后来被学界广泛采用的 CSR 的四层次模型，认为完整的社会责任是由四部分组成的，即企业经济责任、法律责任、伦理责任与自愿责任（慈善责任）

① Brummer J. J. , *Corporate Responsibility and Legitimacy: An Interdisciplinary Analysis*, New York: Greenwood Press, 1991.

② CED, *Social Responsibilities of Business Corporations*, New York: Commottee for Economic Development, 1971.

③ Ibid. , p. 9.

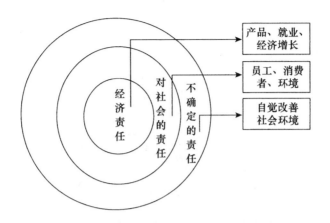

图 2 - 1　CED 的企业社会责任同心圆模型

的总和。如卡罗尔所言："企业社会责任包括社会于一个时间点上对组织在经济、法律、伦理和自愿方面的期望。"[1] 经济责任指企业必须负有生产、盈利及满足消费者需求的责任；法律责任指企业必须遵守社会的法律与各种规定，在法律范围内履行其经济责任；伦理责任指企业行为必须符合社会文化传统、规范、价值观与期望；慈善责任指企业自愿履行的责任，法律、伦理规范、社会期望均没有对企业提出明确的要求，需要企业自行裁决与选择，如慈善捐助、帮助妇女儿童、残疾人等弱势群体等。这四部分共同构成了企业社会责任，但是，这四个部分对企业社会责任的贡献并不相等，它们的权重各不相同，经济责任、法律责任、伦理责任和自愿责任的权数依次为 4—3—2—1。[2] 为了更形象地说明企业社会责任的含义，卡罗尔于 1991 年提出了企业社会责任的金字塔模型（见图 2 - 2）。

　　卡罗尔认为，企业需要从整体来看待金字塔模型，去关注在同时履行这些责任时所可能涉及的决策、行动、政策和活动。企业并不是

---

　　[1]　Carroll A. B. , "A Three-Dimensional Conceptual Model of Corporate Performance", *Academy of Management Review*, Vol. 4, No. 4, 1979, pp. 497 - 505.

　　[2]　Ibid. .

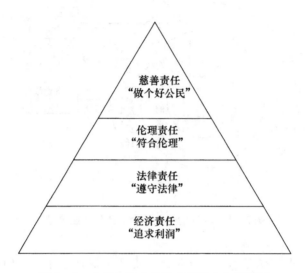

图2-2 卡罗尔的企业社会责任金字塔模型

按金字塔中由低到高的次序履行其责任，而是同时履行所有的社会责任，包括经济、法律、伦理和慈善四个方面的责任。卡罗尔同时指出虽然这四方面责任经常是相互冲突的，但是它们也紧密地联系在一起。卡罗尔的定义可以说是迄今为止对企业社会责任阐述得最为清楚、详尽的界定，有清晰易解的特点。正因如此，卡罗尔对企业社会责任的定义已经成为了学界使用最多的模型之一。然而，其缺点也是明显的。作为企业社会责任中最基础的组成部分，经济责任是从责任的内容角度进行的分类，而法律责任、伦理责任与慈善责任则是以责任履行的推动力作为标准进行的分类。分类标准的不一致导致了其对企业社会责任的表述像一锅大杂烩，也像是对企业社会责任反对者的一种妥协。卡罗尔试图将企业经济责任纳入企业社会责任范畴，以博取反对者的接纳与支持，但这样的做法却破坏了卡氏整个理论逻辑的严谨性。另外，卡罗尔对伦理责任与慈善责任的界定是不明确的，两者之间的关系模糊不清。

图佐利诺和阿玛迪（F. Tuzzolino & B. R. Armandi）于1981年借

助马斯洛（A. H. MaSlow）的需求层次理论模型，建构了一个社会责任概念模型（见图2-3）。他们认为企业的需求层次与马斯洛的个人需求层次理论相类似。马斯洛的需求层次理论认为个体具有五个层次的需求，分别为生存的需求、安全的需求、归属的需求、成功的需求与自我实现的需求。与之相对应，企业也具备五个层次的需求，即需承担的五个层次的责任。第一层次可称为经济责任，即保持利润以维持企业的生存；第二层次可称为竞争责任，关注增强企业竞争力，获得安全感的需求；第三层次可称为习俗与社会规范责任，即企业具有回应社会期待，获得社会赞誉的需求；第四层次可称为社会形象责任，即企业具有获得社会地位，树立形象的需求；第五层次可称为慈善与福利责任，即企业自我实现的需求，包括内部与外部各方面的需求。内部的需求因素关注于员工关系：工作满意、薪酬计划、目标一致性及财务盈余。外部因素包括公平机会、消除污染、产品可靠性、企业慈善与社会福利等方面。①

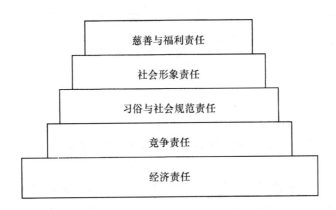

图2-3　图佐利诺和阿玛迪的社会责任概念模型

施瓦茨与卡罗尔（M. Z. Sehwartz & A. B. Carroll）于2003年提出

---

① Tuzzolino F. & Annandi B. R., "A Need Hierarchy Framework for Assessing Corporate Social Responsibility", *Academy of Management Review*, Vol. 6, No. 1, 1981, pp. 21-28.

了一个关于企业社会责任的三领域模型（见图2-4），认为企业社会责任包括了三个责任领域：经济、法律与伦理领域，即企业社会责任包括了经济责任、法律责任与伦理责任。他们所说的企业社会责任的经济领域与卡罗尔所论述的经济责任并无不同，均是指那些能给企业带来直接或间接积极影响的企业行为。而法律责任是指企业为回应社会法律原则而表现出来的行为反应；伦理责任指普通公众或企业的利益相关者期望企业承担的社会责任。① 施瓦茨与卡罗尔所建构的三领域模型与卡罗尔金字塔模型有很多相似之处，但也有很多不同之处。三领域模型消解了卡罗尔的金字塔模型中不同责任之间的层级区分，更重要的是，这一模型可以让我们看到不同责任之间重叠的可能性。

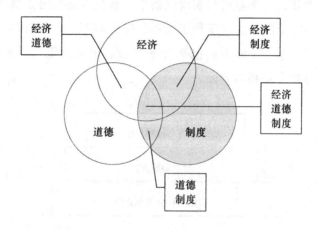

图2-4　施瓦茨与卡罗尔的三领域模型

我国学者陈志昂与陆伟认为企业在追求利润时也必须承担相应的社会责任，而企业所能承担的社会责任又受多种因素所制约。他们建构了一个企业社会责任三角模型（见图2-5），将企业社会责任分为法规区、习俗和社会规范区、企业战略区和道义区。最下面一个层级

---

① Sehwartz M. Z. & Carroll A. B. , "Corporate Soeial Responsibility: A Three Domain Approach", *Business & Ethies Quarterly*, Vol. 13, No. 4, 2003, pp. 503 – 530.

称为法规层级，在这一层级上企业是严格按照法律和规章的规定行事的，属于服从性的行为。第二个层级称为标准层级，其中的企业社会责任行为则属于依从性行为，是按照社会风俗习惯、行业标准行事的。最上面一个层级是战略与道义层级，图中用一条波浪线将其分为战略区与道义区两个部分，左边称为战略区，右边称为道义区。①

图 2-5　陈志昂与陆伟的企业社会责任三角模型

陈迅与韩亚琴认为社会责任的定义应该是全面的，但是履行应该是分层次的。他们"依据社会责任与企业关系的紧密程度把企业社会责任分为三个层次：一是'基本企业社会责任'，包括：（1）对股东负责；（2）善待员工。二是'中级企业社会责任'，包括：（1）对消费者负责；（2）服从政府领导；（3）搞好与社区的关系；（4）保护环境。三是'高级企业社会责任'，包括：（1）积极慈善捐助；（2）热心公益事业"②。

五　企业社会责任的边界与内涵

从前面的梳理来看，对企业社会责任的理解与定义可谓五花八门，莫衷一是，争论不休。争论的焦点主要有四个方面：（1）是否

---

① 陈志昂、陆伟：《企业社会责任三角模型》，《经济与管理》2003 年第 11 期。
② 陈迅、韩亚琴：《企业社会责任分级模型及其应用》，《中国工业经济》2005 年第 9 期。

应以"利他主义"动机为前提？（2）是否应以"自愿性"为前提？（3）是否应以"损害企业经济利益"为前提？（4）企业社会责任的范围与边界问题。这样的争论一方面促进了学术界对"企业社会责任"这一概念研究的深入，但另一方面也给研究造成了很大的困扰。因此，深入地分析以厘清这一核心概念，是非常有必要的。

就是否应以"利他主义"动机为前提而言，以动机作为企业社会责任的要件其操作性是很值得商榷的。若以"利他主义"为前提，那么许多学者所提出的经济责任、法律责任均不能被判定为企业社会责任，因为企业履行相关法律规范所规定的责任其动机大多是利己主义的，是为了不受惩罚而已。不仅如此，即使是学者们公认的属于企业社会责任范畴的慈善活动，从其动机上来看，也不能排除企业具有利己主义动机的可能，即很难说企业参与慈善活动是出于"公益性"的"利他主义"动机，还是出于塑造企业形象，提高企业地位，增加企业知名度等"利己主义"动机。因此，以"利他主义"动机作为企业社会责任的前提要素是不合适、不具有操作性的。

对于将"自愿性"作为企业社会责任的必要条件，如前文所述，可能会导致许多企业重要的行为被排除在企业社会责任行为范畴之外。既然法律、道德、习俗、社会规范等均可推动企业履行社会责任，那么企业的社会责任行为就不可能是全然自愿的行为。因此，自愿或非自愿不能成为界定企业社会责任时必须纳入考量的因素。

对于是否应以"损害企业经济利益"为前提来考量企业社会责任，我们同样持否定性的态度。企业社会责任与企业的利润目标有矛盾的一面，也有统一的一面。缘于此，在某些场合，企业实施社会责任行为，须承受经济上的损失，或放弃经济上最有利于企业和股东利益的行动，但履行企业社会责任，亦可能为企业和股东带来直接的经济利益。尤其是践行企业社会责任，还有助于树立良好的企业形象，营造企业与社会的和谐、互动关系，这于企业的长期经济利益是大有裨益的。另外，在现实生活中，我们也不难发现重视企业社会责任的企业蒸蒸日上，而怠忽企业社会责任者最终被逐出市场的实例。这意味着，企业社会责任之实行，可能导致企业经济上尤其是短期经济利益的牺牲，但并不尽然。既然企业社会责任可以通过、亦可以不通过牺牲企业经济利益的方式而付诸实行，那么我们也没必要在"企业社会责任"的定义中注入"经济上的牺牲"之类的内涵。①

就企业社会责任的范围与边界问题的讨论是最多的。许多学者据此建构了众多的企业社会责任的概念模型。主要有卡罗尔的金字塔模型，美国经济发展委员会（CED）的同心圆模型，Tuzzolino 与 Armandi 的企业需求层次理论模型，Sehwartz 与 Carroll 的企业社会责任三领域模型，我国学者陈志昂与陆伟的企业社会责任三角模型等。在企业社会责任的范围与边界问题上，争论最多的是企业社会责任与经济责任之间的关系问题。有学者（如 Brummer，1991；卢代富，2001）认为经济责任是独立于社会责任，与社会责任并列的一种企业责任。也有很多的学者（如卡罗尔，1991；Sehwartz & Carroll，2003）将经济责任定位为社会责任的构成部分，其基本思路是：企业追逐利润过程中客观上可促进社会整体的福利的增加，因此理所当然应将其纳入社会责任的范畴。按照前文的分析讨论，若不以"利他主义"动机、"自愿性"与"牺牲经济利益"为判断标准，而只以企业行为的后果与影响是否具有增进整体社会福利的功能为前提预设，经济责任确实可归为企业社会责任的一部分。这样的推断是建立在一个前提假设之上：企业履行经济责任可推进社会整体的福利。然而如果仔细思考这一预设，我们就会发现这一预设未必完全正确，因为企业追逐经济利益的过程可能提高社会福利，也可能损害社会福利。正因为如此，才需要社会使用法律法规或道德规范来约束企业的行为，以保障其行为符合社会利益。因此，从这层意义上来说，企业经济责任行为未必属于企业社会责任范畴。有部分企业经济责任行为可划归企业社会责任

① 卢代富：《国外企业社会责任界说评述》，《现代法学》2001 年第 3 期。

范畴，但也有部分不能纳入企业社会责任范畴。

因此，判断某种企业行为是否属于企业社会责任范畴，不能以是不是经济行为标准，也不能以是不是自愿履行为前提，不能以"利他主义"动机为条件，也不能以企业是不是"牺牲经济利益"为预设，而只能从其社会影响与特定后果来衡量，以是否能够增进社会整体利益为必要条件。企业所发生的行为只需能够促进社会福利的增加，无论其是经济行为，还是法律所强制执行的行为，抑或社会道德所推崇的行动，均可纳入企业社会责任范畴。也即企业行动的动因为何——经济驱动、法律强制、道德推动，并不是衡量一种企业行为是否可纳入企业社会责任范畴的基本标准。因此，简单来说，所谓企业社会责任，是指企业所负有的维护和增进社会公益的义务。

第二节　企业承担社会责任的合理性

自 1916 年克拉克（J. M. Clark）提出"企业社会责任"[①]思想，至今已近百年。学术界对"企业社会责任"的研究已经取得很多的成果，企业界在社会责任实践方面也有了很大的进展，但在"企业是否应该承担社会责任"问题上的争论却从未间断。如彼得·F. 德鲁克所说："有关工商企业的社会责任的讨论，已经进行了一个世纪了。"[②] 可以这么说，企业界的实践一直伴随着争论不断前行，而学术界也在争论中被激发起了研究的热情，学者们尝试建构不同的理论来回应质疑者的非议。

一　企业社会责任的早期论战

关于企业是否应该承担社会责任的论战最激励、最具影响力的当

---

① Clark J. & Maurice, "The Changing Basis of Economic Responsibility", *Journal of Political Economy*, Vol. 24, No. 3, 1916, pp. 209 – 229.

② ［美］彼得·F. 德鲁克：《管理——任务、责任、实践》，孙耀君等译，工人出版社 1989 年版，第 396—397 页。

数 20 世纪 30 年代至 60 年代的伯利（A. A. Berle）与多德（E. M. Dodd）及伯利与曼尼（H. G. Manne）之间的两场论战。

　　1931 年伯利在《哈佛商业评论》上发表文章《作为信托权力的企业权力》，他在文章中提出："所有赋予公司或公司管理者的权力，无论是基于公司的地位还是公司的章程，或者同时基于这两者，只要股东有利益存在，这种权力在任何时候都必须只用于全体股东的利益。因此，当行使权力会损害股东利益时，就应该限制这种权力。"① 即认为企业的唯一存在目的是为股东创造利润，企业管理者作为股东的受托人，其首要任务是维护股东的利益，任何可能导致股东利益受损的行为（如承担社会责任）都应受到限制。针对这样的观点，多德同样在《哈佛商业评论》上发表文章，明确提出了反对意见，他认为企业的存在并非只为创造利润，它还具有服务社会的功能。且企业管理者也并非是股东的受托人，而是企业的受托人。他指出："尽管没有清晰的证明……但是我们的法律传统更倾向于将公司看作是由信托人管理的机构，这些信托人首先是机构的信托人而不是机构成员的信托人。"② 他们争论的焦点有二：一是企业存在的目标为何？二是管理者的受托对象是谁？这场争论持续了 20 年，在这 20 年中争论双方的态度都有所转变，都部分接受了对方的某些观点，至 1954 年伯利承认："20 年前，笔者同已故的哈佛法学院的多德教授进行了一次辩论。当时，笔者认为，公司的权力是为了众股东的利益而予以信托的，而多德教授则认为这些权力是为了社区的利益而予以信托的。这场辩论已经（至少目前是这样）以多德教授的观点为优胜而宣告终结了。"③

---

　　① Berle A. A. , "Corporate Powers as Powers in Trust", *Harvard Business Review*, Vol. 44, No. 7, 1931, pp. 1049 – 1074.

　　② Dodd E. M. , "For Whom are Corporate Managers Trustees?", *Harvard Business Review*, Vol. 45, No. 7, 1932, pp. 1145 – 1163.

　　③ Berle A. A. , *The 20th Century Capitalist Revolution*, New York：Harcourt, Brace and Company, 1954, p. 169.

至此，这场论战似乎以伯利观点的改变而宣告结束，但 1962 年曼尼对伯利的批评将这一场论战引向了深入。曼尼批评伯利将企业管理者作为所有利害关系人的受托人缺乏足够的证明，认为企业只是一个纯粹的经济组织，作为管理者并不具备承担社会责任的能力，他不无讽刺地说："伯利从来没有说清楚，为什么企业管理者在这些决策上会比其他人做得更好。"①且企业承担企业社会责任可能会危及企业的生存，"如果公司要在一个高度竞争的市场上出售产品，它就不可能从事大量的非利润最大化的活动，如果它一定要这样做，那么很可能就无法生存"②。同时他更是预言，企业承担社会责任会造成垄断与政府管制的增加，最终会威胁到自由经济制度。面对曼尼的非难，伯利则反击说被曼尼奉为立论基础的自由经济理论已经失去了市场条件。伯利指出，"在全世界几乎就不存在一个地方，古典的自由市场制度不受到控制，不是受到全国性的经济计划的影响，就是受到针对某些行业的特定计划的控制，美国也不例外"③。两人的争论立场迥异，观点针锋相对，自然也无达成共识的可能。

继"伯利—曼尼"之争后，虽然没有再出现激烈的正面交锋，但学者们对此争论的热情却丝毫不减。之后的争论都可视为"伯利—曼尼"之争的延续，在其他学者的论述中均可见到伯利与曼尼的观点与看法散落其中。至此，关于企业是否应该承担社会责任的问题争论，形成了两大阵营。

二 反对者的观点

一般来说，持经济自由主义立场的学者都反对企业承担经济利润以外的社会责任，从亚当·斯密（A. Smith）以来，均将追逐利润最

---

① Manne H. G. , "The 'Higher Criticism' of the Modern Corporation", *Columbia Law Review*, Vol. 62, No. 3, 1962, pp. 399 – 407.

② Ibid. .

③ Berle A. A. , "Modern Functions of the Corporate System", *Columbia Law Review*, Vol. 62, No. 3, 1962, pp. 433 – 449.

大化看作是一切从事经济活动的主体所追求的目标，且在自由竞争的市场力量的调解下，追逐私利的主观动机能够产生社会公共利益增加的客观结果，实现个人利益与公共利益的协调。亚当·斯密曾说："各个人都不断努力地为他自己所能支配的资本找到最有利的用途。固然，他所考虑的不是社会利益，而是他自身的利益，但他对自身利益的研究自然或者说毋宁说必然会引导他选定最有利于社会的用途。并且企业受一只看不见的手的引导，去尽力达到一个本并非它本意想要达到的目标，它追求自己的利益，往往使它能比真正处于本意的情况下更有效地促进社会的利益。"①

秉持类似观点与立场的还有米尔顿·弗里德曼（M. Friedman）与弗里德里克·哈耶克（A. F. Hayek）。弗里德曼持自由主义经济立场而坚决反对企业承担社会责任，他认为，企业承担社会责任是对自由经济的特性和性质产生误解的"一个颠覆性的说法"②，是一件危险的事情，"如果一个企业承担过多的社会责任，就是在扮演了经济角色外还承担了政治功能，这种混合的政治和经济力量由企业管理者来控制是很危险的"③。最终可能会危及自由经济的基础，"如果企业管理者接受这种社会责任的观念而不是尽可能地为股东创造利润，那就没有什么倾向能如此彻底地破坏我们这个自由社会的基础了。这种观点基本上是一种破坏社会的信条"④。

哈耶克在其著作《致命的自负》中将"社会责任"与"社会义务"等提法称为"被毒化的语言"，认为企业唯一的存在理由就是为投资者赚钱，承担企业社会责任可能会导致企业将主要精力放在与企

---

① ［英］亚当·斯密：《国民财富的性质和原因的研究》，郭大力、王亚楠译，商务印书馆1981年版，第25页。

② ［美］米尔顿·弗里德曼：《资本主义与自由》，商务印书馆1986年版，第128页。

③ 同上书，第140页。

④ Friedman M., "The Social Responsibility of Business is to Increase its Profits", *The New York Times*, Vol. 13, No. 9, 1962, p. 126.

业目标——为投资者赚钱相悖的努力上，会危及企业的生存。① 且企业过多地参与社会活动会招致政府干预的不断强化，妨碍企业的自由，最终可能会危及自由市场的存在。

韩国学者李哲松从法学的视角来考察企业社会责任的争论，并明确提出了自己的看法："对将企业的社会责任及社会义务视为法律上的概念，直至将其引进公司法上的看法，并不敢苟同。"② 他提出了三点反对的理由：第一，"企业社会责任"违背企业的本质。企业的传统的、固有的本质表现为其是一纯粹的利益团体。第二，企业社会责任的义务内容的模糊性。他认为，"社会责任并不能具体揭示其义务的内容。由于没有明确赋予任何作为义务，无法起到行为规范的左右。若将社会责任反映立法上，则有可能成为立法应极力避免的'空白规定'"。第三，义务对象的不存在。"至今为止的社会责任论笼统地以消费者、一般大众、公司所属的社会全体等来表现。但是这种笼统的集团不能作为现实性的权利人而存在。"因此，他认为，企业社会责任并非法律上的约束；"如果被这非法律概念误导，在与董事固有的善管义务相同的水平上考虑它，则只能引起混乱"③。李哲松对企业社会责任的批评，可谓面面俱到，从对企业本质的背离，到社会责任对象的虚构、再到社会责任内容的模糊。他的观点代表了许多学者拒绝"企业社会责任"理念的理由，也反映了因"企业社会责任"这一概念的模糊性而导致的无法识别与无法操作的窘境。"企业社会责任"概念的模糊性一方面招致了众多的质疑、批评与反对，另一方面却也在客观上促进了相关研究的发展，众多企业社会责任思想的支持者进行了大量的研究，尝试从企业的本质、企业与社会的关系、企业社会责任的对象、企业社会责任的内容等方面去回应反对者的

① ［英］哈耶克：《致命的自负》，冯克利、胡晋华译，中国社会科学出版社2000年版。

② ［韩］李哲松：《韩国公司法》，吴日焕译，中国政法大学出版社2000年版，第54页。

③ 同上书，第55页。

责难。

三 支持者的观点

企业社会责任对象的虚构与模糊问题一直受到质疑与批评，卡罗尔就曾指出："企业社会责任中的'社会'一词一直含糊不清，企业应向谁负责也没有明确的方向。"① 伍德（D. J. Wood）也发出了同样的疑问："'企业对谁负责呢？'我承认我们无法回答这个问题，因为这不是一个可以问的好问题。……除非我们对若干个关键用语和理解改变思维，否则我们无法对此进行有建设性的讨论。"② 一直以来，这一问题的存在就备受关注，因为它不仅影响到了企业社会责任研究的深入，甚至影响到了这一概念存在的合法性。直至 20 世纪 80 年代"利益相关者"理论出现，并于 90 年代与企业社会责任思想相结合以后，企业社会责任思想的支持者们才对这一质疑予以明确的回应。利益相关者理论坚持认为企业与员工、顾客、供应商、社区、非政府组织等均存有一定的利害关系，认为"企业是所有相关利益者之间的一系列多边契约"③。所谓利益相关者，用弗里曼（R. E. Freeman）的话说，就是："可以影响到组织目标实现或受其实现影响的群体或个人。"④ 即"那些在公司中存有利益或具有索取权的群体。更确切地说，我将供应商、客户、雇员、股东、当地的社区以及处于代理人角色的管理者包括到这一群体里"⑤。利益相关者理论的提出首先是一种对传统的股东本位主义的突破，如唐纳森所言："相关利益者理论

① Carroll A. B. , "The Pyramid of Corporate Social Responsibility: Toward the Moral Management Organizational Stakeholders", *Business Horizons*, Vol. 34, No. 4, 1991, pp. 39 - 48.

② Wood D. J. , "Corporate Social Performance Revisited", *Academy of Management Review*, Vol. 16, No. 4, 1991, pp. 691 - 718.

③ Freeman R. E. & Evan William, "Corporate Governance: A Stakeholder Interpretation", *Journal of Behavioral Economics*, Vol. 19, No. 4, 1990, pp. 337 - 359.

④ Freeman R. E. , *Strategic Management: A Stakeholder Approach*, Boston: Pittman-Ballinger, 1984, p. 46.

⑤ Freeman R. E. & Reed D. L. , "Stockholders and Stakeholders: A New Perspective on Corporate Governance", *California Management Review*, Vol. 25, No. 3, 1983, pp. 88 - 106.

对居于现代经济和管理理论中心的传统观点提出了挑战。"① 唐氏所说的居于现代经济和管理理论中心的传统观点就是指"股东价值最大化"理论。可见，这一理论与企业社会责任思想有着天然的亲近性。当两者相结合后，利益相关者理论很快就被称为评估企业社会责任"最为密切相关"的理论框架。② 更为重要的是，利益相关者理论为企业社会责任明确了指向的对象，为衡量企业社会责任表现提供了理论依据。如伍德所说："弗里曼的相关利益者观点可以回答企业应该为谁承担责任的问题。"③ 克拉克森（M. E. Clarkson）曾自豪地说："企业社会责任不同问题的所有关键点都可以针对每一个相关利益者群体来分析与衡量。"④

在企业社会责任内容方面，"社会回应（CSR2）"理论与"社会表现"理论则很好地回应了批评者的质疑。为了克服"企业社会责任"的模糊性缺点，以阿克曼（R. W. Ackerman）、鲍尔（R. Bauer）与弗雷德里克（W. C. Frederick）为代表的学者们提出了"社会回应"概念，弗雷德里克将"社会回应"定义为"企业回应社会压力的能力"，⑤ 并进一步进行阐释，认为这一概念包含了两层含义，从微观层面上看，它"意味着管理企业与各类社会团体之间关系的能力"⑥；从宏观层面上来说，它指的是企业应对社会制度设计安排的能力。其焦点集中于企业内部管理过程与外部环境管理技术。随着"社会回

---

① Donaldson T. , "The Stakeholder Revolution and the Clarkson Principles", *Business Ethnics Quarterly*, Vol. 12, No. 2, 2002, pp. 107 – 111.

② Wood D. J. & Jones R. E. , "Stakeholder Mismatching: A Theoretical Problem in Empirical Research on Corporate Social Performance", *International Journal of Organizational Analysis*, Vol. 3, No. 3, 1995, pp. 229 – 267.

③ Wood D. J. , "Corporate Social Performance Revisited", *Academy of Management Review*, Vol. 16, No. 4, 1991, pp. 691 – 718.

④ Clarkson M. E. , "Defining, Evaluating, and Managing Corporate Social Performance: The Stakeholder Management Model", in *Research in Corporate Social Performance and Policy*, No. 12, edited by L. E. Preston, Greenwich, CT: JAI Press, 1991, pp. 347 – 349.

⑤ Frederick W. C. , "From CSR1 to CSR2", *Business and Society*, Vol. 33, No. 2, 1994, pp. 150 – 164.

⑥ Ibid. .

应"概念的提出,学者的研究重心从企业"是否应该""代表谁的利益""根据什么道德准则",转向了"该做什么""怎么做"。如阿克曼所说:"回应社会需求远不只是决定做什么。当人们已经决定了做什么,后面还有怎样去做的问题,还有管理上的任务。"[1] 这一转向趋势从原本的目的来说,可能并非为了支持"企业社会责任"理念,但从客观结果来说,它明确了"企业社会责任"的内容,可以"提供企业社会责任原则的行动维度",[2] 使之具有实践上的可操作性。

如果说"企业社会回应"理论为企业履行社会责任指明了方向,那么"企业社会表现"理论则明确指向了企业社会行动的结果。如伍德等人将企业社会表现定义为:"一个企业的社会责任原则、社会回应过程与政策和方案的构成,以及当它们与企业社会关系相联系时所产生的可观察后果。"[3]"企业社会责任"理论尝试将"企业社会责任"与"企业社会回应"纳入到一个统一的理论模型之中,如卡罗尔著名的"企业社会表现的三维概念模型"认为:社会责任、社会回应、社会问题管理共同构成了企业社会表现的三维空间。[4] 沃蒂克与科克伦(S. L. Wartick & P. L. Cochran)也认为企业社会表现反映了"企业社会责任准则、社会回应过程和解决社会问题的政策之间的相互作用"[5]。相较"企业社会责任"与"企业社会回应"而言,"企业社会表现"更加强调企业行动的结果与社会影响。正因如此,企业社会表现的研究不仅为企业如何作为或应该如何作为提供了指南,而且也为企业社会责任的测量提供了理论依据。

---

① Ackerman R. W. , "How Companies Respond to Social Demands", *Harvard Business Review*, Vol. 51, No. 4, 1973, pp. 88 – 98.

② Wood D. J. , "Social Issues in Management: Theory and Research in Corporate Social Performance", *Journal of Management*, Vol. 17, No. 2, 1991, pp. 383 – 406.

③ Wood D. J. , "Corporate Social Performance Revisited", *Academy of Management Review*, Vol. 16, No. 4, 1991, pp. 691 – 718.

④ Carroll A. B. , "A Three-dimensional Model of Corporate Performance", *Academy of Management Review*, Vol. 4, No. 4, 1979, pp. 497 – 505.

⑤ Wartick S. L. & Cochran P. L. , "The Evolution of the Corporate Social Performance Model", *The Academy of Management Review*, Vol. 10, No. 4, 1985, pp. 758 – 769.

对"企业的本质"或曰"企业与社会的关系"的理解，直接影响到我们对于企业是否应该承担社会责任的判断。总体来说，持反对态度的学者坚持认为，企业是股东的企业，而企业承担社会责任则有可能损害股东的利益，因此所谓社会责任不应当成为企业必须承担的义务。而持赞成态度的学者则坚持认为，企业是一系列契约的组合，是为节约交易成本，由不同的个体之间一组复杂的显性契约和隐性契约所交汇而成的一种法律实体。① 到了20世纪90年代，唐纳森与邓菲（T. Donaldson & T. W. Dunfee）更是将社会契约理论与利益相关者理论结合起来，认为"企业是社会系统中不可分割的一部分，是利益相关者显性契约和隐性契约的载体"②。他们将企业与其利益相关者之间所遵循的所有契约形式称为综合性社会契约（Integrative Social Contracts），即企业正是通过与社会签订契约而获得合法性的，此为企业的本质。"被视为生产性组织的公司之所以存在，是为了通过发挥公司特有的优势和使劣势最小化的方式来增加消费者和工人的利益，进而增进社会的福利。这就是公司作为生产性组织的'道德基础'。也就是说，当这样的组织履行契约的条款时，他们就做得很好；否则，从道德角度来说，社会有权谴责他们。"③ 就企业的社会契约而言，既包括了正式的、显性的法律契约，即强制要求企业必须承担社会制定的各法律法规范围内的各种义务，也包括了非正式的、隐性的契约，其内容主要涉及社会规范、习俗与文化所引导的价值、基本信念、行为准则及社会期望等。正因为企业与社会存在着这样一种社会契约，企业理所当然应该承担法律法规所规定的各种行为规范与应尽的义务，也有责任满足各种利益相关者的社会期望。正如唐纳德与

---

① Jensen M. & Meckling W., "Theory of the Firm: Managerial Behavior, Agency Costs, and Ownership Structure", *Journal of Financial Economics*, Vol. 3, No. 4, 1976, pp. 305 – 360.

② ［美］托马斯·唐纳森、托马斯·W. 邓菲：《有约束力的关系——对企业伦理学的一种社会契约论的研究》，赵月瑟译，上海社会科学院出版社2001年版。

③ 转引自［美］戴维·J. 弗里切《商业伦理学》，杨斌等译，机械工业出版社1999年版，第43页。

邓菲所说："通过努力理解重要社会机构（如企业或政府）与社会之间的一份公正的协议或契约所承担的东西，以及社会中不同群体与机构之间默认的契约所承担的东西，我们就能更好地理解重要社会机构的责任。"①

20 世纪 90 年代，在广义的企业社会责任概念之下，又出现了一个新的相关概念——企业公民（Corporate Citizen）。企业公民的提出是将个人的公民权延伸、嫁接到了企业上，认为企业是社会的组成部分，是社会的公民之一，拥有公民权，同时也对社会负有责任，有责任为社会的一般发展作出贡献。马斯登（C. Marsden）将企业公民定义为"企业对其与社会关系和社会影响的管理"②。企业公民的理念与提法获得了政府、企业、学者们的广泛认可和支持。③"企业公民"理论通过对企业与社会关系的重新界定，厘清了企业的本质属性，借助公民意识明晰其含义，明晰企业所拥有的权利及与之相应的义务。使得企业履行社会责任的行为从一种自发行为模式发展成为公民观下的公民社会义务。"企业公民"理论尝试着将企业社会责任、企业社会回应、企业社会表现与利益相关者管理等概念与理论融入一个统一的分析框架，其发展虽未成熟，但其理论魅力已初现端倪。

四 企业社会责任合理性的争论焦点

可以发现，自"企业社会责任"思想出现以来，企业承担社会责任的合理性问题一直是该领域的研究焦点，在各种各样的争论中，学者

---

① ［美］托马斯·唐纳森、托马斯·W. 邓菲：《有约束力的关系——对企业伦理学的一种社会契约论的研究》，赵月瑟译，上海社会科学院出版社 2001 年版，第 23 页。

② Marsden C. , "The New Corporate Citizenship of Business: Part of the Solution to Sustainability", *Business and Society Review*, Vol. 105, No. 1, 2000, pp. 9 - 25.

③ 20 世纪之前，企业是不能承担什么社会责任项目的。当时的法律在企业管理者如何使用公司的资金上有明确的规定，认为企业没有权力去做其业务范围之外的事，否则，就是"过度活跃"（Cultra Vires）了。此时的企业不能被视为社会公民之一。直至 1953 年，新泽西州的最高法院认定"过度活跃"条款不合理，并拒绝执行它，才使得该条款寿终正寝。有意思的是，或许是"企业公民"这一概念淡化了对企业的责任的道德要求，与对待企业社会责任不同，新古典经济学思想的追随者们并不反对"企业公民"的理念与提法。

们提出了各种各样的概念，建构了各种各样的理论，作出了各种各样的分析，使得企业社会责任的研究获得了极大的发展。通过前面的梳理与分析，我们可以将争论双方的理由进行列表比较（见表2-2）。

表2-2　　　　　　　支持与反对企业承担社会责任的观点或理由

	反对者的观点	支持者的观点
1	企业社会责任违反企业的本质	企业社会之间存在着"综合性社会契约"，企业是社会公民之一，在享受权利的同时，应当承担相应的义务
2	承担社会责任需花费成本，影响企业效率，降低企业竞争力	承担企业社会责任可以改善企业形象，实现企业的长期利润，有助于企业长期生存。企业社会责任与企业经济利益并不存在必然的冲突
3	企业社会责任内容模糊，对于企业应当做什么意见不一，会使得企业无所适从	企业应当回应社会的期望与要求
4	企业社会责任的对象不明确	企业社会责任的对象是"利益相关者"
5	企业参与社会事务，会使得企业权利过大，最终会引起政府的干预	企业承担社会责任有助于规避政府管制

围绕企业是否应该承担社会责任，支持方和反对方都结合不同的社会环境背景相应地用各自的理论做了详细的阐述和论证。总的来说，争论的焦点主要是以下几个方面。

焦点一：股东抑或利益相关者：企业的责任对象。

20世纪初，在工业革命推动之下，社会化大生产催生了现代大公司的出现以及资本市场发展，企业出现了所有权和经营权的分离，企业的管理者是否有权力花费企业的资源去承担社会责任，成为了这一时期争论的焦点。

反对企业承担社会责任的学者认为，企业管理者是企业所有者的雇员，应对委托人即股东负责，保证股东利益最大化。弗里德曼就说："企业是拥有它的股东的工具。"① 即企业是股东的企业，而管理者则是股东的代理人。因此，企业的一切行为必须从股东的最佳利益出发，按照股东的意愿经营企业。如果管理者将组织资源用于承担社会责任，就是在增加经营成本，而这些成本要么通过高价转嫁给消费者，要么通过降低股息回报由股东吸收。

而坚持认为企业应承担社会责任的学者则认为，企业管理者是企业组织的代理人，而不仅仅是股东的代理人，因此，"那些掌控着大型经济组织的人应该对所有受这个组织影响的群体的利益负责，无论他们是员工、投资者还是消费者"②。也即企业管理者的责任对象不仅仅是股东，还应包括所有企业的利益相关者。因此，企业承担必要的社会责任是应该的也是必须的，约翰·B. 库仑说："社会责任是指企业对社会负有超越赢利的责任，意味着一个公司不仅要为股东谋利益，还要考虑其他成员（顾客、供应商）等的利益。"③

焦点二：利润最大化抑或最优化：企业责任的目标。

企业社会责任的反对者不仅认为企业是股东的企业，企业管理者是股东的代理人，而且坚持企业的目标就是利润最大化。自由主义经济思想之所以反对企业承担社会责任，其理由之一就是认为企业承担社会责任会损害企业的经济利益，曼尼与沃利奇所提出的企业社会责任三要素中，第一个要素即为公司社会责任的支出或行动给公司带来的边际回报低于其他支出的边际回报。④ 即认为企业承担社会责任即使不赔钱，也至少是少赚钱，这样的行为违背了企业的本质，违背了利润最大化原则。而企业社会责任的支持者则用不同的方式否定了自

---

① Friedman M., *Capitalism and Freedom*, Chicago：University of Chicago Press，2002，p. 135.

② Berle A. A. & Means Gardiner C., *The Modern Corporation and Private Property*, New Brunswick：Transaction Publishers，1991，p. 310.

③ ［美］约翰·B. 库仑：《多国管理——战略要径》，邱立成等译，机械工业出版社2000年版，第406页。

④ Manne H. G. & Wallich H. C., *The Modern Corporation and Social Responsibility*, Washington D. C.：American Enterprise Institute for Public Policy Research，1972，pp. 3 – 7.

由主义经济思想所倡导的将利润最大化作为企业唯一目标的观点，提出用"利润最优化"取代"利润最大化"作为企业的行为准则。尼·加科比（N. Jacoby）说："我并不是要求企业去做一件无利可图的事……但是，企业必须正视和市场力量一样真实的政治力量，这意味着企业必须满足最优化而不是最大化利润。"① 许多学者更是提出现代企业所寻求的持续生存，而过度的追求短期"利润最大化"则可能损害企业的长期生存。

德鲁克就此问题更是提出了一个具有新意的观点，认为企业采取社会责任行为即使在金钱上受到一些损失，但从企业的整体利益来看，企业社会责任与企业利益并不必然产生冲突，企业承担社会责任并不必然导致损害企业经济利益。事实上，企业社会责任的支持者们并不反对重视股东的利益，但反对唯股东利益是图的利润最大化观点。

焦点三：一元责任抑或多元责任：企业社会责任的边界与范围。

有些学者并不反对"企业社会责任"的提法，但认为企业只负有一种社会责任——通过合法的途径增加利润。弗里德曼是这一观点的代表人物，他认为企业有且只有一种责任——增加利润的经济责任。所有像捐赠慈善之类的可能减少企业利润或增加产品价格对企业发展不利的行为均不能被认可。在弗里德曼看来，只需企业竭力追求利润最大化，即等于践行了其对社会的应尽之责，企业在追求利润最大化过程中可以增加就业机会，促进整个社会的经济发展，因此最终可达致全社会福祉的最大化。表面上看，这一观点并不反对企业承担社会责任，但其将企业社会责任等同于企业经济责任，从本质上来说，他们的观点与企业社会责任的反对者无异。

另有许多学者认为企业责任不是一元的，而是多元的，即认为企业除了应承担经济责任以外，还应承担包括利润最大化目标以外的以

---

① Bruck G. , "The Hazards of Corporate Responsibility", *Fortune Magazine*, June, 1973, p. 114.

促进社会整体利益为目标的行为。如普拉利（P. Pratley）在《商业伦理》一书中指出："在最低水平上，企业必须承担三种责任：对消费者的关心；对环境的关心；对最低工作条件的关心。"① 虽然持这一观点的学者们都赞成企业的社会责任远不止于追求利润，但这些学者对企业社会责任的内涵却有不同的理解。一种观点认为企业社会责任不同于企业经济责任，与企业经济责任并列，均隶属于企业责任，其代表人物为布鲁默（J. Jmmer），他认为企业责任可划分为四种，此即企业经济责任（The Economic Responsibilities of Corporations）、企业法律责任（The Legal Responsibilities of Corporations）、企业道德责任（The Moral Responsibilities of Corporations）和企业社会责任（The Social Responsibilities of Corporations）。② 而另一种观点则将企业社会责任视为与企业责任几乎同等的概念，而企业经济责任只是企业社会责任的一种类型。其代表人物为卡罗尔，他认为完整的社会责任是由四部分组成的，即企业经济责任、法律责任、伦理责任与自愿责任（慈善责任）的总和。③ 就经济责任而言，卡罗尔认为其来源于企业作为营利性经济组织的本质属性，尽管将企业经济责任归属于企业社会责任有悖于传统，但事实如此，企业承担经济责任确实可促进社会整体的利益。因此，不应将企业的经济功能与社会功能对立起来，而应将这两者视为互相协调，互为补充的两个方面，共同纳入企业社会责任的框架之中。

由上我们可以看出，企业社会责任一元论本质上是反对企业社会责任的，只是在"企业社会责任"的名义下，装入了"企业经济责任"的内涵；而认为企业应承担多元责任的则认为企业除了应承担经

---

① ［美］P. 普拉利：《商业伦理》，洪成文等译，中信出版社 1999 年版，第 98—99 页。

② Brummer J. J. , *Corporate Responsibility and Legitimacy*: *An Interdisciplinary Analysis*, New York: Greenwood Press, 1991.

③ Carroll A. B. , "A Three-Dimensional Conceptual Model of Corporate Performance", *Academy of Management Review*, Vol. 4, No. 4, 1979, pp. 497 – 505.

济责任以外，还应承担法律所强制的、道德所支持的、伦理所认可的、社会所期望的各种义务。

五 企业承担社会责任争论的本质：企业的性质

从本质上来说，对企业属性的不同理解是争论双方阐述各自理由的前提预设，直接影响着对企业社会责任的态度。即"企业是什么"是一个"实然"问题，而"企业是否应该承担社会责任"是一个"应然"问题，一切"应然"问题的答案皆是从"实然"问题的答案推导而来。因此，明确企业的性质，厘清企业与社会的关系对于回答"企业应否承担社会责任"至关重要。

在古典经济学思想中，企业是技术需要的产物，被视为一个给定技术条件下的生产函数，根据利润最大化的原则将投入的生产要素转化为相应的产出。加之企业承担社会责任的行为被认定为会损害企业谋利动机与利润最大化，正是在这一认识下，企业承担社会责任被认为违背了企业的本质，如曼尼指出："大部分关于企业社会责任的观点的一个根本缺陷就是没有认识到企业是一个经济组织，即使不是完全也是很大程度上是建立在全体成员的自利动机之上的。"[1] 可见，反对企业承担社会责任的提法或只承认企业仅有一种社会责任（经济责任）的观点都是建基于对企业性质的此种理解之上。在反对者看来，企业承担社会责任，会从本质上改变企业作为市场经济体系中独立经济主体的性质，是不合理的。

科斯（R. Coase）于 20 世纪 30 年代发表的经典论文《企业的性质》则揭示了企业的契约性质，他认为"企业的显著标志是对价格机制的替代"[2]，或者说企业存在的理由，在于其用长期的权威性的

---

[1] Manne H. G. , "The Social Responsibility of Regulated Utilities", *Wisconsin Law Review*, No. 4, 1972, pp. 998 – 1001.

[2] ［美］科斯·罗纳德：《企业的性质：企业、市场和法律》，上海三联书店、上海人民出版社 1990 年版，第 4 页。

契约替代了短期的市场契约，而节省了交易成本。其后，张五常、詹森（M. C. Jensen）与麦克林（W. Mecklin）等人对企业的契约性质进行了进一步的阐述。张五常认为企业是一组契约，企业与市场的不同只是契约安排的两种不同形式而已，企业是发生在要素市场上的一组契约，而市场这种契约则是发生在产品市场上。[①] 詹森与麦克林将企业直接定义为"一系列契约的联结"，是一种"劳动所有者、物质投入和资本投入的提供者、产品消费者相互之间的契约关系"。[②] 唐纳德与邓菲更是将企业的契约性质与企业社会责任结合起来，提出了综合的社会契约论，重新阐释了企业的性质，重新阐释了企业与利益相关者，企业与社会的关系，为企业承担社会责任提供合理性依据。而"企业公民"的提法则是用形象化的方式来说明企业的本质属性，利用"公民权利"与"公民义务"等概念来论述企业所应发挥的社会作用，强调企业的"社会公民"属性。

除此之外，社会学的相关研究也在推动我们对企业性质的认识加深，制度学派认为企业不仅仅是技术需要的产物，而且是制度环境的产物。塞尔兹尼克（P. Selznick）将制度定义为"约束行动并提供秩序的共享规则体系，这个体系既限制了行动主体追求最佳结果的企图和能力，又为一些自身利益受到现行奖惩体制保护的社会集团提供了特权"[③]。任何企业均生存于制度环境中，制度环境要求组织服从"合法性"的要求。即当社会的法律、规范、文化、观念、价值、制度、社会期待成为人们广为接受的社会事实时，就会具有强大的约束力量，对企业的行为有着影响、制约与规范的作用。如果组织的行为有悖于这些社会公认的社会事实，就会遭遇"合法性"危机，就会

---

① 张五常：《企业的契约性质》，载陈郁《企业制度与市场组织——交易费用经济学文选》，上海人民出版社、上海三联书店 1996 年版，第 240—269 页。

② ［美］迈克尔·詹森、威廉·麦克林：《企业理论：管理行为、代理成本与所有权结构》，载陈郁《所有权、控制权与激励》，上海人民出版社 1998 年版，第 1—84 页。

③ Selznick P. , "Institutionalism 'Old' and 'New'", *Administrative Science Quarterly*, Vol. 41, No. 2, 1996, pp. 270 - 277.

引起公众的批评、抗议甚至抵制，对组织的长期发展产生不良的影响。制度学派的观点让我们认识到，企业并非独立于社会的存在，并非纯粹地追逐利润最大化的经济组织，它同时还具备社会性。就企业的社会性而言，新经济社会学更为直接地将企业视为"嵌入"于社会的理性行动者。格兰诺维特指出，"行动者既不是像独立原子一样运行在社会脉络之外，也不会奴隶般地依附在他/她所属社会类别赋予的角色。他们具有目的性的行动企图实际上是嵌入在真实的、正在运转的社会关系系统之中的"，"大多数的（经济）行为都紧密地嵌入在社会网络之中"①。概而言之，新经济社会学认为企业既是理性的经济行动者，同时又是社会行动者，其行动（包括经济行动）嵌入于其所处的社会结构（社会网络）中。

由上可见，企业社会责任的反对者将企业视为"营利性经济组织"，强调企业的经济性与营利性；而支持企业承担社会责任的学者们则视企业为"社会公民"，强调企业的社会性。无论是企业的社会契约论、企业公民说、制度学派的观点与"嵌入性"理论，均视企业为一社会行动者，认为企业不仅是一种单纯的经济利益共同体，而且是一种多方面利益关系的社会结合体，其行动嵌入于社会，其行动受社会文化、法律法规、价值观念与所处社会网络（利益相关者）的影响与约束。企业与社会是一种共生关系。从这层意义上来说，企业承担社会责任的行为，在追逐自身的利益以外，重视其所依赖的群体与社会的要求与利益，并为之努力，是根植于企业属性自身的必然要求。

第三节　企业社会责任理论框架的演进

克拉克（J. M. Clack）是最早提出"企业社会责任"概念的学

---

① Granovetter M.，"Economic Action and Social Structure：The Problem of Embedded-ness"，*American Journal of Sociology*，Vol. 91，No. 3，1985，pp. 481 – 510；Clack J. M.，"The Changing Basis of Economic Responsibility"，*Journal of Political Economy*，Vol. 24，No. 3，1916，pp. 209 – 229.

者，他提倡有责任感的经济，他在《变化中的经济责任基础》一文中写道："我们需要有责任感的经济原则，发展这种原则并将它根植于我们的商业伦理之中。"虽然克拉克没有给"企业社会责任"下一个清晰的定义，但确实是他拉开了"企业社会责任"研究的帷幕。

在 20 世纪 70 年代之前，企业社会责任的研究主要集中在两个方面：一是企业社会责任的定义、范围和边界问题；另一是企业承担社会责任的合理性问题。70 年代以后，企业的社会责任问题逐渐成为了社会科学的热点议题，管理学、伦理学、经济学、社会学、政治学都有学者涉猎这一研究领域，相关的研究也不断深化，分析的框架也逐步演进：从 20 世纪 70 年代企业社会响应框架，到 80 年代的企业社会表现框架，再到 90 年代利益相关者框架；而到了 21 世纪，许多学者的兴趣转向了"企业公民"。

一　企业社会责任（CSR）思想的提出和争论

鲍恩（H. R. Bowen）是第一个明确界定了"企业社会责任"定义的学者，并明确了企业社会责任的承担主体、实施者和原则。他认为现代大公司是企业社会责任的主体，而实施者是企业管理者，并且企业社会责任应该是自愿性的企业行为。[①] 鲍恩的企业社会责任思想对后来的企业社会责任研究产生了重大的影响，其许多观点都被其他学者所引用并进一步发挥，如鲍恩将"自愿性"作为企业社会责任的前提，在后来的学者——如曼尼（H. G. Manne）、谢克（S. Sheikh）那里得到了进一步阐释。因此，鲍恩的企业社会责任思想受到了许多

---

① 鲍恩所定义的是"商人社会责任"，他将"商业社会责任"界定为"商人具有按照社会的目标和价值观去确定政策、做出决策和采取行动的义务"，虽然"商人社会责任"与"企业社会责任"有所不同，但其著作中确实包含了"企业社会责任"思想，也对后来的"企业社会责任"研究产生了重要的影响。参见 Bowen H. R. , *Social Responsibilities of the Businessman*, Iowa：University of Iowa Press，2013。

学者的推崇，卡罗尔更是将鲍恩称为"企业社会责任之父"①。其后，戴维斯（K. Davis）提出了"责任的铁律"，认为企业承担社会责任的合理性来源于其掌握的社会权力，企业承担责任越少，其掌握的权力也就会越小。因此，企业对社会的责任不仅仅局限在经济领域，还应该包括非经济方面。②

然而，企业社会责任理念的提出却引发了持续的争论，许多学者质疑企业承担社会责任的合理性。在争论之中，不仅企业社会责任思想的支持者积极展开企业社会责任的研究，企业社会责任的反对者也对企业社会责任思想进行了深入的讨论。他们对企业社会责任概念的非议激发了支持者的研究热情，他们的许多极有见地的观点与意见事实上也促进了企业社会责任研究的发展和深入。某种意义上来说，后来的"企业公民"说（Corporate Citizenship，CC）、综合社会契约论（Integrative Social Contracts Theory）、利益相关者理论（The Stakeholder Theory）、社会回应理论（Corporate Social Responsiveness，CSR2）与社会表现理论（Corporate Social Performance，CSP）的提出，均可视为应对反对者的非议和批评的一种努力。

二　社会回应（CSR2）理论

20 世纪 60 年代各种社会运动（如环境保护运动、消费者运动等）引发了学者们研究焦点的转移，开始关注企业如何应对社会压力，探索企业消除社会压力的各类技术的有效性，即从企业"是否应该"转向了"应该做什么"与"怎么做"的问题。"社会回应"理论的提出与发展即是为探索企业如何对迫在眉睫的社会需求做出回应。

---

① Carroll A. B. , "Corporate Social Responsibility: Evolution of Definition Construct", *Business and Society*, Vol. 38, No. 3, 1999, pp. 268 – 295.

② Davis K. , "Can Business Afford to Ignore Social Responsibility?", *California Management Review*, Vol. 2, No. 3, 1960, pp. 70 – 76.

一般认为，阿克曼（R. W. Ackerman）和鲍尔（R. Bauer）是最早提出企业社会回应概念的学者。阿克曼认为企业社会回应是一个将企业社会责任的表面化语言转化为富有意义的实际行动的管理过程，这个过程通常包括三个阶段：认识阶段、专人管理阶段和组织参与阶段。① 波斯特（J. E. Post）和梅力斯（M. Mellis）的观点与阿克曼非常相似，他们认为社会回应模型一般包括三个过程：认识或确认阶段、承诺或政策制定阶段和实施或应用阶段。②

普雷斯顿（L. E. Preston）和波斯特（J. E. Post）指出，为克服"企业社会责任"的模糊性，应该用"企业社会责任原则"来代替"企业社会责任"，"企业社会责任原则"可以为企业管理的行为设立标准或指南，但管理者的社会责任范围并不是无限的，而应根据企业的主要参与领域与次要参与领域来界定。企业与社会的互动包括两个过程：私人管理过程和公共政策过程，这两个过程相互联系，既要求管理者能指挥和组织企业完成生产任务以使社会受益，又要求管理者将责任范围扩大到非市场行为方面，即企业（管理者）必须认识与理解公众需求和期望，并做出积极回应。③

弗里德里克（W. C. Frederick）对社会回应理论作出了重要贡献，他不仅给"企业社会回应"下了一个明确的定义，而且厘清了"企业社会回应"与"企业社会责任"之间的区别与联系。在弗里德里克看来，企业社会回应的研究内容与企业社会责任的研究是大不相同的，企业社会责任研究主要回答企业是否应该承担责任？企业应该代表谁的利益？企业应该根据什么道德准则行动？而企业社会回应研究主要回答这样一些问题：企业能否对社会压力做出回应？企业是否回

① Ackerman Robert W. , "How Companies Respond to Social Demands", *Harvard Business Review*, Vol. 51, No. 4, 1973, pp. 88 – 98.

② Post J. E. & Mellis M. , "Corporate Responsiveness and Organizational Learning", *California Management Review*, Vol. 20, No. 3, 1978, pp. 57 – 99.

③ Lee E. Preston , By (author) James E. Post, *Private Management and Public Policy : Principle of Public Responsibility*, NJ: Prentice Hall, 1975.

应社会压力？如何回应？回应的效应如何？企业社会责任是一个深具伦理学意味的概念，而企业社会回应则是一个管理学导向的概念。相比而言，企业社会回应更为切实可行，更符合管理者的实践需要，也为企业与社会关系的研究提供了一个新的在理论上更站得住脚的概念。因此弗里德里克认为，企业社会回应是企业社会责任概念发展的第二阶段，他将企业社会责任简称为 CSR1，而将企业社会回应简称为 CSR2，认为"企业社会回应"完全可以替代那个充满争议的"企业社会责任"概念。①

弗里德里克用"企业社会回应"替代"企业社会责任"的观点遭到了许多学者的反对，如卡罗尔、伍德、沃蒂克和科克伦等学者。他们坚持认为，用"企业社会回应"替代"企业社会责任"将会弱化对企业伦理的重视；企业社会责任关注终极结果，而企业社会回应注重的是过程方法，企业回应社会压力并不意味着企业履行了企业社会责任，从长期来看，企业社会回应会违反企业社会责任要求。弗里德里克也承认，CSR2 的研究偏离了企业与社会研究中道德与伦理方面的规范性基础，忽视了企业与社会互动中的规范性行为。② 卡罗尔等学者认为，企业社会回应确实是一个有别于企业社会责任的概念，但不能替代企业社会责任，这两个概念各有侧重，但具有同等的重要性。因此，需要一个内容更加广阔的概念或理论模型，来包纳企业社会责任和企业社会回应这两个概念，为此，学者提出了一个概念——企业社会表现。

三　社会表现（CSP）理论

"社会回应"理论关注企业应对社会需求的能力，将研究重点致

---

① Frederick W. C. , "From CSR1 to CSR2", *Business and Society*, Vol. 33, No. 2, 1994, pp. 150 – 164.

② Frederick W. C. , "Toward CSR3: Why Ethical Analysis is Indispensable and Unavoidable in Corporate Affairs", *California Management Review*, Vol. 34, No. 1, 1986, pp. 126 –141.

于企业的行为反应过程，而不是企业行为的伦理、道德及其反应结果。社会表现理论则尝试将企业的伦理道德准则、社会需求和企业回应策略纳入一个综合的分析框架。如卡罗尔所提出的"企业社会表现的三维概念模型"。第一维度是企业社会责任维度，意指"社会对企业在经济、法律、伦理和自愿方面的期望"[①]；第二维度为社会问题管理维度，即不仅需要明确企业社会责任的性质[②]，还应该将其与有关现实社会问题联系起来；第三维度为社会回应维度，即企业应对现实社会问题时所采用的管理战略，可分为反应、防御、适应和预防战略。卡氏的"企业社会表现的三维概念模型"事实上综合地将企业社会责任的伦理原则、社会对企业的需求压力与企业回应的策略纳入了一个大的理论框架中进行讨论。

同样，沃蒂克和科克伦（S. L. Wartick & P. I. Cochran）也是将社会责任、社会问题和企业回应综合进一个大的理论框架，为全面分析企业与社会提供了一个极具价值的分析框架。他们将企业社会表现界定为："企业社会表现反映了企业社会责任准则、社会回应过程和用于解决社会问题的政策之间的相互根本作用。……它将企业与社会领域的三大主导方向融合在一起，即主要与社会责任准则相关的理念导向、主要与社会回应过程的制度导向以及主要与社会问题管理政策相关的组织导向。"[③] 沃蒂克和科克伦是第一个给"企业社会表现"进行了明确定义的学者，他们的定义也成了一个经典。具体而言，企业社会责任表现由三个维度构成（见表2-3）。

---

① Carroll A. B. , "A Three-Dimensional Conceptual Model of Corporate Performance", *Academy of Management Review*, Vol. 4, No. 4, 1979, pp. 497 - 505.
② 意指经济、法律、伦理与自愿性质。
③ Wartick S. L. & Cochran P. I. , "The Evolution of the Corporate Social Performance Model", *Academy of Management Reviewl*, Vol. 10, No. 4, 1985, pp. 758 - 768.

表 2 - 3   沃蒂克和科克伦的企业社会表现模型①

原则	过程	政策
企业社会责任	企业社会回应	社会问题管理
（1）经济	（1）反应型	（1）确认问题
（2）法律	（2）防守型	（2）分析问题
（3）伦理	（3）适应型	（3）形成回应
（4）自愿	（4）预防型	
指向：	指向：	指向：
（1）企业的社会契约	（1）回应社会环境变动的能力	（1）最小化"意外事件"
（2）企业的道德代理	（2）形成回应的管理办法	（2）决定有效的社会政策
哲学导向	制度导向	组织导向

　　在他们的理论模型中，沃蒂克和科克伦尝试吸收、化解、修正不同的观点和理论，如吸收了卡罗尔的企业社会表现的三维构成观点，认为企业社会表现由企业社会责任、企业社会回应和社会问题管理三个维度构成。他们一方面批评弗雷德里克等社会回应理论者的做法，认为过多地强调企业社会回应会导致对企业伦理与责任的忽视与模糊；另一方面他们也没有轻视企业社会回应的作用，认为这是两个相互关联、相互补充，具有同等重要性但发挥不同作用的方面。同时，他们还对卡罗尔模型中的"社会问题管理"维度进行了修正，卡罗尔模型中的"社会问题管理"维度指与企业社会责任相联系的社会问题领域，主要包括消费者、环境、种族歧视、产品安全等方面。沃蒂克和科克伦认为卡罗尔的模型属于静态的分析，没能把握住动态演变过程，因此他们将"社会问题管理"作为其模型的第三维度，且尝试动态地分解社会问题管理的过程，将社会问题管理分解为"确认问题""分析问题"和"形成回应"三个阶段。

---

　　① 资料来源：Wartick Steven L. & Cochran Philip I., "The Evolution of the Corporate Social Performance Model", *Academy of Management Review*, Vol. 10, No. 4, 1985, p. 767, Figure1 1. 转引自沈洪涛、沈艺峰《公司社会责任思想起源与演变》，世纪出版集团、上海人民出版社 2007 年版，第 94 页。

　　沃蒂克和科克伦对"企业社会表现"的定义和其理论框架获得了许多学者的高度评价，如伍德（D. J. Wood）就认为"此后的（企业社会表现）概念和理论框架从未超越沃蒂克和科克伦的定义"①。在沃蒂克和科克伦的"企业社会表现"定义的基础上，伍德重新建构了沃蒂克和科克伦的"企业社会表现"模型。首先，伍德认为模型中的第一维度企业社会责任原则应该包括三个层面，制度层面、组织层面和个人层面。制度层面与合法性有关，即社会有权要求企业按照社会期望行动；组织层面和公共责任相关，即企业必须为自身行为对所涉社会领域的影响负责；个人层面与自愿责任相关。其次，伍德认为社会问题管理具有企业社会环境评估、分析、计划、行动等动态性特征，可将其视为企业社会回应过程中一部分，而不是企业社会表现的结束点。因此，他将"社会问题管理"维度与"企业社会回应"维度合并作为"企业社会表现"的第二维度。最后，伍德依然采用了卡罗尔"企业社会表现"模型的三维空间概念，将企业社会行为的影响、社会方案和社会政策的结果作为"企业社会表现"模型的第三维度。

　　如果说伍德只是对沃蒂克和科克伦的"企业社会表现"模型做了一些简单的修正的话，那么斯旺森（D. L. Swanson）所建构的"企业社会表现"模型则是对沃蒂克和科克伦的"企业社会表现"定义与理论模型的重新定位。她批评伍德的"企业社会表现"模型中的"企业社会责任"维度过于关注工具性层面的企业社会责任原则，所强调的主要是消极的企业社会责任，而忽视了企业社会责任的规范性层面，弱化了积极的企业社会责任。因此，她主张扩大企业社会责任的范畴，即企业不仅应该履行消极责任，还应该履行积极责任。同时，她还指出，伍德的企业社会责任原则的层级式排列是不合理的，斯旺森主张将企业社会责任原则划分为宏观原则和微观原则，宏观原

① Wood D. J. , "Corporate Social Performance Revisited", *Academy of Management Review*, Vol. 16, No. 4, 1991, pp. 691 – 718.

则体现在制度层面和组织层面，微观原则体现在个人层面。宏观的社会责任原则会对微观的社会责任原则发挥影响作用，而企业社会责任的微观原则则会引导企业高层管理者的决策朝向"经济化"① 与"生态环境化"② 方向发展。

斯旺森指出，企业社会责任的研究明显带有规范化的特征，而企业社会回应研究则偏向于实证方法。迄今为止，规范性方法与实证性方法的结合依然困难，这一结合困境在企业社会表现研究方面则表现为，企业社会回应与企业行为在多大程度上反映企业社会责任难以评估，或者说难以确定企业社会责任原则影响企业社会回应行为的方式。基于这一点考虑，斯旺森引入了"个人决策"来联结"企业社会责任原则"与"企业社会回应"，同时认为企业社会责任原则会对企业文化产生影响，进而对企业管理者或雇员的决策产生发挥作用，继而产生不同形式的企业社会回应行为，并最终导致了企业对社会产生特定影响（见图 2 - 6）。③

总体来说，企业社会表现理论所关注的企业社会责任主要指某种理念，是指导企业行为方式的一种原则，而企业社会回应则是企业的一种行为表现，受企业社会责任原则的指引。在理念与行为反应之间，卡罗尔、沃蒂克、科克伦和伍德认为"社会问题管理"是这两者的联结物，即企业受企业社会责任原则指引，针对特定社会问题，发生特定社会回应行为；而斯旺森则持另一种观点，她认为企业社会责任或理念会影响决策，进行影响企业的社会回应行为。正因为有这样的不同见解，他们所建构的"企业社会表现"模型也大相径庭，但无论如何，企业社会表现理论者都将企业社会责任视为与企业社会

---

① "经济化"指企业通过竞争性行为有效地将投入转化为商品和服务的能力，与企业的消极责任相关。

② "环境生态化"指企业与其所处环境基于合作与相互协作基础上的一体化联系，与企业的积极责任相关。

③ Swanson D. L. , "Addressing a Theoretical Problem by Reorienting the Corporate Social Performance Model", *Academy of Management Review*, Vol. 20, No. 1, 1995, pp. 43 - 64.

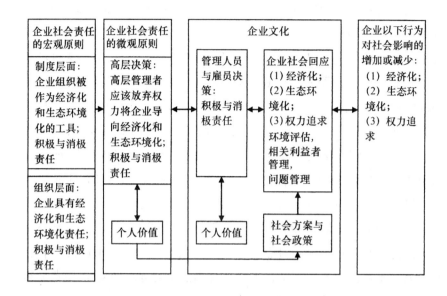

图 2 - 6　斯旺森的企业社会表现模型

回应并列的概念，认为这两个具有同等效力，并尝试将这两个概念纳入一个模型之中以增强理论的解释力。

四　利益相关者（Stakeholder）理论

斯坦福大学研究院的学者于 1963 年首次正式提出了利益相关者概念，意指"一些没有其支持，组织就不可能生存的群体"①。此后，在众多学者的努力之下，利益相关者理论获得了长足的发展。这一理论的发展与逐渐成熟，为更好地理解企业与社会的关系，反思"股东至上论"提供了一个新的视角。也为企业社会责任的研究提供了一个新的分析工具和理论框架。

潘罗斯（E. Penrose）和安索夫（H. I. Ansoff）等人是利益相关者

① Freeman R. E., *Strategic Management：A Stakeholder Approach*，Boston：Pittman-Ballinger，1984，p. 31.

研究的先行者，潘罗斯提出了"企业是人力资产和人际关系的集合"的观点，从而构建了利益相关者理论的"知识基础"。① 安索夫则是最早正式使用"利益相关者"一词的经济学家，他认为"要制定理想的企业目标，必须综合平衡考虑企业的诸多利益相关者之间相互冲突的索取权，他们可能包括管理人员、工人、股东、供应商以及顾客"。② 到了 20 世纪 70 年代以后，利益相关者理论逐步被西方学者和企业所认识、理解和接受，影响也日益增大。以弗里曼（R. E. Freeman）、唐纳森（T. Donaldson）、克拉克森（M. E. Clarkson）、琼斯（T. M. Jones）、卡罗尔（A. B. Carroll）和米切尔（A. Mitchell）为代表的一批西方学者发展并逐渐完善了利益相关者理论，至 20 世纪 90 年代以后，利益相关者理论已日趋成为企业社会责任研究的主流框架。但不同的学者在很多问题上依然存在着不同的倾向，如概念的界定、利益相关者的类别、分类方法、理论取向等。

1. "利益相关者"的意涵

从 20 世纪 60 年代"利益相关者"概念提出，至今已有 50 多年，但对这一核心概念的界定依然未能取得共识。总体而言，有两种界定方式，一种是广义的界定，另一种是狭义的界定。"比较相关利益者的广义概念和狭义概念可以看出，相关利益者的广义概念主要建立在描述的基础上，它强调的是公司现实生活里最终所受到影响的那些个人或群体，而无论这些个人或群体是否具有合法的权利。相关利益者的狭义概念则主要建立在规范性原则上，它强调的是少数具有合法性的个人或群体。"③

广义的定义以弗里曼的界定最为经典，他将"利益相关者"界定为"能够影响一个组织目标的实现或者他们自身受到一个组织实现其目标过

---

① Penrose E., *The Theory of the Growth of the Firm* (3rd ed), Oxford, UK: Oxford University Press, 1959.

② Ansoff H. I., *Corporate Strategy: An Analytic Approach to Business Policy for Growth and Expansion*, New York: McGraw-Hill, 1965.

③ 沈洪涛、沈艺峰：《公司社会责任思想起源与演变》，世纪出版集团、上海人民出版社 2007 年版，第 157 页。

程的影响的个人或群体"[1]。股东、债权人、雇员、供应商、消费者、政府部门、相关的社会组织和社会团体、周边的社会成员等，均可归入此范畴。从其定义来看，利益相关者的范围几乎可以包括任何人在内。

狭义的定义以克拉克森的表述最具代表性，他认为"利益相关者在企业中投入了一些实物资本、人力资本、财务资本或一些有价值的东西，并由此而承担风险，或者说，他们因企业活动而承受风险"[2]。该定义排除了政府部门、社会组织和社会团体、社会成员等。唐纳森也给出过一个狭义的定义："利益相关者是那些在公司活动的过程中及活动本身有合法利益的人和团体。"[3]

2. 利益相关者的分类

由于"利益相关者"概念的不统一，使得利益相关者的分类也众说纷纭，概而言之，国外对利益相关者的分类主要采用两种方法：多维细分法和米切尔评分法。

多维细分法是指从利益相关者的一个或多个特征出发，将利益相关者细分为不同的类别的方法。如弗里曼[4]、弗里德里克[5]、查克汉姆（J. Charkham）[6]、克拉克森[7]、威勒和玛利亚（D. Wheele & S. Maria）[8]等学者对利益相关者所进行的分类如表 2 - 4 所示。

---

[1] Freeman R. E., *Strategic Management: A Stakeholder Approach*, Boston: Pittman-Ballinger, 1984, p. 46.

[2] Clarkson M. E., "Stakeholder Frame-work for Analyzing and Evaluating Corporate Social Performance", *Academy of Management Review*, Vol. 20, No. 1, 1995, pp. 92 – 117.

[3] Donaldson T. & Preston L. E., "The Stakeholder Theory of the Corporation: Concepts, Evidence and Implications", *Academy of Management Review*, Vol. 20, No. 1, 1995, pp. 65 – 91.

[4] Freeman R. E., *Strategic Management: A Stakeholder Approach*, Boston: Pittman-Ballinger, 1984.

[5] Frederick W. C., *Business and Society, Corporate Strategy, Public Policy, Ethics* (6th ed.), McGraw-Hikk Book Co, 1988.

[6] Charkham J., "Corporate Governance: Lessons from Abroad", *European Business Journal*, Vol. 4, No. 2, 1992, pp. 8 – 16.

[7] Clarkson M. E., "A Stakeholder Framework for Analyzing and Evaluating Corporate Social Performance", *Academy of Management Review*, Vol. 20, No. 1, 1995, pp. 92 – 117.

[8] Wheeler D. & Maria S., "Including the Stakeholders the Business Case", *Long Range Planning*, Vol. 31, No. 2, 1998, pp. 201 – 210.

表 2 - 4   利益相关者的分类

研究者	分类标准	利益相关者类别	利益相关者范围
弗里曼	所有权、经济依赖性和社会利益	与企业所有权有关的利益相关者	持有公司股票的经理、董事和其他持股人是与企业所有权有关的利益相关者
		与企业在经济上有依赖关系的利益相关者	在公司取得薪俸的经理人员、内部服务机构、雇员、债权人、消费者、供应商、竞争者、地方社区、管理机构等是与企业在经济上有依赖关系的利益相关者
		与公司在社会利益上有关系的利益相关者	特殊群体、政府领导人和媒体等是与公司在社会利益上有关系的利益相关者
弗里德里克	是否与企业发生市场交易关系	直接利益相关者	股东、雇员、债权人、供应商、零售商、消费者、竞争者等
		间接利益相关者	国内外政府、社会团体、媒体、一般公众和其他团体
查克汉姆	是否存在交易性的合同关系	契约型利益相关者	股东、雇员、分销商、供应商、贷款人
		公众型利益相关者	消费者、监管者、政府部门、媒体、当地社区
克拉克森	相关群体在企业经营活动中承担的风险种类	自愿利益相关者	股东、投资者、雇员、顾客、供应商等
		非自愿利益相关者	社区、政府、媒体等
	根据相关者群体与企业联系的紧密性	首要的利益相关者	股东、投资者、雇员、顾客、供应商等
		次要的利益相关者	媒体、环保组织、学者等众多的特定利益集团
威勒和玛利亚	与企业发生联系的社会性与紧密性	首要的社会性利益相关者	顾客、投资者、雇员、当地社区、供应商、其他商业合伙人等
		次要的社会性利益相关者	居民团体、相关企业、众多的利益集团等
		首要的非社会性利益相关者	自然环境，人类后代等
		次要的非社会性利益相关者	非人物种等

美国学者米切尔等人（A. Mitchell，B. R. Agle & D. Wood）于1997 年提出了一种评分法（Score based Approach）来界定利益相关者的类型。他们认为，可以从权力（Power）——指某一个利益相关者目前是否拥有能够影响企业经营决策的能力和相应手段与方法、合法性（Legitimacy）——指某个利益相关者拥有法律或道义上的对于企业剩余的索取权、紧迫性（Urgency）——指某一个利益相关者的利益要求能否立即引起企业管理层的高度关注、企业监管层的重视或者是引起社会公众舆论支持这三个属性对其利益相关者进行评分，然后根据分值高低确定某一个人或者群体是不是企业的利益相关者，是哪一类型的利益相关者。通过对个人或群体的三种属性的评分，根据其拥有属性的多寡和得分，可以将企业的利益相关者分为以下三大类型七个种类。（1）确定型利益相关者（Definitive Stakeholders），他们同时具有利益相关者的三种属性。（2）预期型利益相关者（Expectant Stakeholders）拥有上述三项属性中的两项，包括支配型利益相关者（Dominant Stakeholders）——同时拥有合法性和权力性的利益相关者、危险型利益相关者（Dangerous Stakeholders）——同时拥有紧急性和权力性的利益相关者、依存型利益相关者（Dependent Stakeholders）——同时拥有合法性和紧急性的利益相关者。（3）潜在型利益相关者（Latent Stakeholders），他们只具有利益相关者三种属性中的一种。进一步细分，又可将其分为休眠型利益相关者（Dormant Stakeholders）——只是拥有权力性却缺少合法性和紧急性的利益相关者、自由型利益相关者（Discretionary Stakeholders）——只是拥有合法性却缺少权力性和紧急性的利益相关者、要求型利益相关者（Demanding Stakeholders）——只是拥有紧迫性却缺少权力性和合法性的利益相关者。[①] 米切尔等人所提出的评分法，其分析思路清晰，操作起来

---

① Mitchell A. , Agle B. R. & Wood D. , "Toward a Theory of Stakeholder Identification and Salience: Defining the Principle of Whom and What Really Counts", *Academy of Management Review*, Vol. 22, No. 4, 1997, pp. 853 – 886.

简单易行，大大改善了利益相关者界定的可操作性，极大地推动了利益相关者理论的推广应用，并逐步成为利益相关者界定和分类最常用的方法。

3. 利益相关者理论的研究取向

唐纳森（T. Donaldson）与普雷斯顿（L. E. Preston）曾经将利益相关者理论归纳为三大研究取向：描述/经验性（Descriptive/Empirical）取向、工具性（Instrumental）取向和规范性（Normative）取向。描述性取向的理论指的是用于描述企业特征及其行为的理论；工具性取向的理论则指"用于确认利益相关者管理与企业目标之间关系"的理论；规范性取向则是指"确定企业经营与管理行为的道德准则与哲学指南"的理论。① 琼斯（T. M. Jones）指出，描述性取向的理论主要回答"发生了什么"；工具性取向的理论回答"如果……会发生什么"；而规范性取向的理论则回答"应该发生什么"②。

唐纳森与普雷斯顿用一个同心圆图来表示三种取向的理论之间的关系。他们认为，规范性取向的理论居于同心圆的核心，无论是描述性理论还是工具性理论的研究都是围绕着规范性理论来进行的；描述性理论处于最外圈，用于描述现实的情况与利益相关者理论的关系；而工具性理论则处于中间层，用于联结规范性理论和描述性理论。

琼斯（T. M. Jones）和威克斯（A. C. Wicks）对唐纳森与普雷斯顿的分类方法提出了质疑，他们认为工具性取向的理论和描述性取向的理论本质上属于一种类型，都属于"社会科学基础上的理论"（Social Science-Based Theory），都属于通过实践调查，运用科学的方法进行检验的假设体系；而规范性取向的理论则属于"伦理学基础上的理论"（Ethics-Based Theory），专注于规范性问题的讨论，主张叙述性

---

① Donaldson T. & Preston L. E., "The Stakeholder Theory of the Corporation: Concepts, Evidence, and Implications", *Academy of Management Review*, Vol. 20, No. 1, 1995, pp. 65 – 91.

② Jones T. M., "Instrumental Stakeholder Theory: A Synthesis of Ethics and Economics", *Academy of Management Review*, Vol. 20, No. 2, 1995, pp. 404 – 437.

的方法。① 这两种理论取向存在着一定的差异与分歧，但也存在着许多共同点，如都反对"股东利益最大化"观点，都隶属于利益相关者这个研究领域等。因此，他们主张建立一个"一体化"的利益相关者理论，即既能保证伦理上的合理，也能保证逻辑上的正确与叙述上的可行的连贯的理论体系。用他们自己的话说："一体化的利益相关者理论需回答的核心问题是：哪一类利益相关者之间的关系既是伦理上合理的，又是实践上可行的。"②

琼斯和威克斯的主张既有人赞成，也有人反对，唐纳森认为将各种利益相关者理论融合在一起的可能性很小，而弗里曼则直接宣称，利益相关者理论的研究不需要一体化，恰恰需要的是多元化的利益相关者理论研究，只有不同取向的理论之间进行交流，才能促进利益相关者理论的发展。

4. 小结

尽管利益相关者理论内部依然存在着大量的分歧与争论，但这一理论已经成为了最为活跃的流派之一，而且对企业社会责任研究产生了重大影响。其影响主要体现在这样几个方面：首先，利益相关者理论对"股东至上"原则的修正。"股东利益最大化"原则一直深植于现代经济与管理理论中，也是反对企业承担社会责任的学者的主要论据。而利益相关者理论则认为企业与管理者、雇员、消费者、供应商、地方社区、政府等众多的利益相关者之间存在着某种契约，因此，这些利益相关者拥有参与企业决策的权力，企业管理者负有服务于所有利益相关者利益的信托责任，企业管理者应该以利益相关者的利益最大化为目标，而不仅仅是股东的利益最大化。其次，明确了企业承担社会责任的义务对象、界定责任的范围。"企业社会责任"的模糊性一直为人所诟病，一些学者就认为并不存在什么企业社会责任

---

① Jones T. M. & Wicks A. C., "Convergent Stakeholder Theory", *Academy of Management Review*, Vol. 24, No. 2, 1999, pp. 206 – 221.

② Ibid. .

的义务对象，因为企业的社会责任究竟向谁承担，谁又拥有权力要求企业履行社会责任等问题，企业社会责任理论一直未能作出令人满意的答复。利益相关者理论的提出与完善，可以说为企业履行社会责任指明了方向。利益相关者理论虽然不能取代企业社会责任，但它可以被看作是企业社会责任研究的一个重要条件，"利益相关者理论可以回答企业应该为谁承担责任的问题"①。最后，为企业社会责任研究提供了一个新的理论框架和测量工具。如卡罗尔将利益相关者纳入其社会责任框架，将他所提出的企业社会责任四个组成部分与各利益相关者融合在一起。他认为，所谓社会责任即是指针对各利益相关者的社会责任。可见，利益相关者理论对企业社会责任的研究产生了重要的影响，伍德和琼斯将利益相关者理论称为与企业社会责任"最为密切相关"的理论框架。② 利益相关者理论对企业社会责任研究的另一个重要影响体现在为正确衡量企业社会责任提供了一个可行的方法和测量工具。由于企业社会责任概念的含混不清，以及对企业应当承担的责任对象界定不明等原因，使得很长一段时间人们找不到一种可靠的方法来衡量企业的社会责任表现，而从利益相关者理论出发，则可通过衡量企业是否满足利益相关者的期望来确定企业的社会责任水平。换言之，原本空泛的企业社会责任可以通过它与利益相关者之间的关系得到明确，通过对利益相关者利益的衡量来判定企业的社会责任表现。20 世纪 90 年代后，以利益相关者理论为基础，从企业与各利益相关者关系的角度衡量企业社会责任的 KLD 指数法③在企业社会责任研究中得到了普遍的采用。

---

① Wood D. J. , "Corporate Social Performance Revisited", *Academy of Management Review*, Vol. 16, No. 4, 1991, pp. 691 – 718.

② Wood D. J. & Jones R. E. , "Stakeholder Mismatching: A Theoretical Problem in Empirical Research on Corporate Social Performance", *International Journal of Organizational Analysis*, Vol. 3, No. 3, 1995, pp. 229 – 267.

③ 关于 KLD 指数法的具体含义将在第四章详述，在此不赘述。

第三章　企业社会责任的
认知与态度取向

　　民营经济作为我国经济发展中的一支新兴力量，在取得举世瞩目成就的同时，在发展过程中出现的一些不和谐因素也常常为人所诟病，如产品质量与安全、环境污染与破坏、忽视员工的安全与健康等。这些都可以归结为企业的社会责任问题，一般而言，企业社会责任意指企业在谋求自身经济利益之外，还应承担维护和增进社会公共利益的义务。①

　　随着对企业在社会系统中的性质与作用认识的不断深化，社会公众对企业承担"社会责任"、履行"公民责任"的呼声日益高涨，对企业管理者道德标准滑坡的批评也日渐增多。而国际社会对社会责任标准认证体系 SA8000 的推广与应用，更是让许多企业的高层管理者认识到，承担企业社会责任不仅是在做正确的事，而且是在做聪明的事。② 而一个企业的社会责任水平，很大程度上取决于企业的高层管理者对企业社会责任的态度。因为相比其他企业成员，企业的高层领导者拥有更大的活动空间与资源调动能力，③ 其认知水平、价值观与

---

　　①　Davis K. & Blomstrom R. L. , *Business and Society*: *Environment and Responsibility* (3rd ed) , New York: McGraw-Hill, 1975.

　　②　Smith K. G. & Mitchell T. R. , Summer C. E. , "Top-level Management Priorities in Different Stages of the Organizational Life Cycle", *Academy of Management Journal*, Vol. 28, No. 4, 1985, pp. 799 – 820.

　　③　［德］霍尔斯特·S.、阿尔伯特·L.：《企业伦理学基础》，李兆雄译，上海社会科学院出版社 2001 年版。

态度取向对企业的社会责任表现更具显著影响。波斯特等学者认为，作为企业的主要决策者，企业领导者有更多的机会为企业确定伦理的基调；企业管理者尤其是高层管理者所持的价值观，会为企业的其他人员确立榜样。① 其主要原因在于，相比企业其他组织成员，企业的高层管理者对企业的决策影响力更大，调动相关企业资源投入社会责任的能力更强。因此，研究企业高层管理者社会责任态度的构成及其影响因素，具有重要的现实意义。

第一节　企业高层管理者对企业社会责任的认知与态度取向

一　企业高层管理者对企业社会责任的认知

我国的民营企业是在改革开放以后发展起来的一支新生的经济力量，而"企业社会责任"理念则是在 20 世纪 90 年代末才由西方国家传播至中国的一种企业行为价值准则。民营企业的管理者接触、了解、接受"企业社会责任"理念不过二十年左右的时间，许多企业的管理者并不十分清楚企业应该承担什么样的责任、对谁承担责任、怎样承担责任。且对企业承担社会责任有许多误解，经常将企业承担社会责任理解为"企业办社会"或"慈善捐款"，由此而产生抵触情绪。社会心理学的相关研究表明，社会认知水平对个体的态度倾向与行为取向有着重要的影响作用。因此我们对我国民营企业的管理者的企业社会责任认知水平进行了调查。

本书所采用的数据来源于课题组实施的问卷调查。问卷填答者要求为副总经理及以上的企业高管人员，因此，调查结果可代表企业高层管理者的认知水平与态度取向。样本的基本情况可参见第一章表

---

① ［美］波斯特·J. E.、安妮·T. L.、詹姆斯·W.：《企业与社会：公司战略公共政策与伦理》，张志强译，中国人民大学出版社 2005 年版。

1-1与表1-2。

1. 企业管理者对"企业社会责任"的认知水平分析

我们通过调查企业管理者对"企业社会责任"相关概念和制度的认知度来评估被调查者的认知水平。具体来说,要求被调查者对"利益相关者""企业社会责任""跨国公司生产守则"与"SA8000认证"这四个与企业社会责任相关的概念的了解程度进行评分,采用7分制计分方法。1表示"完全不了解",7表示"非常了解",分值越大表示越了解。取每个被调查者在这四道题目上的平均得分作为高层管理者的"认知水平"得分。统计结果如表3-1所示。

表3-1　　　　　**企业管理者对"企业社会责任"的认知**

	完全不了解	较不了解	有点不了解	一般	有点了解	较了解	非常了解	均值
利益相关者	42 (4.1%)	38 (3.7%)	66 (6.4%)	250 (24.4%)	166 (16.2%)	224 (21.9%)	238 (23.2%)	5.04
企业社会责任	18 (1.8%)	29 (2.8%)	66 (6.5%)	207 (20.2%)	171 (16.7%)	230 (22.5%)	302 (29.5%)	5.33
跨国公司生产守则	245 (24.1%)	110 (10.8%)	116 (11.4%)	230 (22.6%)	123 (12.1%)	110 (10.8%)	82 (8.1%)	3.53
SA8000认证	253 (24.9%)	78 (7.7%)	101 (9.9%)	183 (18.0%)	146 (14.4%)	127 (12.5%)	128 (12.6%)	3.77

调查结果显示,我国民营企业管理者对"企业社会责任"概念最了解,其次为"利益相关者",最不了解的是"跨国公司生产守则"。如果以4分为界限,我们可以发现依然有38.7%的管理者完全不了解或不太了解"利益相关者";31.3%的管理者完全不了解或不太了解"企业社会责任";60.5%的管理者完全不了解或不太了解"SA8000认证";至于"跨国公司生产守则",这一比率则上升到了69%。总体来说,我国民营企业的管理者对"企业社会责任"的认知度还有待提高。

通过对各类型管理者（如男性管理者与女性管理者）的认知水平的探索性分析发现，各类型管理者对"利益相关者""企业社会责任""跨国公司生产守则"与"SA8000认证"的了解程度得分数据分布的"偏度"均在 −1 至 +1 之间，因此可以认为数据分布近似地符合正态分布。因此我们进行了"独立样本的 t 检验"和"单因素方差分析"，以比较不同类型管理者的企业社会责任认知水平。首先，我们以"性别"为分组变量，比较了男性管理者与女性管理者的认知水平，并进行了 t 检验，统计结果如表 3–2 所示。

表 3–2　　　不同性别的管理者对"企业社会责任"认知

	性别	N	均值	标准误	标准差	检验
对"利益相关者"的了解程度	男	691	5.1317	0.06204	1.63078	t = 2.164
	女	300	4.8900	0.09116	1.57888	Sig：0.031
对"企业社会责任"的了解程度	男	691	5.4052	0.05783	1.52017	t = 1.913
	女	299	5.2040	0.08778	1.51785	Sig：0.056
对"跨国公司生产守则"的了解程度	男	685	3.5577	0.07491	1.96049	t = 1.248
	女	298	3.3893	0.11051	1.90767	Sig：0.212
对"SA8000认证"的了解程度	男	685	3.8277	0.08097	2.11914	t = 1.747
	女	298	3.5738	0.11793	2.03577	Sig：0.081

由表 3–2 可知，不同性别的管理者对"企业社会责任"的认知水平不一样，男性管理者对"企业社会责任"的认知度要高于女性管理者，男性管理者对"利益相关者""企业社会责任"和"SA8000认证"的了解程度显著高于女性管理者。

调查结果显示（见表 3–3），不同年龄段的民企管理者对"利益相关者"和"企业社会责任"的了解程度存在显著性差异，对"跨国公司生产守则"和"SA8000认证"的了解程度差异不显著。56—60 岁年龄段的管理者对"利益相关者"和"企业社会责任"最为了解和熟悉，其次为 51—55 岁的管理者，可见由于管理企业经营活动时间比较久，接触到"企业社会责任"相关信息较多，感受到的社会压力也较大，因此 51—60 岁的管理者对企业社会责任的认知水平最高。但我们还发现，61 岁及以上年龄段的管理者对"企业社会责任"的认知水平最低，这可能是因为高年龄段的管理者受教育程度比较低，接受新价值与理念的能力较差的缘故。事实上，调查结果表明，不同学历的管理者的认知水平存在显著性差异，基本呈现为学历越高的管理者对"企业社会责任"的认知水平越高。

表 3 – 3　　**各类管理者对"企业社会责任"的认知**

		利益相关者	企业社会责任	跨国公司生产守则	SA8000 认证
年龄	25 岁及以下	4.70 (1.81)	4.96 (1.55)	3.25 (1.76)	3.26 (1.90)
	26—30 岁	5.20 (1.62)	5.39 (1.45)	3.51 (1.88)	3.65 (2.02)
	31—35 岁	4.93 (1.64)	5.35 (1.41)	3.68 (1.96)	4.06 (2.06)
	36—40 岁	4.90 (1.58)	5.16 (1.60)	3.54 (2.01)	3.74 (2.13)
	41—45 岁	5.03 (1.58)	5.37 (1.52)	3.43 (1.99)	3.67 (2.09)
	46—50 岁	5.01 (1.64)	5.30 (1.54)	3.53 (1.95)	3.82 (2.10)
	51—55 岁	5.58 (1.49)	5.89 (1.44)	3.84 (2.07)	4.21 (2.31)
	56—60 岁	6.24 (0.90)	6.12 (1.17)	3.47 (2.29)	3.76 (2.33)
	61 岁及以上	4.14 (1.86)	4.86 (1.95)	4.14 (2.34)	3.71 (2.06)
F (sig)		3.118 (0.002)	2.566 (0.009)	0.690 (0.700)	1.419 (0.184)
学历	小学或小学以下	3.80 (2.14)	4.40 (2.03)	3.67 (2.13)	3.27 (2.22)
	初中	4.49 (1.87)	4.97 (1.71)	2.65 (1.75)	2.98 (2.01)
	高中或中专	4.99 (1.56)	5.21 (1.52)	3.24 (1.961)	3.75 (2.11)
	大专	5.05 (1.55)	5.33 (1.45)	3.56 (1.90)	3.83 (2.11)
	本科	5.21 (1.54)	5.52 (1.43)	3.91 (1.83)	3.91 (1.99)
	研究生及以上	6.07 (1.29)	6.11 (1.13)	4.82 (1.89)	4.80 (2.11)
F (sig)		9.202 (0.000)	6.369 (0.000)	13.392 (0.000)	6.296 (0.000)
企业年龄	5 年及以下	4.95 (1.61)	5.21 (1.51)	3.10 (1.97)	3.30 (2.00)
	6—10 年	4.97 (1.68)	5.36 (1.58)	3.27 (1.87)	3.63 (2.17)
	11—15 年	4.97 (1.61)	5.25 (1.48)	3.63 (2.00)	3.89 (2.09)
	16—20 年	5.19 (1.55)	5.26 (1.45)	3.761.81)	4.10 (1.95)
	21 年及以上	5.35 (1.60)	5.81 (1.43)	4.33 (1.85)	4.21 (2.10)
F (sig)		1.777 (0.131)	3.582 (0.007)	9.447 (0.000)	5.240 (0.000)

续表

		利益相关者	企业社会责任	跨国公司生产守则	SA8000 认证
企业规模	50 人及以下	4.81 (1.72)	5.18 (1.60)	3.03 (1.89)	3.24 (2.04)
	51—100 人	5.06 (1.52)	5.30 (1.46)	3.70 (1.86)	3.99 (1.98)
	101—150 人	5.29 (1.57)	5.23 (1.52)	3.77 (1.96)	4.16 (2.09)
	151—200 人	5.17 (1.52)	5.47 (1.35)	4.14 (1.94)	4.39 (2.08)
	201—500 人	5.16 (1.55)	5.31 (1.46)	4.23 (1.63)	4.35 (1.99)
	501—1000 人	5.63 (1.25)	6.00 (1.19)	4.00 (1.98)	4.39 (2.15)
	1001 人及以上	5.54 (1.44)	6.03 (1.12)	4.37 (1.94)	4.43 (2.03)
F（sig）		4.335 (0.000)	5.111 (0.000)	12.130 (0.000)	10.370 (0.000)
上一年的销售额	500 万元以下	4.62 (1.73)	5.03 (1.63)	2.88 (1.80)	3.17 (2.03)
	500 万—1000 万元	5.13 (1.54)	5.32 (1.44)	3.85 (1.84)	4.19 (1.95)
	1000 万—3000 万元	5.20 (1.36)	5.34 (1.43)	3.71 (2.00)	3.91 (2.04)
	3000 万—1 亿元	5.22 (1.66)	5.57 (1.41)	3.73 (2.03)	4.14 (2.12)
	1 亿—3 亿元	5.55 (1.51)	5.80 (1.39)	4.28 (1.79)	3.95 (2.11)
	3 亿元以上	5.90 (1.34)	6.26 (0.957)	4.62 (1.86)	4.69 (2.16)
F（sig）		11.396 (0.000)	9.876 (0.000)	17.495 (0.000)	12.133 (0.000)
资产总额	500 万元以下	4.61 (1.71)	5.09 (1.61)	2.98 (1.85)	3.18 (2.04)
	500 万—1000 万元	5.10 (1.61)	5.20 (1.54)	3.50 (1.83)	3.71 (1.94)
	1000 万—3000 万元	5.28 (1.44)	5.30 (1.43)	3.98 (1.87)	4.53 (1.86)
	3000 万—1 亿元	5.20 (1.43)	5.48 (1.35)	3.59 (2.09)	3.97 (2.19)
	1 亿—3 亿元	5.39 (1.54)	5.76 (1.47)	4.33 (1.78)	4.07 (2.06)
	3 亿元以上	5.78 (1.45)	6.13 (1.10)	4.40 (1.95)	4.35 (2.23)
F（sig）		11.131 (0.000)	8.701 (0.000)	14.598 (0.000)	13.376 (0.000)

调查同时表明，企业存在时间越长，该企业管理者对"企业社会责任"的了解与认知水平越高，企业年龄在 21 年及以上的企业管理者对"利益相关者""企业社会责任""跨国公司生产守则"和"SA8000 认证"这四个概念的了解程度均是最高的。

从企业规模的角度看，不同规模的企业管理者的企业社会责任认知水平存在显著性差异。总体来说，职工人数在 50 人及以下的小企业的管理者的认知水平是最低的；员工数在 501—1000 人的大型企业的管理者对"利益相关者"概念的了解程度最高，其次为员工数 1001 人以上的大企业；员工数 1001 人及以上的大企业管理者对"企业社会责任""跨国公司生产守则"和"SA8000 认证"认知水平均是最高的。因此，可以认为企业的规模越大，其管理者对企业社会责任的认知水平越高。这一结论可以从对"企业销售额""资产总额"与"管理者认知水平"的交叉分析中得到证实。具有不同资产总额或不同销售业绩的企业管理者对"利益相关者""企业社会责任""跨国公司生产守则"和"SA8000 认证"这四个概念的了解程度均存在显著性差异。总体来看，企业资产总额越小，销售业绩越差，其管理者对企业社会责任的认知水平越低；企业资产总额越大，销售业绩越好，其管理者对企业社会责任的认知水平越高。其原因可能在于，企业规模越大，销售业绩越好，资产总额越大，政府、媒体、消费者、社区、公众对企业的期待值越高，企业管理者越可能感受到相应的压力，接触到相关企业社会责任的理念可能性越大。

2. 企业社会责任的内容分析

从前文的分析与讨论可以看出，即使在学术界，对企业应该承担什么样的社会责任也是有许多争议的；而企业界对企业应该履行的社会责任类型、内容、对象、边界、范围的理解也不尽相同。因此本次调查借鉴了卡罗尔的企业社会责任的金字塔理论模型，将企业社会责任分为经济责任、法律责任、伦理责任和慈善责任，通过询问被调查者对这四种责任的认同度了解企业管理者的社会责任价值取向。依然采用 7 分制计分方法。1 表示"完全不同意"，7 表示"非常同意"，分值越大表示越同意。具体情况如表 3-4 所示。

表 3 - 4   企业管理者对企业承担各项责任的认同度

	完全 不同意	较不 同意	有点 不同意	一般	有点同意	较同意	非常同意	均值
企业应该履 行经济责任	18 (1.8%)	13 (1.3%)	40 (3.9%)	142 (13.9%)	178 (17.4%)	210 (20.6%)	420 (41.1%)	5.70
企业应该履 行法律责任	11 (1.1%)	11 (1.1%)	23 (2.2%)	88 (8.6%)	148 (14.5%)	201 (19.6%)	541 (52.9%)	6.05
企业应该履 行伦理责任	42 (4.1%)	47 (4.6%)	69 (6.7%)	178 (17.4%)	174 (17.0%)	179 (17.5%)	334 (32.6%)	5.22
企业应该履 行慈善责任	33 (3.2%)	39 (3.8%)	71 (7.0%)	250 (24.5%)	153 (15.0%)	193 (19.1%)	278 (27.3%)	5.11

就企业应该承担的社会责任内容而言，调查结果表明，管理者对企业承担法律责任的认同度最高，其次为经济责任，再次为伦理责任，对企业履行超出法律规范和伦理道德范围的"慈善责任"的认同度最低。如果以得分 4 为界限，可以发现，有 20.9% 的民企管理者不太认同企业应该履行经济责任；13% 的管理者不太认同企业应该承担法律责任；32.8% 的管理者不太认同企业应该承担伦理责任；而对于企业是否应该承担慈善责任，这一比例则上升到了 38.5%。

表 3 - 5 呈现了不同性别的管理者对企业社会责任不同类型的认同水平，男性管理者与女性管理者对企业应该承担的社会责任类型的认同度没有显著性差异。

表 3 - 5   不同性别的管理者对企业承担各项责任的认同度

	性别	N	均值	标准误	标准差	t 检验
对"经济责任"的认 同度	男	689	5.7358	0.05356	1.40593	0.629
	女	300	5.6733	0.08681	1.50360	0.529
对"法律责任"的认 同度	男	690	6.0725	0.04780	1.25568	0.400
	女	300	6.0367	0.07962	1.37901	0.689
对"伦理责任"的认 同度	男	690	5.2391	0.06508	1.70951	0.438
	女	300	5.1867	0.10278	1.78018	0.661
对"慈善责任"的认 同度	男	689	5.1103	0.06093	1.59924	0.026
	女	298	5.1074	0.10076	1.73939	0.980

由表 3 – 6 可知，不同年龄段的管理者对企业承担"经济责任""法律责任"和"伦理责任"的认同度存在显著性差异，对"慈善责任"的认同度差异不显著。56—60 岁年龄段的管理者最认同企业应该承担"经济责任""法律责任"和"伦理责任"，其次为 51—55 岁的管理者，61 岁及以上的管理者对企业承担这四类责任的认同度均最低。

调查结果还显示，企业管理者的受教育程度与其对"经济责任""伦理责任"和"慈善责任"的认同度存在显著性差异，因为不同学历的管理者对"法律责任"的认同度都比较高，因此他们之间的差异不显著。相对而言，学历高的管理者对企业承担社会责任的认同度也比较高，本科学历与研究生及以上学历的管理者对企业承担各类社会责任的认同度都排在第一位或第二位，而小学及以下学历的管理者对各类社会责任的认同度均最低。

从企业年龄的角度看，创立时间越长企业对承担各类社会责任的认同度也越高，创立时间超过 20 年的企业管理者对"经济责任""法律责任""伦理责任"和"慈善责任"的认同度均最高。

调查结果同时表明，企业规模大、员工人数多、销售额高、资产总额大的企业的管理者对企业应该承担各类社会责任认同度也高，不同规模的企业、不同销售业绩和具有不同资产的企业管理者对"经济责任""法律责任""伦理责任"和"慈善责任"的认同度均存在显著性差异。

3. 管理者的认知水平与社会责任认同度的关系

表 3 – 7 呈现了企业管理者对"企业社会责任的认知度"与承担社会责任的认同度之间的相关关系。总体来看，企业管理者对"企业社会责任"越了解，其对企业承担各类社会责任的认同度越高，越倾向于认同企业应该承担社会责任。同时由表 3 – 7 可知，企业管理者对企业是否应该履行法律责任的看法与其对"跨国公司生产守则""SA8000 认证"的了解程度不相关。

表3-6　　　　　　**各类管理者对企业承担各项责任的认同度**

		对"经济责任"的认同度	对"法律责任"的认同度	对"伦理责任"的认同度	对"慈善责任"的认同度
年龄	25 岁及以下	5.30（1.72）	5.77（1.53）	5.01（1.76）	4.86（1.80）
	26—30 岁	5.73（1.44）	5.97（1.35）	5.32（1.71）	5.17（1.64）
	31—35 岁	5.64（1.40）	6.06（1.33）	5.15（1.82）	5.21（1.57）
	36—40 岁	5.56（1.39）	5.97（1.24）	4.91（1.77）	5.07（1.60）
	41—45 岁	5.83（1.38）	6.22（1.18）	5.38（1.65）	5.10（1.63）
	46—50 岁	5.71（1.40）	5.96（1.28）	5.22（1.68）	5.11（1.68）
	51—55 岁	6.02（1.42）	6.28（1.19）	5.47（1.54）	5.12（1.51）
	56—60 岁	6.59（0.71）	6.53（0.87）	5.82（1.55）	5.31（1.78）
	61 岁及以上	4.86（1.95）	5.14（2.12）	4.14（1.77）	4.71（1.98）
F 检验（sig）		2.749（0.005）	2.201（0.025）	1.960（0.048）	0.429（0.904）
学历	小学或小学以下	4.93（1.62）	5.53（1.60）	4.73（2.02）	4.67（1.99）
	初中	5.66（1.49）	6.04（1.28）	5.11（1.78）	4.93（1.73）
	高中或中专	5.61（1.49）	6.02（1.36）	5.14（1.80）	4.95（1.69）
	大专	5.57（1.44）	5.99（1.29）	4.99（1.69）	4.99（1.61）
	本科	5.88（1.33）	6.12（1.20）	5.49（1.56）	5.43（1.50）
	研究生及以上	6.18（1.28）	6.22（1.31）	5.49（1.82）	5.11（1.58）
F 检验（sig）		3.472（0.004）	0.953（0.446）	3.069（0.009）	3.768（0.002）
企业年龄	5 年及以下	5.54（1.49）	5.98（1.38）	5.03（1.77）	4.97（1.65）
	6—10 年	5.63（1.53）	6.03（1.29）	5.01（1.92）	4.96（1.72）
	11—15 年	5.70（1.37）	6.06（1.24）	5.25（1.56）	5.18（1.55）
	16—20 年	5.80（1.39）	6.02（1.31）	5.34（1.57）	5.11（1.59）
	21 年及以上	6.03（1.26）	6.29（1.21）	5.79（1.51）	5.55（1.54）
F 检验（sig）		2.492（0.042）	1.411（0.228）	5.131（0.000）	3.241（0.012）
企业规模	50 人及以下	5.58（1.54）	5.98（1.39）	5.09（1.82）	4.95（1.72）
	51—100 人	5.66（1.41）	6.05（1.19）	5.17（1.62）	5.17（1.56）
	101—150 人	5.42（1.48）	5.73（1.49）	4.77（1.76）	4.82（1.56）
	151—200 人	5.83（1.32）	6.07（1.15）	5.32（1.70）	5.32（1.47）
	201—500 人	5.95（1.20）	6.15（1.13）	5.69（1.37）	5.36（1.55）
	501—1000 人	6.07（1.20）	6.30（1.07）	5.43（1.50）	5.50（1.67）
	1001 人及以上	6.26（1.00）	6.49（0.86）	5.79（1.53）	5.53（1.37）

续表

		对"经济责任" 的认同度	对"法律责任" 的认同度	对"伦理责任" 的认同度	对"慈善责任" 的认同度
F 检验 (sig)		3.961（0.001）	2.802（0.010）	4.045（0.001）	3.010（0.006）
销售额	500 万元以下	5.49（1.56）	5.91（1.41）	4.99（1.85）	4.91（1.79）
	500 万—1000 万元	5.59（1.38）	5.94（1.30）	5.11（1.61）	5.06（1.46）
	1000 万—3000 万元	5.80（1.32）	6.07（1.20）	5.33（1.65）	5.16（1.51）
	3000 万—1 亿元	5.84（1.33）	6.14（1.27）	5.35（1.54）	5.17（1.64）
	1 亿—3 亿元	6.05（1.32）	6.45（0.90）	5.59（1.64）	5.56（1.48）
	3 亿元以上	6.53（0.92）	6.61（0.82）	6.06（1.55）	5.76（1.48）
F 检验 (sig)		7.590（0.000）	5.282（0.000）	5.664（0.000）	4.459（0.001）
资产总额	500 万元以下	5.44（1.54）	5.91（1.38）	4.94（1.78）	4.87（1.70）
	500 万—1000 万元	5.74（1.40）	5.95（1.37）	5.24（1.62）	5.03（1.70）
	1000 万—3000 万元	5.72（1.35）	6.05（1.19）	5.27（1.70）	5.26（1.50）
	3000 万—1 亿元	6.00（1.25）	6.35（1.08）	5.54（1.50）	5.20（1.53）
	1 亿—3 亿元	5.74（1.38）	6.00（1.27）	5.26（1.80）	5.15（1.58）
	3 亿元以上	6.30（1.19）	6.52（0.96）	5.78（1.71）	5.78（1.42）
F 检验 (sig)		6.863（0.000）	4.771（0.000）	4.793（0.000）	5.146（0.000）

表 3-7 　　　**对企业社会责任的认知度与认同度相关分析**

	对"利益相 关者"的了 解程度	对"企业社 会责任"的 了解程度	对"跨国公司 生产守则"的 了解程度	对"SA8000 认证"的了 解程度
企业应履行经济责任	0.447 **	0.496 **	0.118 **	0.092 **
企业应履行法律责任	0.433 **	0.511 **	0.049	0.030
企业应履行伦理责任	0.307 **	0.356 **	0.218 **	0.166 **
企业应履行慈善责任	0.314 **	0.388 **	0.193 **	0.173 **

二 企业管理者的社会责任态度取向

对企业管理者的社会责任态度的测量，本书借鉴了"中国企业家调查系统"所开发的《2006年中国企业经营者问卷跟踪调查》问卷中"企业家对企业社会责任的认识与评价"方面的指标，① 并根据试调查的结果进行了修改，在问卷中共有26道题目对企业高层管理者的社会责任态度进行测量（详见附录），要求被调查者根据自己的实际感受对所有题目所陈述的观点进行评分，1表示"完全不同意"，7表示"完全同意"，分值越大表示越认同该题项所陈述的观点。统计结果如表3-8所示。

调查结果显示，大多数企业管理者赞成"优秀企业家一定具有强烈的社会责任感"，对"企业的根本责任是促进国家的发展"说法的认同度也较高，各有79%和66.4%的被调查者倾向于这一观点。但调查同时也发现，有61.4%的管理者认为履行社会责任会增加企业的成本；有63.4%的人认为企业的根本责任是为股东创造利润；56.5%的管理者认为承担社会责任是企业发展到一定阶段以后才能顾及的。相对而言，赞同"企业社会责任是企业基本责任之外的责任"和"企业社会责任主要是大企业的事情"的比例较低。调查表明，总的来说，我国民营企业的管理者并不认为承担社会责任与己无关，但认为承担社会责任会增加成本，对股东利益造成损害。

表3-8　　　　　　　**企业管理者的社会责任态度（%）**

	完全不同意	较不同意	有点不同意	一般	有点同意	较同意	完全同意
优秀企业家一定具有强烈的社会责任感	2.3	1.8	3.3	13.7	15.8	19.9	43.3

① 中国企业家调查系统：《企业家对企业社会责任的认识与评价——2007年中国企业经营者成长与发展专题调查报告》，《管理世界》2007年第6期。

续表

	完全不同意	较不同意	有点不同意	一般	有点同意	较同意	完全同意
企业的根本责任是促进国家的发展	2.9	3.3	7.3	20.0	18.2	20.5	27.7
履行企业社会责任会增加企业的成本	5.3	4.3	6.8	22.2	19.4	19.3	22.7
企业的根本责任是为股东创造利润	5.8	4.7	8.1	18.0	16.5	24.7	22.2
企业社会责任是发展到一定阶段后才能顾及的	9.1	7.0	8.8	18.7	20.3	17.8	18.4
企业社会责任是企业基本责任之外的责任	16.6	9.0	12.2	22.5	14.9	12.0	12.7
企业社会责任主要是大企业的事情	26.2	11.3	11.5	18.5	12.2	11.3	9.0
企业承担社会责任可以提高企业的知名度与美誉度	2.1	2.4	4.6	15.7	15.8	21.9	37.4
企业承担社会责任有利于获得社会公众的认可	1.3	1.5	4.3	13.4	17.6	23.8	38.2
企业承担社会责任可以优化政企关系	1.8	1.3	5.9	16.5	20.3	21.8	32.5
企业承担社会责任有助于争取政府的一些支持和政策倾斜	2.4	3.7	6.6	18.8	19.7	22.2	26.5
企业承担社会责任可以为企业家搭建一个对外交流平台	1.5	2.9	4.1	19.2	20.7	22.2	29.4
企业承担社会责任可以塑造融洽的组织气氛和人际关系	0.9	2.3	4.4	16.0	21.1	23.2	32.2
企业承担社会责任可以激励员工的工作积极性	1.2	2.8	5.8	17.5	19.4	21.8	31.5
企业行为应该符合社会道德的要求	4.1	4.6	6.7	17.4	17.0	17.5	32.6

续表

	完全不同意	较不同意	有点不同意	一般	有点同意	较同意	完全同意
企业承担社会责任可以影响到消费者的购买意向	2.0	2.8	5.0	21.0	20.2	21.9	27.0
企业承担社会责任可以增加商业伙伴的信赖	0.8	1.9	4.7	16.9	16.7	24.4	34.6
企业承担社会责任是为了企业应对相关法规和行业规范的要求	5.3	4.3	9.1	20.7	21.5	18.3	20.7
企业承担社会责任可以帮助企业实现自己的品牌化战略	1.7	3.0	4.7	18.0	18.6	24.9	29.0
企业承担社会责任可以提升企业自身的市场竞争力	2.3	2.4	4.6	15.6	21.7	22.9	30.5
企业承担社会责任是企业家义不容辞的义务和责任	3.2	3.8	7.0	24.5	15.0	19.1	27.3
企业承担社会责任是为了适应新的国际经济贸易规则	5.5	5.0	7.5	22.5	20.6	20.5	18.5
企业承担社会责任是为了应对客户提出的要求	10.0	8.4	11.1	26.4	18.2	13.7	12.2
企业承担社会责任可以应对竞争对手的压力	5.2	4.6	9.0	25.1	22.1	18.9	15.0
企业承担社会责任可以应对来自社会舆论的压力	4.9	4.7	7.4	20.1	23.0	20.9	19.0
企业承担社会责任可以降低法律风险	11.0	9.4	9.1	19.0	15.9	16.7	18.9

　　调查结果表明，大多数管理者认为企业承担社会责任有利于塑造企业形象，增加社会公众对企业的认可度，可以实现品牌差异化战略，提高企业的市场竞争力。有75.1%的被调查者倾向于认为承担

社会责任可以提高企业的知名度与美誉度，提高企业自身的市场竞争力；79.6%的管理者倾向于认为企业承担社会责任有利于获得社会公众的认可；72.5%的管理者认可承担社会责任可以帮助企业实现自己的品牌化战略。

企业管理者普遍认为，企业承担社会责任会改善企业与不同的利益相关者之间的关系。对政府而言，有74.6%的被调查者认为承担社会责任可以优化政企关系，有68.4%的人认为可以借此争取政府的一些支持和政策倾斜；对企业内部的员工而言，有72.7%的管理者认为可以激励员工的工作积极性，76.5%的管理者赞同"企业承担社会责任可以塑造融洽的组织气氛和人际关系"的观点；对消费者而言，有69.1%的管理者认为企业是否承担社会责任会影响到消费者的购买意向；对商业伙伴而言，有75.7%的管理者认为良好的企业社会责任表现有助于增加商业伙伴之间的信赖感。调查结果表明，利益相关者的需求、期待、压力会转化成企业承担社会责任的内驱力。

调查同时显示，很多企业管理者将承担社会责任视为一种应对环境压力的手段。有60.5%的管理者认为承担社会责任是为了应对相关法律规范和行业规范的要求；51.5%的人认为是为了降低企业的法律风险；认为推行企业社会责任是为了适应新的国际经济贸易规则的占了被调查者的59.6%；还有44.1%的管理者认为承担社会责任是为了应对客户提出的要求；56%的管理者将承担社会责任视为应对竞争对手压力的一种手段；62.9%的管理者将其视为应对社会舆论压力的手段。

总的来看，中国民营企业的管理者对"优秀企业家一定具有强烈的社会责任感"认同度最高，其次为"企业承担社会责任有利于获得社会公众的认可""企业承担社会责任可以提高企业的知名度与美誉度""企业承担社会责任可以塑造融洽的组织气氛和人际关系"等，而最不认同的观点则是"企业社会责任主要是大企业的事情"。

第二节　民营企业高层管理者的社会责任
态度影响因素——横向考察

一　文献回顾与研究假设

企业在履行社会责任方面的表现很大程度上取决于企业管理者的态度倾向，但从前面的分析可以看出，企业的管理者对承担社会责任存在着不同的态度取向。有的企业管理者认为企业承担社会责任，会增加企业的成本，降低企业的市场竞争力，与企业的利润最大化原则相冲突;[①] 但也有企业管理者将其视为一种投资、一种获得竞争优势的机会,[②] 认为企业承担社会责任可以提高企业声誉、改善企业形象,[③] 增加企业的竞争力,[④] 是一种重要的差异化战略。[⑤]

克里斯汀·海明威和帕特里克·马克拉甘（C. A. Hemingway & P. W. Maclagan）指出，在私有企业中，商业需要不是企业决策的唯一驱动力，企业是否发生社会责任行为更多是企业管理者价值观的反映，因此必须考虑将企业社会责任与企业管理者的价值联系起来进行研究。[⑥] 目前对企业管理者社会责任态度的研究，大多从个体层面探讨管理者的个人特征对其社会责任态度的影响。如布拉默等人（Smmer，G. Williams & J. Zinkin）通过对 20 个国家 17000 个样本的调

---

① Bragdon J. & Marlin J. , "Is Pollution Profitable?", *Risk Management*, Vol. 19, No. 4, 1972, pp. 157 – 169.

② Porter M. E. & Kramer M. R. , "Strategy and Society: The Link Between Competitive Advantage and Corporate Social Responsibility", *Harvard Business Review*, Vol. 84, No. 12, 2006, pp. 78 – 92.

③ Bowman E. H. & Haire M. , "A Strategic Posture Toward Corporate Social Responsibility", *California Management Review*, Vol. 18, No. 2, 1975, pp. 49 – 58.

④ Werther W. & Chandler D. , "Strategic Corporate Social Responsibility as Global Brand Insurance", *Business Horizons*, Vol. 48, No. 4, 2005, pp. 317 – 324.

⑤ Clark G. & Hebb T. , *Why do They Care? The Market for Corporate Global Responsibility and the Role of Institutional Investors*, Oxford : Oxford University School of Geography, 2004.

⑥ Hemingway C. A. & Maclagan P. W. , "Managers' Personal Values as Drivers of Corporate Social Responsibility", *Journal of Business Ethics*, Vol. 50, No. 1, 2004, pp. 33 – 44.

查，研究了企业高层管理者的宗教信仰与社会责任态度之间的关系。[①]
拉希德和易卜拉辛（M. Z. A. Rashid & S. Ibrahim）则研究了企业管理
者的个人生活经历与其社会责任态度之间的关系，他们发现最重要的
影响因素是家庭环境，其他依次为传统信仰与习俗、产业惯例、宗教
教育、同事的行为方式、上级的行为方式以及大学时所受的训练。[②]
有鉴于此，提出如下假设：

假设1：企业管理者的个体特征对其社会责任态度有显著影响。

弗里德曼等人指出："态度对任何给定的客观对象、思想或人，
都是具有认识的成分、表达情感的成分和行为倾向的持久体系。"[③]
作为针对企业社会责任理念的一种行为倾向，企业管理者的社会责任
态度与其对企业社会责任的认知水平密切相关。中国民营企业的发展
周期比较短，企业社会责任理念进入中国并受到关注才二十多年，许
多企业的管理者对企业社会责任理念、内容、对象、承担方式等并没
有十分清晰的理解。不同的认知与理解会产生不同的态度，基于此，
提出如下假设：

假设2：企业管理者对企业社会责任的认知水平越高，其对待企
业承担社会责任的态度越积极。

对于中国民营企业来说，政府的态度和期望对企业的行为决策有
着非常大的影响力，也影响着管理者的社会责任态度。一般认为，企
业管理者的行为决策取决于对成本的计算与收益的预期。政府对企业
的影响主要体现在它可以调整改变某种企业行为的成本与收益，政府
可以通过行政干预或制定监管法规的方式，使得主动承担社会责任的

---

① Brammer S., Williams G. & Zinkin J., "Religion and Attitudes to Corporate Social Re-
sponsibility in A Large Cross-Country Sample", *Journal of Business Ethics*, Vol. 71, No. 3, 2007,
pp. 229 – 243.

② Rashid M. Z. A. & Ibrahim S., "Executive and Management Attitudes Towards Corporate
Social Responsibility in Malaysia Corporate Governance", *The International Journal of Effective Board
Performance*, Vol. 2, No. 4, 2002, pp. 10 – 16.

③ ［美］弗里德曼等：《社会心理学》，高地、高佳等译，周先庚校，黑龙江人民出版
社1984年版，第321页。

企业获得额外的收益，也可以通过法律规制、经济惩处的方式增加企业不履行社会责任的成本。

已有研究表明，非政府组织在宣传企业社会责任理念、推动企业承担社会责任方面发挥着重要的作用。[①] 非政府组织经常通过自己的行动和影响力唤醒公众意识或改变社会期待，采取联合抵制等方式给企业施加压力，引领、诱导或逼迫企业承担相应的社会责任。我国的非政府组织数量正逐渐增加，其影响力也在逐渐增大，对企业管理者的社会态度也在发挥着不容忽视的作用。由此，提出假设：

假设3：政府对企业社会责任的推动力越大，相关的法律法规越完善，非政府组织数量越多，企业管理者越是可能将承担社会责任视为改善政企关系、规避法律风险的一种必要手段。

二 变量测量

企业管理者的社会责任态度：在问卷中共有27道题目对企业高层管理者的社会责任态度进行了测量，因题目数量较多，且考察内容相似，因此本书拟运用探索性因子分析方法提取出公共因子，作为企业社会责任态度的各维度。对这27道题目进行了因子分析，Bartlett球形检验结果显著为0.000，KMO值为0.920，根据Kaiser的观点，如果KMO值大于0.7，则说明比较适合做因子分析，而大于0.8就非常适合进行因子分析，至于大于0.9就说明极适合进行因子分析，[②]故这27道题极适合做因子分析。

为了获得具有理论意义的因子成分，本书采用以下三条标准来筛选合适的测度变量：一是变量在某一因子上的负荷最小值为0.5；二是变量与其他变量之间只有很低的交叉负荷；三是某一变量的内涵必

---

① 杨家宁、陈健民：《非政府组织在中国推动企业社会责任的模式探讨》，《中国非营利评论》2010年第2期。

② Kaiser H. F. & Rice J., "Little Jiffy, Mark IV", *Educational and Psychological Measurement*, Vol. 34, No. 1, 1974, pp. 111 - 117.

须与测度同一因子的其他变量的内涵保持一致。经过这一过程，有26 道题目被保留，题项"承担社会责任有助于企业吸引并留住优秀的人才"被剔除。

以特征值大于 1 的标准截取数据，本问卷的各个测量变量较好地被 4 个因子解释（见表 3 - 9）。其中，11 道题目合成公因子 1，命名为"利益取向"；6 道题目合成为公因子 2，命名为"防御取向"；4 道题目合成为公因子 3，命名为"价值取向"；5 道题目合成为公因子 4，命名为"抵制取向"。取同一因子的不同指标得分的均值作为各因子得分参与分析。

结合问卷中社会责任态度的测量条目可知，"价值取向"是指企业高层管理者视企业承担社会责任为题中应有之义，是企业存在的价值所在；"利益取向"是指企业高层管理者将承担社会责任视为实现企业利益的一种方式，认为企业承担社会责任具有提高企业声誉、改善企业形象、激励员工积极性、影响消费者购买意向、增加商业伙伴的信任度、实现企业的品牌化战略等方面的功能；"防御取向"则表明企业高层管理者将承担社会责任视为一种避免企业经营风险、应对各利益相关者压力的手段；"抵制取向"则是指企业高层管理者抵制履行社会责任的一种倾向，认为企业承担社会责任违背了企业的本质属性。

表 3 - 9　　　　　**企业高层管理者的社会责任态度**
因子分析（旋转后的因子负荷矩阵）

项目	公因子 1	公因子 2	公因子 3	公因子 4
t1—1 企业承担社会责任可以提高企业的知名度与美誉度	0.813			
t1—2 企业承担社会责任有利于获得社会公众的认可	0.840			
t1—3 企业承担社会责任可以优化政企关系	0.756			
t1—4 企业承担社会责任有助于争取政府的一些支持和政策倾斜	0.670			

续表

项目	公因子1	公因子2	公因子3	公因子4
t1—5 企业承担社会责任可以为企业家搭建一个对外交流平台	0.752			
t1—6 企业承担社会责任可以塑造融洽的组织气氛和人际关系	0.763			
t1—7 企业承担社会责任可以激励员工的工作积极性	0.628			
t1—8 企业承担社会责任可以影响到消费者的购买意向	0.588			
t1—9 企业承担社会责任可以增加商业伙伴的信赖	0.720			
t1—10 企业承担社会责任可以帮助企业实现自己的品牌化战略	0.684			
t1—11 企业承担社会责任可以提升企业自身的市场竞争力	0.679			
t2—1 企业承担社会责任是为了企业应对相关法规和行业规范的要求		0.561		
t2—2 推行企业社会责任，是为了适应新的国际经济贸易规则		0.644		
t2—3 企业承担社会责任是为了应对客户提出的要求		0.790		
t2—4 企业承担社会责任可以应对竞争对手的压力		0.755		
t2—5 企业承担社会责任可以应对来自社会舆论的压力		0.656		
t2—6 企业承担社会责任可以降低法律风险		0.727		
t3—1 企业行为应该符合社会道德的要求			0.675	
t3—2 企业承担社会责任是企业家义不容辞的义务和责任			0.778	
t3—3 优秀企业家一定具有强烈的社会责任感			0.757	
t3—4 企业的根本责任是促进国家的发展			0.734	
t4—1 履行企业社会责任会增加企业的成本				0.541
t4—2 企业的根本责任是为股东创造利润				0.661
t4—3 企业社会责任是企业发展到一定阶段后才能顾及的				0.800
t4—4 企业社会责任是企业基本责任之外的责任				0.774
t4—5 企业社会责任主要是大企业的事情				0.687

续表

项目	公因子 1	公因子 2	公因子 3	公因子 4
特征值	8.844	2.821	2.030	1.691
累计方差贡献率（%）	24.24	38.74	49.26	59.17

企业高层管理者的个体特征：以性别（1＝男；2＝女）、年龄（1＝30 岁及以下；2＝31—40 岁；3＝41—50 岁；4＝51—60 岁；5＝61 岁及以上）、受教育程度（1＝小学或小学以下；2＝初中；3＝高中或中专；4＝大专；5＝本科；6＝研究生及以上）作为企业管理者个体特征的指标。

高层管理者的认知水平：本书测量了企业高层管理者对"利益相关者""企业社会责任""跨国公司生产守则"与"SA8000 认证"四个与企业社会责任相关的概念的了解程度，要求被调查者对这四个概念的了解程度进行评分，1 表示"完全不了解"，7 表示"完全了解"，分值越大表示越了解。取每个被调查者在这四道题目上的平均分作为高层管理者的"认知水平"得分。

社会环境：本书采用"本地保护劳工、消费者、自然环境等方面的法规政策很完善""政府定期公布企业履行社会责任情况""本地区行业协会等各类非政府组织数量众多"三个题项，分别测量法律环境的完善程度、政府的推动力度、非政府组织的发达程度。要求被调查者对项目陈述与企业实际情况的符合程度进行评分，1 表示"完全不符合"，7 表示"完全符合"，分值越大表示题项陈述与实际情况越相符。

三　研究结果与分析

1. 企业高层管理者的个体特征与社会责任态度

从性别的角度来看，女性管理人员与男性管理人员在"防御取向"与"抵制取向"上存在显著性差异。女性管理者更倾向于将承担社会责任视为一种防御性手段，对企业承担社会责任的抵制态度也较弱。在"价值取向"和"利益取向"方面，女性管理者的得分均比男性管理者的得分要高，但差异不显著（详见表3-10）。

表3-10 性别与社会责任态度取向交叉分析

社会责任态度	性别	N	均值	标准差	标准误	检验
价值取向	男	686	5.2999	1.24006	0.04735	F = 0.633 Sig: 0.427
	女	296	5.3699	1.32271	0.07688	
利益取向	男	670	5.4701	1.11217	0.04297	F = 0.234 Sig: 0.629
	女	294	5.5077	1.10067	0.06419	
防御取向	男	685	4.5925	1.29707	0.04956	F = 5.419 Sig: 0.020
	女	295	4.8028	1.29910	0.07564	
抵制取向	男	678	3.7678	1.40345	0.08213	F = 5.670 Sig: 0.017
	女	292	3.5487	1.27467	0.04895	

从年龄的角度来看，不同年龄段的管理者在"价值取向""利益取向"和"防御取向"这三种态度倾向上无显著性差异，而在"抵制取向"上存在显著性差异。由表3-11可知，61岁及以上的管理者抵制企业承担社会责任的态度最为强烈，其次为30岁及以下的管理者，而51—60岁年龄段的管理者对企业承担社会责任的抵制倾向最小（详见表3-11）。

表3-11 年龄与社会责任态度取向交叉分析

社会责任态度	年龄	N	均值	标准差	标准误	检验
价值取向	30岁及以下	220	5.2511	1.34481	0.09067	F = 1.103 Sig: 0.354
	31—40岁	327	5.2890	1.24747	0.06899	
	41—50岁	383	5.3512	1.23049	0.06288	
	51—60岁	72	5.4583	1.09013	0.12847	
	61岁及以上	7	4.5714	1.67528	0.63319	
利益取向	30岁及以下	217	5.4147	1.15938	0.07870	F = 1.825 Sig: 0.122
	31—40岁	321	5.3736	1.16897	0.06525	
	41—50岁	372	5.5706	1.01269	0.05251	
	51—60岁	74	5.5586	1.09523	0.12732	
	61岁及以上	7	5.1071	1.12187	0.42403	

续表

社会责任态度	年龄	N	均值	标准差	标准误	检验
防御取向	30 岁及以下	222	4.7583	1.21697	0.08168	F = 1.465
	31—40 岁	326	4.6120	1.35426	0.07501	
	41—50 岁	380	4.6982	1.27650	0.06548	
	51—60 岁	72	4.4120	1.31471	0.15494	Sig: 0.211
	61 岁及以上	7	4.1429	0.80754	0.30522	
抵制取向	30 岁及以下	219	3.7479	1.36564	0.09228	F = 2.915
	31—40 岁	322	3.5988	1.31779	0.07344	
	41—50 岁	377	3.4695	1.27427	0.06563	
	51—60 岁	72	3.7861	1.15079	0.13562	Sig: 0.021
	61 岁及以上	7	4.5429	2.09353	0.79128	

从受教育程度来看，不同学历的管理者在"价值取向"与"利益取向"上存在显著性差异，本科学历的管理者最倾向于视承担社会责任为企业的题中应有之义，或获取经济利益提高社会地位的一种方式。小学或小学以下学历的管理者则倾向于防御型态度或抵制型态度（详见表 3-12）。

表 3-12　　　　　学历与社会责任态度取向交叉分析

社会责任态度	学历	N	均值	标准差	标准误	检验
价值取向	小学或小学以下	15	4.7000	1.44296	0.37257	F = 4.937 Sig: 0.000
	初中	122	5.0820	1.35849	0.12299	
	高中或中专	287	5.1986	1.34262	0.07925	
	大专	238	5.2458	1.16989	0.07583	
	本科	304	5.5757	1.13852	0.06530	
	研究生及以上	45	5.3889	1.26194	0.18812	
利益取向	小学或小学以下	14	5.1667	1.38444	0.37001	F = 2.085 Sig: 0.065
	初中	119	5.3158	1.10527	0.10132	
	高中或中专	280	5.3845	1.19331	0.07131	
	大专	237	5.4856	1.07134	0.06959	
	本科	299	5.6168	1.04421	0.06039	
	研究生及以上	44	5.4432	0.95992	0.14471	

续表

社会责任态度	学历	N	均值	标准差	标准误	检验
防御取向	小学或小学以下	15	4.8000	1.36015	0.35119	F = 1.268 Sig: 0.276
	初中	121	4.4931	1.26462	0.11497	
	高中或中专	286	4.5693	1.31038	0.07748	
	大专	239	4.6932	1.26819	0.08203	
	本科	304	4.7774	1.28186	0.07352	
	研究生及以上	44	4.7083	1.40096	0.21120	
抵制取向	小学或小学以下	15	3.9200	1.37695	0.35553	F = 0.712 Sig: 0.614
	初中	119	3.6571	1.31204	0.12027	
	高中或中专	282	3.6766	1.24864	0.07436	
	大专	237	3.5072	1.26229	0.08199	
	本科	301	3.5834	1.38674	0.07993	
	研究生及以上	45	3.5022	1.41782	0.21136	

2. 企业高层管理者的认知水平与社会责任态度

表3-13分析了企业管理者对社会责任的认知水平与其态度取向之间的相关关系。结果表明，管理者的企业社会责任认知水平与其态度倾向存在显著的相关关系。具体来说，管理者的企业社会责任认知水平与其"价值取向""利益取向"和"防御取向"均存在显著的正相关关系，而与"抵制取向"之间则表现为显著的负相关关系，即管理者越理解企业社会责任的内涵与意义，其对企业承担社会责任的态度越倾向于积极，抵制倾向越少。

表3-13　　　企业管理者的社会责任态度取向与社会
认知水平的相关系数

	价值取向	利益取向	防御取向	抵制取向
管理者的认知水平	0.412 ***	0.345 ***	0.298 ***	-0.219 ***

注: *** $p < 0.01$。

3. 社会环境与企业管理者的社会责任态度

表3-14探讨了社会环境因素与企业管理者社会责任态度之间的

关系。分析结果表明，企业管理者的社会责任态度与社会环境因素显著相关。政府对企业社会责任关注度越高，法律环境越完善，非政府组织的数量越多，企业管理者对承担社会责任的态度越趋向于积极，越不可能采取抵制态度。

表 3 – 14　　**企业管理者的社会责任态度取向与社会**
环境的相关系数

	价值取向	利益取向	防御取向	抵制取向
政府的关注度	0.248 ***	0.336 ***	0.372 ***	− 0.182 ***
法律环境的完善性	0.321 ***	0.437 ***	0.314 ***	− 0.150 ***
非政府组织的数量	0.255 ***	0.288 ***	0.323 ***	− 0.175 ***

注：*** p < 0.01。

4. 回归分析结果

从前面的分析结果来看，企业管理者的个体特征与认知水平，及其社会环境因素对企业管理者的社会责任态度有着不可忽视的影响。为了探究各因素对企业管理者社会责任态度的影响力大小及其作用方向，我们以企业管理者的社会责任态度四种取向为因变量，以管理者个体特征、认知水平和社会环境因素为自变量进行回归分析，分析结果如表 3 – 15 所示。

由表 3 – 15 可知，管理者的性别与年龄对其社会责任态度有显著影响，而学历的影响不显著。与男性管理者相比较，女性管理者的社会责任态度更积极。31—60 岁的管理者更倾向于视企业承担社会责任为应尽之义务；41—50 岁的管理者的利益倾向性更显著；30 岁及以下与41—50 岁年龄段的管理者更倾向于采用防御型态度对待企业社会责任；50 岁以下的管理者对企业承担社会责任的抵制倾向表现得不那么强烈。分析结果显示，假设 1 部分成立。

管理者对企业社会责任的认知水平对其态度倾向有显著影响，认识水平越高，管理者越可能采取"价值取向"态度、"利益取向"态度和"防御取向"态度，对企业承担社会责任的抵制倾向越弱，假设 2 成立。

同时，我们还可以发现，法律环境的完善度、政府的关注度与非政府组织的数量对企业管理者的"利益取向"态度和"防御取向"态度有显著的正向影响，即法律环境越完善，政府越关注企业社会责任表现，非政府组织的数量越多，企业管理者越倾向于将承担社会责任视为改善政企关系、规避法律风险的一种必要手段，假设 3 成立。从社会环境的角度来看，法律环境的完善程度和非政府组织的数量对企业管理者的"价值取向"态度倾向有正向影响，而政府的关注度对它没有显著影响；政府关注度和非政府组织的数量对管理者的抵制倾向有显著的负向影响，即政府关注度越高，非政府组织数量越多，企业管理者的抵制倾向越弱，而法律的完善程度对其无显著影响。

表 3 - 15　　　企业管理者社会责任态度取向的
多元回归分析（标准回归系数）

因变量	价值取向（模型 1）	利益取向（模型 2）	防御取向（模型 3）	抵制取向（模型 4）
男 & 女	- 0.065 **	- 0.052 *	- 0.093 ***	0.059 *
30 岁及以下	0.233	0.173	0.249 *	- 0.282 *
31—40 岁	0.298 *	0.209	0.242	- 0.368 **
41—50 岁	0.343 **	0.288 *	0.287 *	- 0.400 **
51—60 岁	0.169 *	0.123	0.079	- 0.138
初中	0.120	0.040	- 0.042	- 0.066
高中或中专	0.094	- 0.033	- 0.138	- 0.024
大专	0.084	- 0.004	- 0.108	- 0.081
本科	0.180	0.002	- 0.142	- 0.050
研究生及以上	- 0.001	- 0.068	- 0.096	- 0.013
管理者的认知水平	0.336 ****	0.215 ****	0.174 ****	- 0.158 ****
法律环境的完善性	0.183 ****	0.301 ****	0.161 ****	- 0.043
政府的关注度	0.019	0.111 ***	0.187 ****	- 0.067 *
非政府组织的数量	0.089 **	0.075 **	0.130 ****	- 0.087 **

续表

因变量	价值取向 （模型1）	利益取向 （模型2）	防御取向 （模型3）	抵制取向 （模型4）
F	21.467	24.423	19.308	6.102
R	0.492	0.520	0.472	0.290
调整的 R^2	0.231	0.259	0.212	0.071

注：（1）* p<0.1，** p<0.05，*** p<0.01，**** p<0.001。

（2）年龄以"61岁及以上"为参照项；学历以"小学或小学以下"为参照项。

四　小结

通过对企业高层管理者的社会责任认知水平、态度及其影响因素的研究，我们可以得到这样几个简单的结论。

首先，社会责任态度是由多个维度共同构成的复杂的行为倾向系统。大体而言可分为四种类型，即"价值取向"型态度、"利益取向"型态度、"防御取向"型态度和"抵制取向"型态度。这四种态度倾向在每一个企业管理者身上都存在，只不过是某一种态度倾向更突出，对其行为决策更具影响力而已。

其次，对企业管理者的"价值取向"型态度与"抵制取向"型态度影响最大的因素均是管理者的认知水平，管理者对企业社会责任的认知水平越高，其越是从价值上认同企业社会责任，对企业承担社会责任的抵制越少。可见，加强宣传使企业管理者尽快接受企业社会责任理念应该成为有关部门的一个刻不容缓的工作。

再次，相关法律法规的完善程度与政府的关注对企业管理者的社会责任态度有非常重要的影响，尤其是"利益取向"与"防御取向"态度倾向。因此，政府在推动企业承担社会责任工作的重点应该放在表明态度、加强监管及完善相关法律法规等方面，通过这些手段改变企业履践社会责任的成本与收益。

最后，非政府组织的作用不容忽视，通过我们的调查分析可以看出，非政府组织的数量对企业管理者的社会责任态度各取向均有显著的影响作用。非政府组织是一个社会中公民自我管理的重要方式，是政府社会管理的必要补充，在传播企业社会责任理念、提高管理者认知水平、制定行业规范与产品质量标准等方面均发挥着重要的作用，在推动企业承担社会责任方面扮演着重要的角色。

第三节　企业生命周期与企业社会责任态度——纵向考察

企业高层管理者的态度取向对调整组织决策、回应利益相关者的期待、推动企业承担社会责任方面的作用是至关重要的。① 从前面的分析可以看出，企业管理者对承担社会责任的态度又受到个体特征、认知水平与企业所处社会环境因素的影响与制约。同时，因企业在经历不同生命周期阶段时，其经营、投资和融资活动、资源禀赋、组织能力、风险偏好和战略都会发生系统性变化，② 因此，处于不同生命周期阶段的企业其经营目标与重心存在差异性，企业的高层管理者所关注的焦点、承担的压力、对企业社会责任的理解与态度也会有所不同。③ 因此，从企业生命周期的角度纵向地考察企业高层管理者的社会态度及其影响因素，具有重要的现实意义。

一　企业生命周期与管理者的社会责任态度

一般认为，企业生命周期理论起源于经济学对企业"黑箱"的探索，是对企业可持续发展的反思和讨论。最早提出"企业生命周期"概念的学者是马森·海尔瑞（M. Haire），他认为企业的成长与发展也

① Cabeza-García L., Fernández-Gago R. & Nieto M., "Do Board Gender Diversity and Director Typology Impact CSR Reporting?", *European Management Review*, https://doi.org/10.1111/emre.12143, 2017.

② Helfat C. E. & Peteraf M. A., "The Dynamic Resource-based View: Capabilities Lifecycles", *Strategic Management Journal*, Vol. 24, No. 10, 2003, pp. 997 – 1010.

③ Hasan M. M. & Habib A., "Corporate Life Cycle, Organizational Financial Resources and Corporate Social Responsibility", *Journal of Contemporary Accounting & Economics*, Vol. 13, No. 1, 2017, pp. 20 – 36.

符合生物体的成长曲线，也存在着从出生、成长、成熟，到死亡的周期性。① 在此基础上，歌德纳（J. W. Gardner）进一步指出，与生物体的生命周期相比，企业的生命周期有其特殊性，企业的生命周期可长可短，具有不可预知性；企业可能于某一成长阶段出现停滞现象，这在生物体身上是不会发生的；且企业的消亡并不是不可避免的。② 在企业成长的不同阶段，组织会遭遇不同的机会与挑战，③ 也会采取不一样的组织战略、组织结构、组织决策方式、风险管控战略加以应对。④ 企业的管理方式、生产方式、市场战略与危机管理方式都会因应企业的不同生命周期阶段而加以调整。⑤ 在企业不同成长阶段，因组织所拥有的资源与特征有所差异，企业管理者需不断调整组织目标与企业社会责任行为，以适应新的环境并赢得优势。在企业从一个阶段过渡到下一个成长阶段的过程中，企业的管理者有可能会遭遇领导危机，⑥ 这将促使他们改变自己的企业社会责任态度。如 Sethi 认为随着其企业的发展，企业承担社会责任的态度、内容、范围和方式会随之变化，大体会经历三个阶段：社会义务（Social Obligation）阶段、社会责任（Social Responsibility）阶段和社会响应（Social Responsiveness）阶段。⑦

① Haire M. , *Biological Models and Empirical History of the Growth of Organizations: Modem Organizational Theory*, New York: John Wiley and Sons, 1959.

② Gardner J. W. , "How to Prevent Organizational Dry Rot", *Harper's Magazine*, October, 1965.

③ Smith K. G. , Mitchell T R&Summer C. E. , "Top-level Management Priorities in Different Stages of the Organizational Life Cycle", *Academy of Management Journal*, Vol. 28, No. 4, 1985, pp. 799 – 820.

④ Galbraith J. , "The Stages of Growth", *The Journal of Business Strategy*, Vol. 3, No. 4, 1982, pp. 70 – 79; Helfat C. E. & Peteraf M. A. , "The Dynamic Resource-based View: Capabilities Lifecycles", *Strategic Management Journal*, Vol. 24, No. 10, 2003, pp. 997 – 1010.

⑤ Greiner L. E. , "Evolution and Revolution as Organizations Grow", *Harvard Business Review*, Vol. 50, No. 4, 1972, pp. 37 – 46; Kazanjian R. K. , "The Organizational Evolution of Technology-based New Ventures: A Stage of Growth Model", *Academy of Management Journal*, Vol. 31, 1988, pp. 257 – 279.

⑥ Van de Ven A. H. & Poole M. S. , "Explaining Development and Change in Organizations", *Academy of Management Review*, Vol. 21, No. 3, 1995, pp. 510 – 542.

⑦ Sethi S. P. , "Dimensions of Corporate Social Performance: An Analytical Framework", *California Management Review*, Vol. 17, No. 3, 1975, pp. 58 – 64.

　　虽然企业生命周期理论在生命阶段数量认定、不同生命阶段之间的区分与界定等问题上也遭遇了一些质疑，[①] 但该理论被广泛应用于研究股票市场回应、[②] 组织控制与产品创新、[③] 企业社会责任行为[④]等各个领域。Hanks 等学者认为，在解释组织行为与结构问题时，企业生命周期理论是一个很有效的解释框架。[⑤] 迄今为止，已有 20 多种不同的企业生命周期理论模型，其中比较典型的有爱迪思（I. Adizes）的三阶段论与米勒和弗里斯纳（D. Miller & P. H. Friesne）的四阶段说。爱迪思以"灵活性"与"可控性"为标准将企业生命周期划分为三个阶段：成长阶段（包括孕育期、婴儿期、学步期）、再生与成熟阶段（包括青春期、盛年期、稳定期）与老化阶段（包括贵族期、官僚化早期、官僚期、死亡期），认为企业的生命周期呈现为一种倒钟形的抛物线形状。[⑥] 米勒与弗里斯纳则将企业生命周期分为创业期、成长期、成熟期与衰退/再生期。[⑦] 陈佳贵与黄速建则考虑了企业规模在企业生命周期中的作用，将企业成长阶段分为孕育期、求生存期、

① 如 Mintzberg H., "Power and Organizational Life Cycles", *Academy of Management Review*, Vol. 9, 1984, pp. 207 - 224; Olson P. & Terpstra D., "Organizational Structural Changes: Life-cycle Stage Influences and Managers' and Interventionists' Challenges", *Journal of Organizational Change Management*, Vol. 5, No. 4, 1992, pp. 27 - 40。

② Anthony J. & Ramesh K., "Association between Accounting Performance Measures and Stock Prices", *Journal of Accounting and Economics*, Vol. 15, No. 2 - 3, 1992, pp. 203 - 227.

③ Liao Y., "The Effect of Life-cycle Stage of an Organization on the Relationship between Corporate Control and Product Innovation", *International Journal of Management*, Vol. 23, 2006, pp. 167 - 175.

④ Elsayed K. & Paton D., "The Impact of Financial Performance on Environmental Policy: Does Firm Life Cycle Matter?", *Business Strategy and the Environment*, Vol. 18, No. 6, 2009, pp. 397 - 413.

⑤ Hanks S., Watson C., Hansen E. & Chandler G., "Tightening the Life Cycle Construct", *Entrepreneurship Theory and Practice*, Vol. 18, 1993, pp. 5 - 30.

⑥ Adizes I., *Corporate Lifecycles: How and Why Corporations Grow and Die and What to Do About It*, Prentice Hall, 1989.

⑦ Miller D. & Friesne P. H., "Successful and Unsuccessful Phases of the Corporate Life Cycle", *Organizational Studies*, Vol. 4, No. 3, 1983, pp. 339 - 356; Miller D. & Friesne P. H., "A Longitudinal Study of the Corporate Life Cycle", *Management Science*, Vol. 30, No. 10, 1984, pp. 1161 - 1183.

高速发展期、成熟期和蜕变期。[①]

　　一般认为，不同企业的生命周期长短各有不同，但各个企业在生命周期的不同阶段所表现出来的决策特征却存在某些共性，进而影响到企业高层管理者对承担社会责任的态度与取向。对于初创期与衰退期企业而言，因为需要面对更大的收入和成本的不确定性及投资和创新的风险，[②] 主要关注点集中在增长目标的实现、竞争力的增强、新市场的开拓和新产品线的开发等方面，因此不太可能关注积极的企业社会责任活动，[③] 与实现财务目标相比，通过积极的企业社会责任活动增加与关键利益相关者的互动以获得合法性显得不那么重要。[④] 而对于成熟期企业而言，更关心其活动的声誉后果以及与主要利益相关者（包括监管机构）的互动方式，这些企业更倾向于积极地承担社会责任。[⑤] 从资源提供理论视角来看，处于不同生命周期阶段的企业拥有不同的资源，而资源拥有量是影响企业管理者推动企业承担社会责任的态度的关键因素。[⑥] 简言之，企业管理者的社会责任态度，取决于企业的生命周期阶段。

---

① 陈佳贵、黄速建：《企业经济学》，经济科学出版社 1997 年版。

② Gort M. & Klepper S. , "Time Paths in the Diffusion of Product Innovations", *Economic Journal*, Vol. 92, No. 367, 1982, pp. 630 – 653; Dickinson V. , "Cash Flow Patterns as a Proxy for Firm Life Cycle", *The Accounting Review*, Vol. 11, No. 86, 2011, pp. 1969 – 1994.

③ Ramaswamy V. , Ueng J. C. & Carl L. , "Corporate Governance Characteristics of Growth Companies: An Empirical Study", *Academy of Accounting and Financial Studies*, Vol. 12, 2008, pp. 21 – 33.

④ Al-Hadia A. , Chatterjeeb B. , Yaftianc A. , Taylora G. & Hasan M. M. , "Corporate Social Responsibility Performance, Fnancial Distress and Firm Life Cycle: Evidence From Australia", *Accounting & Finance*, Vol. 32, No. 26, 2017, pp. 1 – 29.

⑤ Hasan M. M. & Habib A. , "Corporate Life Cycle, Organizational Financial Resources and Corporate Social Responsibility", *Journal of Contemporary Accounting & Economics*, Vol. 13, No. 1, 2017, pp. 20 – 36.

⑥ Waddock S. A. & Graves S. B. , "The Corporate Social Performance-financial Performance Link", *Strategic Management Journal*, Vol. 18, No. 4, 1997, pp. 303 – 319; Elsayed K. & Paton D. , "The Impact of Financial Performance on Environmental Policy: Does Firm Life Cycle Matter?", *Business Strategy and the Environment*, Vol. 18, 2007, pp. 397 – 413.

1. 初创期

初创期企业普遍缺乏人力资本、社会资本及资金、技术、材料等各方面的资源，[1] 企业管理者面临的主要问题是未来收益的不确定性和筹资的困难。[2] Waddock 与 Graves 认为缺少可使用资源将极大地限制这一阶段企业的社会责任表现。[3] 相对于通过企业社会责任行为获取社会赞同，企业的生存、发展与开拓新的市场等需求显得更为强烈。[4] Ramaswamy 等学者认为此时企业管理者更关注企业成长而不是企业社会责任行为，对企业社会责任认同度较低甚至有抵制倾向。[5]

2. 成长期

在企业的快速成长期，企业管理者会认识到差异化战略的重要性，[6] 而推动企业承担社会责任则是一个很好的行动方案，因为这一行为方式很难被模仿或模仿的成本很高。[7] 虽然承担社会责任会使企业短期效益受损，但也会使竞争对手的竞争成本增加。[8] 因此，相比

---

① Helfat C. E. & Peteraf M. A., "The Dynamic Resource-based View: Capabilities Lifecycles", *Strategic Management Journal*, Vol. 24, No. 10, 2003, pp. 997 – 1010.

② Jenkins D., Kane G. & Velury U., "The Impact of the Corporate Life-cycle on the Value-relevance of Disaggregated Earnings Components", *Review of Accounting and Finance*, Vol. 3, No. 4, 2004, pp. 5 – 20; Hasan M. M., Hossain M. & Habib A., "Corporate Life Cycle and Cost of Equity Capital", *Journal of Contemporary Accounting & Economics*, Vol. 11, No. 1, 2015, pp. 46 – 60.

③ Waddock S. A. & Graves S. B., "The Corporate Social Performance-financial Performance link", *Strategic Management Journal*, Vol. 18, No. 4, 1997, pp. 303 – 319.

④ Javanovic B., "Selection and Evolution of Industry", *Econometrica*, Vol. 50, 1982, pp. 649 – 670.

⑤ Ramaswamy V., Ueng J. C. & Carl L., "Corporate Governance Characteristics of Growth Companies: An Empirical Study", *Academy of Accounting and Financial Studies*, Vol. 12, 2008, pp. 21 – 33.

⑥ McWilliams A., Van Fleet D. & Cory K., "Raising Rivals' Costs Through Political Strategy: An Extension of Resource-based Theory", *Journal of Management Studies*, Vol. 39, No. 5, 2002, pp. 707 – 723.

⑦ Fombrun C., Shanley M., "What's in a Name? Reputation Building and Corporate Strategy", *Academy of Management Journal*, Vol. 33, No. 2, 1990, pp. 233 – 258.

⑧ Nehrt C., "Timing and Intensity Effects of Environmental Investments", *Strategic Management Journal*, Vol. 17, No. 7, 1996, pp. 535 – 547.

初创期企业而言，此一阶段的企业管理者的社会责任意识会增强，认同度提高，而抵制倾向减弱。但这一阶段的企业社会责任行为依然受制于资源的不足。同时，Preston 与 O'Bannon 认为，这一时期的企业管理者会产生机会主义行为，即减少企业社会责任方面的费用而为自己谋利。①

3. 成熟期

相比于其他成长阶段的企业，成熟期企业的资源要丰富得多，也已经建立起竞争优势，② 也会受到政府、媒体、社会公众等各利益相关者群体更多的关注，对企业的期待值也会增加。③ 资源的丰富为企业承担社会责任提供了保障，关注度与期待值的提高使企业管理者开始转而关注各种组织行为带来的社会后果以及各利益相关者的反应。④ 成熟期企业缺乏创新精神一直是困扰管理者的问题，许多管理者会视企业承担社会责任为再次激活企业、激励员工创新的一种有效手段。⑤ 相对来说，成熟期企业的管理者对企业承担社会责任认同度最高，推动企业承担社会责任的意识最强。

4. 衰退期

当企业进入衰退期，企业的管理者能自由支配的闲置资源再次变得紧张，使得管理者无法在承担社会责任方面投入过多，为了使企业能重生，管理者必须更多地关注产品的市场战略与多元化经营等方面

---

① Preston L. & O'Bannon D. , "The Corporate Social-financial Performance Relationship: A Typology and Analysis", *Business and Society*, Vol. 36, No. 4, 1997, pp. 419 – 429.

② Helfat C. E. & Peteraf M. A. , "The Dynamic Resource-based View: Capabilities Lifecycles", *Strategic Management Journal*, Vol. 24, No. 10, 2003, pp. 997 – 1010.

③ Jawahar I. & McLaughlin G. , "Toward a Descriptive Stakeholder Theory: An Organizational Life Cycle Approach", *Academy of Management Review*, Vol. 26, No. 3, 2001, pp. 397 – 414.

④ Hasan M. M. & Habib A. , "Corporate Life Cycle, Organizational Financial Resources and Corporate Social Responsibility", *Journal of Contemporary Accounting & Economics*, Vol. 13, No. 1, 2017, pp. 20 – 36.

⑤ DeAngelo H. , DeAngelo L. & Stulz R. M. , "Dividend Policy and the Earned/ Contributed Capital Mix: A Test of the Life-cycle Theory", *Journal of Financial Economics*, Vol. 81, No. 2, 2006, pp. 227 – 254.

的问题。① 相比成熟期企业，企业无法为承担社会责任进行过多的投入，但因企业的历史较为悠久，受到的社会关注度却不会降低，社会对企业继续承担社会责任的期待也不会降低太多。因此，企业管理者对承担社会责任的态度会从认同转向敷衍，积极转向消极，抵制倾向会大大增加。②

综上所述，我们认为，企业管理者对待承担社会责任的态度在不同的生命周期阶段会有不同的表现。据此提出如下假设：

假设 1：无论在哪个成长阶段，企业的管理者均可能将承担社会责任视为一种增加企业声誉的主动性赢利手段或应对监管机构或社会公众的被动性防御手段，因此，企业管理者针对企业社会责任的利益导向型态度与防御导向型态度在企业的不同生命周期阶段无显著差异。

假设 2：从初创期到成长期，再到成熟期，企业管理者对承担企业社会责任的态度会趋向积极，而抵制性消极态度会趋弱。

假设 3：从成熟期到衰退期，企业管理者对企业社会责任的态度会转向抵制，而积极的"价值取向"型态度会趋弱。

二 样本情况与变量预处理

1. 样本情况

本书研究所采用的数据依然来源于课题组的问卷调查。但为了比较处于不同成长阶段的企业其管理者的社会责任态度的差异，需要根据一定的标准将样本企业划分为不同的成长阶段，因此在统计分析时剔除与本书相关的各变量信息不全的样本，保留了 925 个有效样本。样本的基本情况如表 3 - 16 所示。

---

① Miller D. & Friesne P. H. , "A Longitudinal Study of the Corporate Life Cycle", *Management Science*, Vol. 30, No. 10, 1984, pp. 1161 - 1183.

② Elsayed K. & Paton D. , "The Impact of Financial Performance on Environmental Policy: Does Firm life Cycle Matter?", *Business Strategy and the Environment*, Vol. 18, 2007, pp. 397 - 413.

表 3 - 16　　　　　　　　**样本的描述性统计**（N = 925）

变量	类别	频次	百分比（%）	累计百分比（%）
性别	男	622	69.7	69.7
	女	271	30.3	100.0
年龄	25 岁及以下	67	7.3	7.3
	26—30 岁	129	14.0	21.3
	31—35 岁	153	16.6	37.9
	36—40 岁	155	16.8	54.8
	41—45 岁	228	24.8	79.6
	46—50 岁	119	12.9	92.5
	51—55 岁	52	5.7	98.2
	56—60 岁	13	1.4	99.6
	61 岁及以上	4	0.4	100.0
学历	小学或小学以下	13	1.4	1.4
	初中	116	12.6	13.9
	高中或中专	269	29.2	43.1
	大专	226	24.5	67.6
	本科	258	28.0	95.7
	研究生及以上	39	4.2	100.0
企业年龄	5 年及以下	188	20.3	20.3
	6—10 年	276	29.9	50.2
	11—15 年	264	28.5	78.7
	16—20 年	128	13.8	92.5
	21 年及以上	69	7.5	100.0
企业规模	50 人及以下	464	50.2	50.2
	51—100 人	189	20.4	70.6
	101—150 人	76	8.2	78.8
	151—200 人	67	7.2	86.1
	201—500 人	85	9.2	95.2
	501—1000 人	44	4.8	100.0
上一年的销售额	500 万元以下	373	40.3	40.3
	500 万—1000 万元	240	25.9	66.3
	1000 万—3000 万元	159	17.2	83.5
	3000 万—1 亿元	76	8.2	91.7
	1 亿—3 亿元	54	5.8	97.5
	3 亿元以上	23	2.5	100.0

续表

变量	类别	频次	百分比（%）	累计百分比（%）
资产总额	500 万元以下	370	40.0	40.0
	500 万—1000 万元	193	20.9	60.9
	1000 万—3000 万元	169	18.3	79.1
	3000 万—1 亿元	100	10.8	89.9
	1 亿—3 亿元	47	5.1	95.0
	3 亿元以上	46	5.0	100.0

2. 变量测量及其预处理

本书研究所涉及变量主要有"企业生命周期""社会责任态度""企业社会责任认知水平"和"企业社会责任内容认同度"。

企业社会责任认知水平：依然是通过询问被调查者对"利益相关者""企业社会责任""跨国公司生产守则"与"SA8000 认证"这四个与企业社会责任相关的概念的了解程度对企业管理者的认知水平进行评定。

企业社会责任内容认同度：与本章第一节的测量方法一致，通过询问被调查者对企业承担"经济责任""法律责任""伦理责任"和"慈善责任"的认同度，来考察企业管理者的社会责任价值取向。

企业生命周期：企业生命周期理论将企业的成长与发展过程划分为若干阶段，但不同的研究者对阶段数目的确定却大相径庭，少则 3 个阶段，多则 10 个阶段。企业成长阶段数的确定对企业生命周期研究至关重要，Drazin 与 Kazanjian 指出，四阶段或是三阶段的组织生命周期模型均比五阶段模型更具有预测能力;[1] 而 Leontiades 等人则认

---

[1] Drazin R. & Kazanjian K., "Research Notes and Communications: A Reanalysis of Miller and Friesen's Life Cycle Data", *Strategic Management Journal*, Vol. 11, No. 4, 1990, pp. 319 - 325.

为，将企业成长阶段划分为四阶段最为常见且最合适。[1] 本书根据
Miller 与 Friesne 的企业生命周期四阶段模型，[2] 将企业生命周期分为
创业期、成长期、成熟期与衰退/再生期。

就企业生命周期的划分标准而言，不同的学者所依据的指标也不
尽相同，有的学者以企业规模为指标；[3] 有的学者以组织的复杂程度
为依据；[4] 有的学者以销售额与企业年龄为划分标准。[5] 有的学者以
单一指标作为企业成长阶段的判定标准，有的则采用复合指标进行
衡量。本书采用在定量研究中常用的 4 个指标：企业年龄、企业规
模、销售额（1 = 500 万元以下；2 = 500 万—1000 万元；3 = 1000
万—3000 万元；4 = 3000 万—1 亿元；5 = 1 亿—3 亿元；6 = 3 亿元
以上）、资产总额（1 = 500 万元以下；2 = 500 万—1000 万元；3 =
1000 万—3000 万元；4 = 3000 万—1 亿元；5 = 1 亿—3 亿元；6 = 3
亿元以上）作为划分标准。我们以 2013 年的企业员工人数作为企
业规模的指标。企业年龄则以 2013 减去企业开创年份，不足 1 年
的算作 1 年。首先对这 4 个指标进行标准化处理，然后采用 K – 均
值聚类分析法，将 925 个样本企业分为创业期、成长期、成熟期与
衰退期 4 种类型，统计结果如表 3 – 17 所示。这样我们获得了四个
子样本，创业期企业子样本数 380 个，成长期企业子样本数 172
个，成熟期企业子样本数 155 个，衰退期企业子样本数 218 个。

---

① Leontiades M. , *Strategies for Diversification and Change*, MA：Little Brown, 1980.

② Miller D. & Friesne P. H. , "Successful and Unsuccessful Phases of the Corporate Life Cycle", *Organizational Studies*, Vol. 4, No. 3, 1983, pp. 339 – 356; Miller D. & Friesne P. H. , "A Longitudinal Study of the Corporate Life Cycle", *Management Science*, Vol. 30, No. 10, 1984, pp. 1161 – 1183.

③ 如 Smith K. G. & Mitchell T. R. , Summer C. E. , "Top-level Management Priorities in Different Stages of the Organizational Life Cycle", *Academy of Management Journal*, Vol. 28, No. 4, 1985, pp. 799 – 820；陈佳贵、黄速建：《企业经济学》，经济科学出版社 1997 年版。

④ 如 Lippitt G. L. & Schmidt W. H. , "Crisis in a Developing Organization", *Harvard Business Review*, Vol. 45, 1967, pp. 102 – 112。

⑤ 如 Timmons J. , *Entrepreneurship in the* 1990s （3rd ed. ）, Boston：Irwin, 1990。

表 3 – 17 企业样本聚类分析

指标 \ 类别	1	2	3	4
销售额	– 0.15000	1.22919	– 0.58215	1.67606
资产总额	– 0.00281	1.26338	– 0.61432	1.39315
企业年龄	0.98242	0.22183	– 0.62726	0.85830
企业规模	– 0.06515	0.16208	– 0.40934	3.29062

　　企业高层管理者的社会责任态度：前文已经对这一变量进行了比较详细的探讨，并对相关数据进行了处理，采用因子分析的方法从26 道"社会责任态度"测量题项中抽取出了 4 个公因子，作为企业社会责任态度的维度。但这部分研究所涉样本与前面的样本有差异，少了 99 个样本，因此，虽然这部分研究的调查问题与前相同，但还是应该重新对这一变量进行预处理。尝试针对 925 个有效样本做因子分析，Bartlett 球形检验结果显著为 0.000，KMO 值为 0.921，所以适合做因子分析，分析结果如表 3 – 18 所示。

　　统计结果显示，26 道测量题项较好地被 4 个公因子解释，与前面的分析结果比较可发现，对各公因子贡献较大的题项分布与前面的分析结果一致，因此，我们依然将这 4 个公因子分别命名为"利益取向"型态度、"防御取向"型态度、"价值取向"型态度、"抵制取向"型态度。取同一因子的不同指标得分的均值作为各因子得分参与分析。

表 3 – 18 企业社会责任表现因子分析（旋转后的因子负荷矩阵）（N = 925）

项目	公因子 1	公因子 2	公因子 3	公因子 4
企业承担社会责任可以提高企业的知名度与美誉度	0.817			
企业承担社会责任有利于获得社会公众的认可	0.844			
企业承担社会责任可以优化政企关系	0.756			
企业承担社会责任有助于争取政府的一些支持和政策倾斜	0.676			

续表

项目	公因子1	公因子2	公因子3	公因子4
企业承担社会责任可以为企业家搭建一个对外交流平台	0.761			
企业承担社会责任可以塑造融洽的组织气氛和人际关系	0.771			
企业承担社会责任可以激励员工的工作积极性	0.647			
企业承担社会责任可以影响到消费者的购买意向	0.600			
企业承担社会责任可以增加商业伙伴的信赖	0.736			
企业承担社会责任可以帮助企业实现自己的品牌化战略	0.697			
企业承担社会责任可以提升企业自身的市场竞争力	0.700			
企业承担社会责任是为了应对相关法规和行业规范的要求		0.535		
推行企业社会责任，是为了适应新的国际经济贸易规则		0.646		
企业承担社会责任是为了应对客户提出的要求		0.790		
企业承担社会责任可以应对竞争对手的压力		0.752		
企业承担社会责任可以应对来自社会舆论的压力		0.665		
企业承担社会责任可以降低法律风险		0.720		
企业行为应该符合社会道德的要求			0.678	
企业承担社会责任是企业家义不容辞的义务和责任			0.774	
优秀企业家一定具有强烈的社会责任感			0.763	
企业的根本责任是促进国家的发展			0.740	
履行企业社会责任会增加企业的成本				0.539
企业的根本责任是为股东创造利润				0.655
企业社会责任是企业发展到一定阶段后才能顾及的				0.805
企业社会责任是企业基本责任之外的责任				0.782
企业社会责任主要是大企业的事情				0.699
特征值	6.477	3.683	2.760	2.569
累计方差贡献率（%）	24.912	39.077	49.691	59.573

三　研究结果与分析

前面我们划分了企业成长阶段，将 925 个样本企业划分为了四类，分别为"创业期"企业、"成长期"企业、"成熟期"企业和

"衰退/再生期"企业。在此基础上，对处于四类成长阶段的企业管理者的社会责任认知水平、社会责任认同度和社会责任态度取向作比较分析。首先我们对四类样本企业的管理者的社会责任认知水平、认同度和态度取向分别进行描述性统计分析，并以企业成长阶段为因素变量进行单因素方差分析，统计结果如下。

1. 不同生命周期企业管理者的认知水平比较分析

表3-19呈现了处于不同成长阶段的企业管理者对社会责任的认识水平，总的来说，不同成长阶段的企业管理者的认知水平存在显著性差异。处于成熟期的企业管理者的认知度最高，而创业期企业的管理者认知水平最低。

表3-19　　　　不同生命周期企业管理者社会责任认知水平

企业高管的社会责任认知		样本数	均值	标准误	标准差	方差分析 F 值	Sig 值（双尾）
利益相关者	创业期	380	4.8563	1.72485	0.07873	6.394	0.000
	成长期	172	5.2849	1.51221	0.11531		
	成熟期	155	5.6727	1.33409	0.17989		
	衰退/再生期	218	4.9174	1.51872	0.10286		
企业社会责任	创业期	380	5.2229	1.59275	0.07270	7.813	0.000
	成长期	172	5.5465	1.39889	0.10666		
	成熟期	155	5.9636	1.27604	0.17206		
	衰退/再生期	218	5.0275	1.45770	0.09859		
跨国公司生产守则	创业期	380	3.1294	1.89691	0.08667	10.113	0.000
	成长期	172	3.8480	2.02055	0.15452		
	成熟期	155	3.8727	2.01893	0.27223		
	衰退/再生期	218	3.7860	1.80363	0.12301		
SA8000认证	创业期	380	3.3787	2.05708	0.09409	8.385	0.000
	成长期	172	4.0176	2.18514	0.16759		
	成熟期	155	4.0909	2.13674	0.28812		
	衰退/再生期	218	4.0833	1.93679	0.13178		

单因素方差分析的结果显示（见表3-20），"创业期"和"衰

退/再生期"企业的管理者对"利益相关者"和"企业社会责任"的认知度显著低于"成长期"和"成熟期"企业的管理者。

表3-20　　不同生命周期企业管理者社会责任认知水平比较

企业管理者社会责任态度		均值差	均值差的标准误	Sig值（双尾）
利益相关者	创业期—成长期	-0.42863*	0.13962	0.014
	创业期—成熟期	-0.81648*	0.19636	0.000
	创业期—衰退/再生期	-0.06118	0.12953	0.998
	成长期—成熟期	-0.38784	0.21367	0.363
	成长期—衰退/再生期	0.36745	0.15452	0.103
	成熟期—衰退/再生期	0.75530	0.20722	0.003
企业社会责任	创业期—成长期	-0.32359	0.12908	0.074
	创业期—成熟期	-0.74072*	0.18679	0.001
	创业期—衰退/再生期	0.19539	0.12250	508
	成长期—成熟期	-0.41712	0.20244	0.227
	成长期—衰退/再生期	0.51899	0.14525	0.002
	成熟期—衰退/再生期	0.93611	0.19831	0.000
跨国公司生产守则	创业期—成长期	-0.71852*	0.16986	0.000
	创业期—成熟期	-0.74329	0.27147	0.000
	创业期—衰退/再生期	-0.65661	0.15653	0.000
	成长期—成熟期	-0.02477	0.29558	0.933
	成长期—衰退/再生期	0.06191	0.19538	0.751
	成熟期—衰退/再生期	0.08668	0.28812	0.764
SA8000认证	创业期—成长期	-0.63899*	0.18385	0.001
	创业期—成熟期	-0.71225*	0.29315	0.015
	创业期—衰退/再生期	-0.70467	0.16879	0.000
	成长期—成熟期	-0.07326	0.31938	0.819
	成长期—衰退/再生期	-0.06569	0.21109	0.756
	成熟期—衰退/再生期	0.00758	0.31095	0.981

注：* $p<0.1$，** $p<0.05$，*** $p<0.01$，**** $p<0.001$。

相对而言，我国民营企业的管理者对"利益相关者"和"企业社会责任"比较熟悉，而对"跨国公司生产守则"和"SA8000认证"不太了解。从企业生命周期的角度看，创业期企业的管理者由于接触时间短，对"跨国公司生产守则"和"SA8000认证"了解很少，与处于其他成长阶段的企业管理者之间存在显著性差异。而"成长期""成熟期"和"衰退/再生期"企业的管理者相比创业期企业的管理者对这两个概念要了解得多一些，它们之间不存在显著性差异。

2. 不同生命周期企业管理者的社会责任认同度比较分析

由表3-21可知，在"企业应该承担什么样的责任"问题上，处于不同成长阶段的企业管理者之间存在显著性差异，即使在是否承担"慈善责任"问题上，不同成长阶段的企业管理者在0.1的水平上也存在显著性差异。

具体来说，"成熟期"企业的管理者对四种责任类型的认同度最高，"成长期"企业的管理者次之，"创业期"和"衰退/再生期"企业的管理者认同度较低。

表3-21　　　　不同生命周期企业管理者社会责任认同度

企业高管的社会责任认知		样本数	均值	标准误	标准差	方差分析F值	Sig值（双尾）
经济责任	创业期	380	5.5628	1.49886	0.06856	5.148	0.002
	成长期	172	5.9244	1.34646	0.10267		
	成熟期	155	6.1273	1.23310	0.16627		
	衰退/再生期	218	5.5253	1.46899	0.09972		
法律责任	创业期	380	5.9479	1.35056	0.06164	3.768	0.010
	成长期	172	6.2035	1.15945	0.08841		
	成熟期	155	6.4000	1.01105	0.13633		
	衰退/再生期	218	5.8986	1.38739	0.09418		
伦理责任	创业期	380	5.0208	1.76002	0.08033	2.898	0.034
	成长期	172	5.3392	1.73938	0.13301		
	成熟期	155	5.6000	1.59397	0.21493		
	衰退/再生期	218	5.2064	1.67072	0.11316		
慈善责任	创业期	380	4.9307	1.69998	0.07792	2.485	0.059
	成长期	172	5.2442	1.57789	0.12031		
	成熟期	155	5.3455	1.79730	0.24235		
	衰退/再生期	218	5.1560	1.54308	0.10451		

　　为考察差异的来源，我们对处于不同成长阶段的企业管理者进行了两两比较，统计结果如表 3 - 22 所示。对于企业是否应该承担"经济责任"，"创业期"和"衰退/再生期"企业的管理者的认同度显著低于"成长期"和"成熟期"企业的管理者。"成长期"与"成熟期"企业管理者之间的差异不显著；对于企业是否应该承担"法律责任"，"成熟期"企业管理者的认同度显著高于"成长期"和"衰退/再生期"企业的管理者，而处于其他成长阶段的企业管理者之间不存在显著性差异；对于企业承担"伦理责任"和"慈善责任"的认同度，"创业期"企业的管理者显著低于"成长期""成熟期"和"衰退/再生期"企业的管理者，而处于其他成长阶段的企业管理者之间不存在显著性差异。

表 3 - 22　　　　　不同生命周期企业管理者社会责任认同度比较

企业管理者社会责任态度		均值差	标准误	Sig 值（双尾）
经济责任	创业期—成长期	- 0. 36166 **	0. 12345	0. 022
	创业期—成熟期	- 0. 56451 **	0. 17985	0. 015
	创业期—衰退/再生期	0. 03742	0. 12101	1. 000
	成长期—成熟期	- 0. 20285	0. 19541	0. 884
	成长期—衰退/再生期	0. 39907 **	0. 14313	0. 033
	成熟期—衰退/再生期	0. 60193 **	0. 19388	0. 015
法律责任	创业期—成长期	- 0. 25557	0. 10778	0. 105
	创业期—成熟期	- 0. 45208 **	0. 14962	0. 020
	创业期—衰退/再生期	0. 04930	0. 11256	0. 998
	成长期—成熟期	- 0. 19651	0. 16249	0. 790
	成长期—衰退/再生期	0. 30487	0. 12917	0. 107
	成熟期—衰退/再生期	0. 50138 **	0. 16570	0. 018
伦理责任	创业期—成长期	- 0. 31835 **	0. 15372	0. 039
	创业期—成熟期	- 0. 57917 **	0. 24572	0. 019
	创业期—衰退/再生期	- 0. 18559	0. 14097	0. 188
	成长期—成熟期	- 0. 26082	0. 26757	0. 330
	成长期—衰退/再生期	0. 13276	0. 17632	0. 452
	成熟期—衰退/再生期	0. 39358	0. 26046	0. 131

续表

企业管理者社会责任态度		均值差	标准误	Sig 值（双尾）
慈善责任	创业期—成长期	- 0.31351 **	0.14659	0.033
	创业期—成熟期	- 0.41478 *	0.23466	0.077
	创业期—衰退/再生期	- 0.22529 *	0.13475	0.095
	成长期—成熟期	- 0.10127	0.25524	0.692
	成长期—衰退/再生期	0.08822	0.16804	0.600
	成熟期—衰退/再生期	0.18949	0.24863	0.446

注：* $p < 0.1$，** $p < 0.05$，*** $p < 0.01$，**** $p < 0.001$。

3. 不同生命周期企业管理者的社会责任态度比较分析

同样，我们对四个阶段样本的企业高层管理者的社会责任态度进行了描述性统计分析，并以企业生命周期为因素变量进行了单因素方差分析。统计结果如表3－23所示。

由表3－23可知，在不同的企业成长阶段，企业高层管理者的"价值取向"态度与"抵制取向"态度存在显著性差异，显著性水平均小于0.05；而"利益取向"与"防御取向"态度不存在显著性差异。从企业高层管理者各态度取向的得分情况来看，企业在从创业期、成长期发展至成熟期过程中，企业的高层管理者的"积极的价值取向"得分逐步增高，而到了衰退/再生期，企业的高层管理者的"积极的价值取向"得分又突然下降，呈倒钟形的抛物线形状；而"抵制取向"态度的变化走势则完全相反，从创业期到成熟期，企业的高层管理者的"抵制取向"得分逐步下降，而到衰退/再生期，则又再增加。这种变化走势可以用图3－1与图3－2的比较更直观地反映出来。

表 3 - 23　　　　　　不同生命周期企业管理者社会责任态度

企业高管的社会责任态度		样本数	均值	标准误	标准差	方差分析 F 值	Sig 值（双尾）
积极的价值取向	创业期	380	5.1808	1.25300	0.05761	2.842	0.037
	成长期	172	5.4050	1.30106	0.09949		
	成熟期	155	5.6227	1.17839	0.15889		
	衰退/再生期	218	5.2683	1.29835	0.08794		
积极的利益取向	创业期	380	5.4361	1.17131	0.05414	0.337	0.799
	成长期	172	5.3647	1.25196	0.09602		
	成熟期	155	5.5253	1.00965	0.13740		
	衰退/再生期	218	5.4469	0.95562	0.06517		
消极的防御取向	创业期	380	4.5604	1.33701	0.06135	1.565	0.196
	成长期	172	4.7578	1.26151	0.09675		
	成熟期	155	4.7377	1.39654	0.19004		
	衰退/再生期	218	4.7353	1.16197	0.07906		
消极的抵制取向	创业期	380	4.4286	1.24397	0.05744	3.245	0.021
	成长期	172	4.3279	1.24644	0.09504		
	成熟期	155	4.1972	1.36326	0.09385		
	衰退/再生期	218	4.7519	1.43221	0.19490		

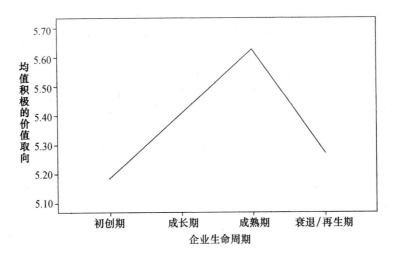

图 3 - 1　企业生命周期与管理者的"价值取向"态度

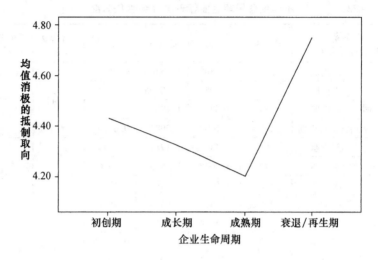

图 3 - 2　企业生命周期与管理者的"抵制取向"态度

为了进一步判断企业高层管理者的社会责任态度在各阶段上的差异性是由哪些阶段的差异造成的，本书以企业生命周期为分组变量进行了组间比较，统计结果如表 3 - 24 所示。

表 3 - 24　　不同生命周期企业管理者社会责任态度比较

企业管理者社会责任态度		均值差	均值差的标准误	Sig 值（双尾）
积极的价值取向	创业期—成长期	- 0. 22421 **	0. 11321	0. 048
	创业期—成熟期	- 0. 44197 **	0. 18075	0. 015
	创业期—衰退/再生期	- 0. 08759	0. 10386	0. 399
	成长期—成熟期	- 0. 21776	0. 19667	0. 268
	成长期—衰退/再生期	0. 13662	0. 12960	0. 292
	成熟期—衰退/再生期	0. 35438 *	0. 19144	0. 064
积极的利益取向	创业期—成长期	0. 07139	0. 11023	0. 987
	创业期—成熟期	- 0. 08916	0. 16254	0. 991
	创业期—衰退/再生期	- 0. 01084	0. 09318	1. 000
	成长期—成熟期	- 0. 16055	0. 16762	0. 918
	成长期—衰退/再生期	- 0. 08223	0. 11608	0. 980
	成熟期—衰退/再生期	0. 07832	0. 15207	0. 996

续表

企业管理者社会责任态度		均值差	均值差的标准误	Sig 值（双尾）
消极的 防御取向	创业期—成长期	− 0. 19749	0. 11456	0. 416
	创业期—成熟期	− 0. 17730	0. 19970	0. 942
	创业期—衰退/再生期	− 0. 17499	0. 10007	0. 398
	成长期—成熟期	0. 02019	0. 21326	1. 000
	成长期—衰退/再生期	0. 02250	0. 12495	1. 000
	成熟期—衰退/再生期	0. 00231	0. 20583	1. 000
消极的 抵制取向	创业期—成长期	0. 10066	0. 11453	0. 380
	创业期—成熟期	0. 23142 **	0. 10650	0. 030
	创业期—衰退/再生期	− 0. 32328 *	0. 18463	0. 080
	成长期—成熟期	0. 13075	0. 13198	0. 322
	成长期—衰退/再生期	0. 42394 **	0. 20041	0. 035
	成熟期—衰退/再生期	− 0. 55470 ***	0. 19593	0. 005

注：* $p < 0.1$，** $p < 0.05$，*** $p < 0.01$，**** $p < 0.001$。

由表 3 - 24 可知，企业高层管理者的社会责任态度在"利益取向"与"防御取向"两个维度上无显著差异。在"价值取向"方面，成长期和成熟期的企业高层管理者与创业期的高层管理者相比，存在显著性差异；相比衰退/再生期企业，成熟期企业的高层管理者更倾向于视企业承担社会责任为题中应有之义。在"抵制取向"方面，衰退/再生期企业的高层管理者最抵制企业承担社会责任，与处于其他生命周期阶段企业的高层管理者相比，均存在显著性差异。

四　小结

这一节我们探索了企业生命周期与企业高层管理者社会态度之间的关系，通过对 925 家民营企业的问卷调查数据的分析，我们可以得出以下几个结论：

首先，在不同的企业成长阶段，管理者对"企业社会责任"的认知水平存在显著的差异。随着企业的成长，管理者对"企业社会责任"的认知水平持续上升，但到了衰退/再生期，管理者的认知水平再度下降。在"创业期"阶段，管理者由于不熟悉经营环境、法律法规及相关知识，"创业期"企业的管理者的认知水平显著低于其他成长阶段的管理者。

其次，相对而言，企业管理者对企业承担"经济责任"和"法律责任"认同度要高于"伦理责任"和"慈善责任"。就履行"法律责任"而言，各成长阶段的管理者的认同度差不多，只有"成熟期"的企业管理者显著高于"创业期"和"衰退/再生期"企业管理者；就"经济责任"而言，"成长期"和"成熟期"企业管理者的认同度显著高于"创业期"和"衰退/再生期"企业管理者；就"伦理责任"和"慈善责任"而言，则表现为"创业期"企业管理者显著的低，这可能与其对"企业社会责任"的认知水平低，所承受的经营压力大，对相关知识与法规不熟悉有关。

再次，在企业不同的生命周期阶段，企业高层管理者的社会责任态度存在差异，这种差异性主要体现在"价值取向"与"抵制取向"方面，表明在企业的不同生命周期阶段，由于企业高层管理者的经营重点、资源调动能力、感知的社会压力不同，进而表现出差异性的社会责任态度倾向。同时，企业高层管理者在"利益取向"与"防御取向"方面不存在显著性差异，表明无论在企业生命周期的哪一阶段，利益的追逐和企业生存的压力，都是推动企业承担社会责任的动因。企业生命周期与企业高层管理者的社会责任态度倾向之间的关系可以用下表来说明（见表3-25）。

表3-25　　　企业生命周期与企业高层管理者的认知水平、
社会责任认同度与态度取向

	创业期	成长期	成熟期	衰退/再生期
"利益相关者"的认知（差异显著）	低	较高	高	较低
"企业社会责任"的认知（差异显著）	较低	较高	高	低
"跨国公司生产守则"的认知（差异显著）	低	较高	高	较低
"SA8000认证"的认知（差异显著）	低	较高	高	较低

续表

	创业期	成长期	成熟期	衰退/再生期
对"经济责任"的认同（差异显著）	较低	较高	高	低
对"法律责任"的认同（差异显著）	较低	较高	高	低
对"伦理责任"的认同（差异显著）	低	较高	高	较低
对"慈善责任"的认同（差异显著）	低	较高	高	较低
"价值取向"（差异显著）	弱	较强	强	较弱
"利益取向"（差异不显著）	较弱	弱	强	较强
"防御取向"（差异不显著）	弱	较弱	强	较强
"抵制取向"（差异显著）	较强	较弱	弱	强

最后，从创业期、成长期到成熟期，随着企业高层管理者对经营环境越来越熟悉，对相关法律法规越来越了解，对社会责任的认知水平越来越高，成熟期企业的高层管理者更倾向于视承担社会责任为题中应有之义，对企业履行相关社会责任抵制更少。而到了衰退/再生期，企业高层管理者所面临的主要问题是应付处理不断发生的各种各样的危机，此一时期的企业管理者的目标是获得更多的资金、削减成本，因此呈现出抵制承担社会责任的态度倾向。总的来说，企业从初创期、成长期到成熟期，企业高层管理者的态度倾向趋向积极，但当企业从成熟期走向衰退/再生期，企业高层管理者对社会责任的抵制倾向会明显增强，企业管理者的社会责任态度并非呈现为单向的变化走势，而是呈现为倒钟形的抛物线形状。

第四章 企业社会责任表现的
测量与现状

"企业社会责任"是本书的核心概念，而对"企业社会责任"表现进行有效的、可信的、精确的测量是整个研究的基础。如前文所述，由于"企业社会责任"本身存在的模糊性，学者们对其理解不一，就企业社会责任的边界与范围问题一直存在着争论，导致对企业社会责任表现的测量方法缺乏统一性。不同的研究者所使用的测量方法与工具截然不同，这在一定程度上影响了研究成果的相互交流与印证。

第一节 企业社会责任表现的测量方法

由于"企业社会责任行为"概念内涵缺乏一致性，所涉层面宽泛，表现形式多样，因此，如何测量企业的社会责任表现一直困扰着研究者们，学者们站在各自的立场，采用各自的理论框架，开发了许多的测量工具与方法。至今为止，比较常用的测量方法主要有：内容分析法、声誉指数法、TRI 法、公司慈善法、KLD 指数法和问卷调查法。

（1）内容分析法：是指通过收集企业公开的各种报告与文件（特别是年度报告），分析其中所包含的企业社会责任方面的信息，确定每一种信息的分值，据此评价该企业的企业社会责任表现。首次采用内容分析法衡量企业社会责任表现的是鲍曼与海尔（E. H. Bow-man & M. Haire），他们收集并分析了 82 家食品加工企业 1973 年的年度报告，以报告中阐述企业社会责任活动的文字篇幅作为衡量指标。[1]国内也有不少学者采用这种方式对企业社会责任进行测量，如李正收集了我国上海证券交易所 2003 年 521 家上市公司的年度报告，分析报告中涉及企业社会责任的内容，认定 6 大类 15 小类活动属于企业社会责任行为：环境问题类、员工问题类、社区问题类、一般社会问题类、消费者类、其他利益相关者类，如报告中披露了任何一小类问题，则得 1 分，如果有相应的金额披露，则再加 1 分，用这种方式为521 家上市公司的社会责任表现进行评分。[2]

（2）声誉指数法：是指向被调查人发放调查表，请求他们对不同企业进行评价，被调查者对问卷中所列企业声誉的各个维度逐一评分，最后计算总分。这种方法是以企业声誉作为社会责任表现的测量指标，以被调查者的定性评价作为企业社会责任表现的一种测量方式。

（3）TRI 法与公司慈善法：TRI 是有毒物体排放量（Toxics Release Inventory）的缩写，即是一种以企业对环境保护的努力程度为指标测量企业社会责任的一种方法；而公司慈善法则是根据企业的捐款总额占税前净利润的百分比对企业进行评价。显然，这两种测量方法是依赖于专业的数据库对企业的社会责任进行定量评价的方法。

（4）KLD 指数法：KLD 指数是 KLD 公司（Kinder, Lydenberg & Domini Co. Inc.）所设计开发的一种评价企业与利益相关者之间关系的评价标准，KLD 公司是美国的一家投资咨询机构，它们定量评价企业的社会责任表现，并向投资者提供相关资讯。KLD 指数从多个方

---

① Bowman E. H. & Haire M., "A Strategic Posture Toward Corporate Social Responsibility", *California Management Review*, Vol. 18, No. 2, 1975, pp. 49 – 58.
② 李正:《企业社会责任与企业价值的相关性研究——来自沪市上市公司的经验证据》,《中国工业经济》2006 年第 2 期。

面来评价企业与利益相关者之间的关系，主要包括社区关系、员工关系、环境保护、产品安全、女性与少数民族问题、军备、原子能及南非问题等方面。评价尺度采用李克特的 5 分制积分方法，－2 为消极对待有关利益相关者；0 为中性；＋2 为积极对待有关利益相关者。KLD 对列入标准普尔 500 指数和多米尼 400 社会指数的公司，从各种渠道收集相关信息，建成了质量很高的数据库，现已成为衡量企业社会责任表现的最好的测量指标体系之一。

（5）问卷调查法：即根据企业社会责任相关理论模型，将企业社会责任划分维度并加以操作化，为每一维度设计指标，并为每一指标设计题项，制成测量工具。使用这样的量表或问卷对企业的社会责任行为进行调查的方法即为问卷调查法。其中以奥佩勒等人（K. E. Aupperle，A. B. Carroll & J. D. Hatfield）依据卡罗尔的金字塔模型所设计开发的"企业社会责任导向"（Corporate Social Responsibility Orientation，CSRO）量表最为有名。[①]

总的来说，有很多种针对企业社会责任的测量方法，且现成的测量工具也不少，但各种测量方法各有优缺点。内容分析法的优点在于研究对象的反应性小，一旦确定了企业社会责任的指标以后，对企业社会责任的评分过程很客观，但确定指标的过程却是主观的。这一研究方法对我们的研究来说并不适用，因为我国民营企业的公开信息较少，只有上市公司的有关信息才会披露，且企业年度报告上的信息真实性值得质疑，受法律法规的影响大，因此不适用于我们的研究。声誉指数法要求被调查者对相关企业的声誉作出评价，这就限制了被评价企业的数量，不可能一次性对太多的企业进行评价，且调查结果易受企业规模、企业年龄、企业暴露度、媒体曝光度、被调查者的经历等因素的影响。TRI 法与公司慈善法克服了企业社会责任评价主观性

① Aupperle K. E., Carroll A. B. & Hatfield J. D., "An Empirical Examination of the Relationship Between Corporate Social Responsibility and Profitability", *Academy of Management Journal*, Vol. 28, No. 2, 1985, pp. 446 - 463.

的缺点，力图将企业社会责任的评价定量化，但最大缺点是它们都只反映了企业社会责任的某一方面，因而其指标难以体现企业社会责任的全貌。企业社会责任是一个多维度的概念，不仅包含着环境保护和慈善行为方面的内容，还包含着诚信、安全生产、遵守法律法规等许多方面的内容，所以使用 TRI 法和公司慈善法测量企业社会责任并不能准确地反映企业的社会责任水平。KLD 指数法以其客观性和公正性深受好评，但其部分评价指标是否合适一直存在争论，如很多学者认为 KLD 指数中所涉军备、南非问题与核能类指标没有存在的必要，事实上许多学者都主动忽略掉了这三个方面的问题。另外，KLD 指数法的使用依赖于专业评估机构的专业数据库，但现在国内还没有这样的专业机构，也没有这样的数据库。因此，使用这一测量方法也不现实。

基于以上的分析，我们拟采用问卷调查法来测定企业社会责任表现。问卷调查法的优点是操作比较简便，可收集到大量信息；缺点是题项设计主观性较强，问卷信度与效度不高。如前文所述奥佩勒等人所设计开发的"企业社会责任导向"量表其效度就值得质疑，因为该量表实际上所测量的是被调查者对企业承担社会责任的看法和态度，而非企业的社会责任表现。事实上，目前有许多比较成熟的量表可供选择，但大多并不适用于对中国民营企业的调查，如 KLD 指数，其中所包含的军备、南非问题与核能类指标对我国民营企业进行测量的意义不大。因此，本书在一定的理论基础上，参考中国学者所开发的问卷，再结合我国民营企业的特点，加以修正完善，以期获得一套能真正反映民营企业社会责任状况的、科学的、客观的评价指标体系。

第二节 企业社会责任的指标体系

建构企业社会责任评价指标体系是企业社会责任研究的关键，科学合理的评价指标既反映社会的期望，又引领着企业努力的方向，甚至可能影响企业和社会未来的发展，没有科学统一的社会责任标准体系，企业就缺少清晰的行动指南。

所有量表设计开发的起点总是对概念的操作化，立足于一定的理论框架上进行的。但由于"企业社会责任"内涵丰富复杂，学者们的理解不尽相同，再加上研究者们的专业领域、研究的视角、采用的理论框架都有很大程度的不同，导致了学者们从不同的方向上对"企业社会责任"进行了操作化，形成了众多测量指标与题项迥异的量表。总体来看，根据学者们对"企业社会责任"的理解与所采用的理论框架的不同，目前相关文献中所使用的企业社会责任量表可分为两大类。

一　基于责任内容的评价指标体系

如前文所述，对企业社会责任的界定主要有两种方式，一种为内涵式定义法，另一种为罗列式定义法。内涵式定义法试图通过把握概念的本质要素来理解企业社会责任，因为其抽象性，很难将其操作化，这也是许多学者所批评的概念指向与内容模糊的问题。但罗列法定义则清晰明确得多，它尝试列出属于企业社会责任范畴的行动类型以划清其边界，明确地指明哪些行为属于企业社会责任行为，哪些不是。企业社会责任指标体系完全可以根据这一标准加以设计，并进行相应的观察和测量。

企业社会责任是一个多维的概念，所包含的内容也很多，覆盖面包含经济、政治、法律等诸多领域。卡罗尔对企业社会责任的理解方式即为罗列式的，他所建构的"企业社会责任金字塔"模型提出了企业社会四责任框架，明确了企业社会责任的内容。他根据企业社会责任的内容将其分为四个维度：经济责任、法律责任、伦理责任和自愿慈善责任。其后他又将这四个维度操作化并设计指标（见图 4 -

1）。① 在卡罗尔看来，这四类企业行为表现对企业社会责任的意义并不相同，因此经济责任、法律责任、伦理责任和自愿慈善责任的权重分别为4、3、2、1。后来这一权数关系被称为"卡罗尔结构"。至1985 年，奥佩勒等人所设计的"企业社会责任导向"量表也是在卡罗尔的理论模型基础上编制而成。

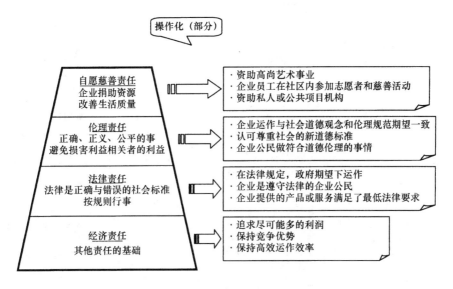

图 4 - 1　卡罗尔的理论框架及其概念操作化

国内也有许多学者在卡罗尔理论模型的基础上设计开发"企业社会责任"量表，如2010 年，黎友焕在其《企业社会责任实证研究》一书中，在卡罗尔评价指标体系的基础上，结合企业发展现实中的实际问题，对其进行了进一步的分级和操作化（见表 4 - 1）。② 将一级指标再次横向分类形成二级指标，清晰地展示出社会责任的内容条理，为三级操作化指标提供方向界定。

---

① Carroll A. B. ，"A Three-Dimensional Conceptual Model of Corporate Performance"，*Academy of Management Review*，Vol. 4，No. 4，1979，pp. 497 - 505.

② 黎友焕：《企业社会责任实证研究》，华南理工大学出版社 2010 年版。

表 4-1 企业社会责任评价体系（黎友焕）

一级指标	二级指标	三级指标（部分）	一级指标	二级指标	三级指标（部分）
经济责任	对社会的经济责任	总资产利润率	伦理责任	维护股东权益	净资产利润率
		销售利税率			资本保值增值率
		利润增长率			按时召开股东大会
		资产纳税率		维护消费者权益	质量合格率
		社会贡献率			提供售后服务
	提高社会资源的利用效率	单位收入耗电量			违规产品罚款率
		单位收入耗水量			欺诈消费者行为
	对债权人的经济责任	流动比率			消费者满意率
		速动比率		维护员工权益	执行最低工资标准
		资产负债率			雇用童工
		利息保障倍数			额外发放加班工资
		定期外部、内部审计			员工雇用歧视
法律责任	遵守国际公约	遵守《国际劳工组织公约》		社区建设	提供实习机会
		遵守《世界人权宣言》			支持社区科教文卫发展
	遵守国家法律	遵守《中华人民共和国公司法》		承担公共设施使用成本	公共设施投入比例
		遵守《中华人民共和国反垄断法》		保持资源、环境与社会可持续发展	环境投资率
		遵守《中华人民共和国劳动就业合同法》			能源使用效率
	遵守政府有关规定	遵守工伤保险条例	自愿慈善责任	扶贫帮困	扶贫支出比重
		遵守集体合同规定		救死扶伤	救死扶伤支出比重
	执行国际通用标准	执行 ISO9000		安置残疾	福利员工比重
		执行 ISO14000		赡养孤寡	赡养孤寡人数
	执行行业规范、行业标准及行业道德准则	行业规范及标准		公益活动	捐款比重
		行业道德准则			设立基金项目数
	执行企业内部的规章制度	企业规章制度			参与政府公益活动次数

　　黎友焕在研究过程中，不仅仅对指标框架体系进行分级和操作化，同时对各个指标进行了权重分析，将企业社会责任各个指标对企业发展的影响进行了量化，更加清晰明确地反映了每项指标的重要程度。他指出："在赋权过程中，不仅考虑了四个一级指标之间比重问题，还包含主观指标与客观指标的权重问题，以及共性指标与非共性指标的权重问题。"① 并在后续研究中对其建构的指标框架进行了实证性的论证。

　　除黎友焕之外，李正辉与李春艳②、颜剩勇③和林松池④等学者均从经济责任、法律责任、自愿慈善责任、伦理责任（道德责任）四大维度建构了评价企业社会责任的财务指标体系，并对相应的非财务性指标也做了相应的补充。

　　应该说，卡罗尔的理论框架较全面地涵盖了企业社会责任的内容，且清晰明确易于操作化，但是该评价指标体系依然存在一些局限性。伦理责任与自愿慈善责任的分界线是模糊的，没有具体的界定，两者之间存在的关系也不明确。四种责任之间的关系没有说明，存在着责任类型交叉重叠的可能性。理论框架的缺陷给指标设计带来了诸多的困难，因此有学者开始尝试修正卡罗尔的理论模型，或直接重新建构新的理论模型，以期能更好地测量企业社会责任。如张衔和谭克诚根据企业社会责任问题的制度分析和企业社会责任运动的诉求，将企业社会责任重新划分为两大维度，即强制性社会责任和选择性（自愿性）社会责任。⑤ 强制性社会责任是建立在"禁止损害和损害赔偿原则"之上的，企业无论何种行业、何种性质、何种规模以及无论经

---

　　① 黎友焕：《企业社会责任实证研究》，华南理工大学出版社 2010 年版。

　　② 李正辉、李春艳：《两型社会视角下工业企业社会责任的评价模型研究》，《统计与信息论坛》2010 年第 6 期。

　　③ 颜剩勇：《企业社会责任财务评价研究》，西南财经大学出版社 2007 年版。

　　④ 林松池：《基于财务指标的企业社会责任评价探讨》，《财会通讯》（综合版）2009 年第 4 期。

　　⑤ 张衔、谭克诚：《企业社会责任研究新探》，《中国流通经济》2011 年第 1 期。

营状况如何，都需要履行最低层次的要求，这是企业合理存在并取得发展的"基本前提与最低道德要求"，企业一旦违反或偏离这种社会责任，则需要对其进行赔偿或遭受相关的制裁。而选择性社会责任则是建构在企业履行强制性社会责任基础上的，以"福利增进"为原则，是企业自愿选择承担的责任，是在企业经济能力足以支持的情况下，根据企业管理者对社会责任理念的认知和理解以及企业家的偏好、伦理道德等因素，非强制进行的承担，是社会责任的高级境界。

2006年李海婴等学者建构了企业社会责任层次模型，将其划分为高强制性的责任（即为社会对企业的"硬约束"）和低强制性责任、高自愿性的责任（即为社会对企业的"软约束"），并依据强制性程度提出了企业社会责任层级结构模型（见图4-2）。[①] 根据该模型，作者认为这四大层级是相互关联的，低层次的企业社会责任是高层次社会责任履行的基础，法律责任与内部责任的承担是外部责任的基础，并将企业社会责任的履行过程视为一个发展性的过程。

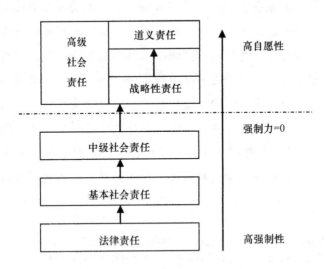

图4-2 企业社会责任层级结构模型

① 李海婴、翟运开、董芹芹：《企业社会责任：层次模型与动因分析》，《当代经济管理》2006年第6期。

　　姜万军、杨东宁、周长辉将企业社会责任分为经济关系、社会关系和自然关系三大指标,[①] 并从民营企业方向对指标评价体系进行了操作化（见表4-2）。该体系一级指标分类具有创新性,也具有较强的可操作性,但企业自愿性的社会责任指标未曾体现,评价框架存在一些缺失。

表4-2　企业社会责任评价指标体系（姜万军、杨东宁、周长辉）

一级指标	二级指标	操作化指标（部分）
经济关系	企业基本财务绩效水平	企业增加值
		企业总销售增长率
		企业研发比重
	外部社会的经济贡献水平	企业缴纳的总税收
		企业就业人员数
社会关系	企业内员工权益保护	对员工培训直接支出占工资支出比例
		员工工资保障水平
		社会福利保障水平
		员工健康安全支出
	企业外部利益相关者权益保护	产品质量与服务水平保障
		企业公平竞争
		与供货商关系
自然关系	企业对其生产经营所在地生态环境影响程度	环境污染记录
		环保投入比重
		环境管理体系完善程度
		污染事故次数
	企业大尺度资源环境影响程度	企业非清洁能源的消耗程度
		温室气体排放
		工业污水排放

二　基于责任对象的评价指标体系

　　20世纪60年代,在管理学界关于公司治理的研究领域中,美国斯坦福研究所的学者提出一个新理论:利益相关者理论（Stakeholder

---

　　① 姜万军、杨东宁、周长辉:《中国民营企业社会责任评价体系初探》,《统计研究》2006年第7期。

Theory），该理论与传统"投入—产出"理论的最大区别是其打破了股东至上的单维度视角，将企业的发展与股东、员工、合作伙伴、消费者等利益相关者的投入参与度相联结，强调利益相关者与企业之间的依存性。利益相关者是指受到企业经营活动直接或间接影响的客体，通常包括企业的股东、债权人、雇员、消费者、供应商等交易伙伴，也包括政府部门、本地居民、本地社区、媒体、环保主义组织等压力集团，甚至包括自然环境、人类后代等。这些利益相关者对企业的生存和发展发挥着重要的作用，在不同情境下他们可以分担企业的经营风险，可以对企业进行监督和制约，有时甚至为企业的经营活动付出代价，企业的生存和发展依赖于企业对各利益相关者利益要求回应的质量。早期的企业社会责任研究中已经蕴含了利益相关者的思想，在 20 世纪 90 年代后，随着利益相关者理论的逐步完善与企业社会责任的相关研究的逐步深入，学者们清晰地认识到企业具有一系列明确的利益相关者，可以根据其具体属性（例如合法性、权力性、紧急性）进行指标体系分类。

学术界在 20 世纪 80 年代就已经逐步展开了关于企业社会责任利益相关者评价模型的研究，其中对后续理论建构作用较大的是美国学者索纳菲尔德（J. Sonnefeld）的外部利益相关评价者模式[1]和加拿大学者克拉克森（M. E. Clarkson）的 RDAP 模式[2]。

索纳菲尔德通过对六家美国林业企业外部利益相关者（投资分析家、工会领导者、政府官员、国会议员、环保主义者、行业协会官员等）的问卷调查，针对少数民族员工对待方式、合法经营、顾客问题的处理以及社区关系等问题，以社会责任和社会敏感两方面对被调查者的反馈予以统计分析，进而研究企业社会责任的水平。在其研究

---

[1] Sonnenfeld J., "Measuring Corporate Performance", *Academy of Management Proceedings*, Vol. 6, 1982, pp. 7 – 11.

[2] Clarkson M. E., "A Stakeholder Framework for Analyzing and Evaluating Corporate Social Performance", *Academy of Management Review*, Vol. 20, No. 1, 1995, pp. 92 – 117.

中，所涉及的评价指标主观性较强，选择对象上侧重于次要利益相关者，且部分维度的边界存在模糊性。

克拉克森认为，利益相关者理论为企业社会责任研究提供了一种理论框架，在这样的理论框架里，企业社会责任被明确界定在"企业与利益相关者关系"[①]上。1995 年，克拉克森以企业利益相关者管理框架为基础建立了测量企业社会责任的评价体系，他认为利益相关者可以将其分为主要利益相关者（股东、投资机构、员工、消费者、供应商和政府）和次要利益相关者，并以利益相关者保障其权利的角度建立了指标体系。[②]

我国学者陈宏辉及贾生华对利益相关者理论进行了较深入的研究与探讨，他们将企业利益相关者界定为：股东、管理人员、员工、债权人、供应商、分销商、消费者、政府、自然环境和社区十种类别，并将其分为核心利益相关者、蛰伏利益相关者、边缘利益相关者。[③]

彭净将企业社会责任评价指标分为对投资者、对员工、对消费者、对环境、对社会其他利益相关者等 20 项一级指标。[④] 陈留彬则根据我国当前实际情况角度，构建了一个与国际接轨的企业社会责任评价体系，其中一级指标 6 项，分别是：员工权益保护、环保及可持续发展、企业诚信、消费者和债权人、社区关系、社会公益与慈善活动，以及 19 项二级指标和 51 项三级指标。[⑤]

李立清立足利益相关者理论，结合了 SA8000 标准和现实形势，

① ［意］蒂托·康迪：《组织自我评价》，马义中译，中国标准出版社 2005 年版。
② 陈维政、吴继红、任佩瑜：《企业社会绩效评价的利益相关者模式》，《中国工业经济》2002 年第 7 期。
③ 陈宏辉：《利益相关者管理：新经济时代的管理哲学》，《软科学》2003 年第 1 期；陈宏辉：《利益相关者管理：企业伦理管理的时代要求》，《经济问题探索》2003 年第 2 期；陈宏辉、贾生华：《企业社会责任观的演进与发展：基于综合性社会契约的理解》，《中国工业经济》2003 年第 12 期。
④ 彭净：《企业社会责任度模糊测评研究》，四川大学出版社 2006 年版。
⑤ 陈留彬：《中国企业社会责任评价实证研究》，《山东社会科学》2007 年第 11 期。

建立了劳工权益、人权保障、商业道德、社会公益行为和责任管理五大一级评价指标（见表4-3），并以湖南省企业为例进行了实证研究。[1]

表4-3　　　　　　　企业社会责任评价指标体系（李立清）

一级指标	二级指标	三级指标（部分）
劳工权益	童工	是否使用童工等2项
	劳动补偿	劳动保险费用支付率等5项
	安全卫生	职业病发生率等6项
	工作时间	一周最多工作天数3项
人权保障	集体谈判权利	职工参加工会组织率等2项
	禁止强制性劳动	职工上下班自由等4项
	禁止歧视	员工雇佣歧视等3项
	劳动纪律	禁止使用体罚等3项
责任管理	管理系统	公开年度社会责任报告等2项
商业道德	消费者权益	产品质量安全等2项
	债权人权益	客户印象等2项
	公众权益	环境保护等2项
社会公益行为	主要公益活动	直接公益活动等2项

2012年郑海东在《企业社会责任行为表现：测量维度、影响因素及绩效关系》一书中，在陈宏辉和贾生华对企业利益相关者界定之上，将利益相关者进一步分类，构建了企业社会责任的三个维度：对内部人的责任、对外部商业伙伴的责任和对社会公众的责任（见表4-4）。[2]

---

[1] 李立清：《企业社会责任评价理论与实证研究：以湖南省为例》，《南方经济》2006年第1期。

[2] 郑海东：《企业社会责任行为表现：测量维度、影响因素及绩效关系》，高等教育出版社2012年版。

表 4 - 4　　　　　　企业社会责任评价指标体系（部分）（郑海东）

一级指标	二级指标
对内部人的责任	股东
	管理人员
	员工
对外部商业伙伴的责任	债权人
	供应商
	分销商
	消费者
对社会公众的责任	政府
	环境
	社区

　　他认为内部利益相关者是企业存在的基本条件，同时为企业的实际代表，对企业实施直接控制，保障他们的利益与要求是最直接最基本的社会责任；外部商业伙伴是企业主要的互动成员，与其保持良好的合作氛围是企业发展的主要内容，他们相对于自身环境也是主体，企业同样需要履行对其应该承担的社会责任；社会公众与外部商业伙伴的相同点是，对于某一企业而言都属于外部指标，但不同之处是政府、环境、社区是公共主体。此框架体系始终以利益相关者为划分依据，没有夹杂其他的划分标准，并对其进行了三种不同性质的明确分类，为相关的定量研究提供了坚实的理论基础。

三　理论模型的比较与指标体系的建构

　　由上可知，基于责任内容和属性的评价指标体系建构，是建立在相关理论模型基础上的，无论是卡罗尔的金字塔模型，还是李海婴等学者的企业社会责任层次模型，都是通过列出企业社会责任的多个维度或层次来理解这一概念，并据此设计测量指标。但通过罗列企业社会责任的方式类型很难满足"穷尽性"和"互斥性"标准，即我们很难将所有属于企业社会责任的行为都纳入指标体系进行测量，有时又会对某一企业行为属于哪一类责任类型产生疑惑。如我国学者邓丽明与郭晓虹采用以卡罗尔的理论模型为基础，利用奥佩勒等人（Aupperle, et al.）开发的"企业社会责任导向"（CSRO）量表作为我国企业社会责任表现的测量工具，通过探索性因子分析发现，企业社会责任的实际表现与卡罗尔的四维度社会责任理论存在一定的差距，四维度社会责任模型存在着维度重合的可能，因此将企业社会责任合并为了三个维度：经济责任、法律责任与慈善责任。[①] 理论模型的含糊与缺陷会使得据此设计的量表其质量难以保证，最终会影响到测量的信度与效度。

基于责任对象的评价指标体系对企业社会责任的类型进行了较好的划分，相关理论的研究也相对较为成熟。自弗里曼于 1984 年在其《战略管理：利益相关者的分析方法》一书中，明确地提出了利益相关者管理理论，而克拉克森正式将利益相关者作为理论体系引入企业社会责任研究以后，国内外的许多学者进行了检验与研究。如阿格、米切尔和索纳菲尔德（B. R. Agle, R. K. Mitchell & J. A. Sonnenfeld）于 1999 年以美国企业为研究对象，[②] 克努特和斯维恩（M. H. Knut & J. Svein）于 2001 年以挪威企业为样本，[③] 陈宏辉和贾生华于 2004 年以中国企业为样本，[④] 对以利益相关者理论为基础划分企业社会责任类型进行了实证性检验，其结果完全支持了此种方法的有效性。本书也以利益相关者理论为基础，通过对国内外现有指标的梳理，并参考郑海东等相关学者的指标设计将"企业社会责任"进行指标操作化。

---

① 邓丽明、郭晓虹：《高管价值观影响企业社会责任行为的理论与实证研究》，《江西社会科学》2012 年第 8 期。

② Agle B. R. , Mitchell R. K. & Sonnenfeld J. A. , "Who Matters to CEOs? An Investigation of Stakeholder Attributes and Salience, Corporate Performance, and CEO Values", *Academy of Management Journal*, Vol. 42, No. 5, 1999, pp. 507 – 525.

③ Mikalsen Knut H. & Jentoft Svein, "From User-groups to Stakeholders? The Public Interest in Fisheries Management", *Marine Policy*, Vol. 25, No. 4, 2001, pp. 281 – 292.

④ 陈宏辉、贾生华：《企业利益相关者三维分类的实证分析》，《经济研究》2004 年第 4 期。

我们首先暂时确定了企业社会责任的 5 个维度，即对投资者与管理者的责任、对员工的责任、对供应商或经销商的责任、对顾客与消费者的责任及对政府、自然资源与社会的责任，具体内容如下：

1. 对投资者与管理者的责任

对于企业的投资者和管理者，企业的社会责任主要可以反映在这样一些行为表现上：长期回报的责任、分红的责任、信息披露的责任以及企业治理发展的责任。投资者为企业资金加以经济投入，管理者为企业运转加以人力投入，两者都期望其投入可以转化成预期的收益，并能在长期内保值增值，以获得长期的回报，同时在企业经营利润富足时得到相应的分红盈利。这种长期回报涵盖的范围比较广泛，包括塑造优质的企业形象，营造企业的品牌效应等。企业有责任向投资者和管理者提供真实的企业经营和管理的信息，例如，财务公开、运营透明等。主要包括：

（1）投资者的投资回报；

（2）企业是否及时向投资者提供全面真实的信息；

（3）企业的发展规划是否由所有投资者一起制定；

（4）企业的中高层管理者的薪资报酬。

2. 对员工的责任

员工是构成企业的基本要素之一，是企业的人力资本，企业对于员工的基本性责任，即为依法保障员工以下责任：依据我国《中华人民共和国劳动法》要求，员工享有平等就业和选择职业的权利、取得劳动报酬的权利、休息休假的权利、获得劳动安全卫生保护的权利、接受职业技能培训的权利、享受社会保险和福利的权利等。主要包括：

（1）是否与全部员工都签订了劳动合同；

（2）员工的平均工资水平；

（3）员工的三险（养老、医疗、工伤）缴纳情况；

（4）员工的职业病和工伤事故发生率。

3. 对供应商或分销商的责任

供应商是企业在生产经营环境中生产资料的供给者，是产业链的始端；而分销商是企业在生产经营环境中生产产品的营销者，是产业链的终端。企业位于二者的中游，供应商与分销商作为外部投资者，期望在与企业互动中可以在期限内收到企业的账款，并与其保持一种长远而良好的合作关系，进而在公平合作的氛围中实现双方共赢。主要包括：

（1）足额按时向供应商支付货款；

（2）向分销商交货时，按合同规定时间交货；

（3）与供应商或分销商的合作中，坚持诚信原则；

（4）与供应商或分销商之间的法律纠纷。

4. 对顾客与消费者的责任

在充分竞争的市场环境下，买方市场使得拥有长期、广泛的顾客和消费者群体的企业可以获得更多的经营收入，也是企业能否实现经营战略目标的根本性动力。这就要求企业要尊重和维护顾客和消费者的权益，提供质量安全可靠的产品和服务是企业应履行的最本质的责任，同时在信息不对称的交易互动中，尊重和保证消费者群体的知情权和自由选择权，顾客和消费者有权利知晓其购买和享有的产品或服务的基本真实信息，而非夸张性的广告和宣传。承担对顾客和消费者群体的责任，可以使得企业树立良好的形象和品牌效应的发挥，推动企业规模的成长，保障市场经济的稳定运行。主要包括：

（1）企业广告的真实性；

（2）产品被消费者投诉的情况；

（3）企业向消费者提供的产品信息是否完整、真实、准确；

（4）企业处理消费者投诉情况；

（5）企业泄露或使用顾客信息情况。

5. 对政府、自然资源与社会的责任

企业在成长周期内会受到政府制度、法律法规以及相关监管部门的影响，企业有责任向政府依法缴纳税款、积极贯彻实行就业政策，同时有义务向社会提供社会公共服务、支持社会公益事业等。这里的社会既包含社区也包含广义社会的范畴，企业有责任为社区建设和社区服务进行人力、物力、财力的支持与帮助，对社会有责任优化基础设施建设以及推动科教文卫事业发展，除此之外，企业还担负有高于法律标准之上，社会高期望性的福利和公益事业的道德责任，如若企业自愿性地履行了此类责任，则会受到国家及社会公众的肯定和赞同，最终转化为企业的无形资产。与此同时，在生产经营过程中，企业更需承担起对环境的责任，对高耗能设备的替换、对各项废弃物排放的处理、节约能源使用量、维护自然生态环境、践行可持续发展理念等。主要包括：

（1）企业纳税总额占利税总额的比重；

（2）企业向慈善机构捐赠情况；

（3）企业是否提出了企业与社会协同发展的目标；

（4）企业设立奖学金或奖学基金，赞助教育事业等情况；

（5）企业是否经常出资支持当地的体育和文化活动；

（6）企业尊重和保护他人的知识产权和专有技术情况；

（7）企业减少能源和原材料的浪费情况；

（8）环境保护。

总的来说，本书所使用的"企业社会责任量表"是基于利益相关者理论编制而成，包含了 5 个维度，每个维度由 4—9 道题项构成，共计 26 道题。理论上来说，量表的所有题项所测的均是"企业社会责任表现"，具有内部一致性，而每个维度中所包含的题项所测量的企业行为或特质也应该具有同质性，每个维度之间应具有一定的异质性。为此，我们采用探索性因子分析（Exploratory Factor Analysis，EFA），来检验"企业社会责任量表"的建构效度及内部一致性。从检验的结果来看，取样适当性量数 KMO 值为 0.916，显著性水平为 0.000。表明量表中的变量有共同因素存在，很适合进行因子分析，具体的分析结果如表4－5所示。

根据吴明隆的观点，共同性是共同因素对各题项的解释变异量，若题项的共同性越大，表示测得的行为或心理特质的共同因素与题项关系越密切；反之，若题项的共同性值越小，表示题项与共同因素间的关系越弱。当题项共同性值太小时，可考虑将此题项删除。① 由表4－5可以看出，题项"本企业纳税总额占利税总额的比重在同行业内极高"共同性值较低，小于0.2，考虑将此题项删除。

表4－5　　　　　　　　　　　　　　共同性

题项	初始	萃取
本企业对投资者的投资回报在国内同行中极高	1	0.578
本企业及时向投资者提供全面真实的信息	1	0.651
企业的发展规划是由所有投资者一起制定的	1	0.536
本企业的中高层管理者的薪资报酬在同行业中极具竞争力	1	0.599
本企业与全部员工都签订了劳动合同	1	0.721
本企业员工的平均工资水平在本地区极具竞争力	1	0.511
本企业为所有员工都购买了三险（养老、医疗、工伤）	1	0.722
本企业因职业病和工伤事故发生的职工伤亡人数在同行业中较多	1	0.482
本企业足额按时向供应商支付货款	1	0.668
本企业在向分销商交货时，经常会因为各种原因而不能按合同规定时间交货	1	0.601
与供应商或分销商的合作中，坚持诚信原则	1	0.528
本企业从未与供应商或分销商产生过法律纠纷	1	0.522
本企业产品的广告有适当的夸张与渲染成分	1	0.456
本企业的产品被消费者抱怨和投诉的次数极多	1	0.618
本企业向消费者提供的产品信息完整、真实、准确，没有误导	1	0.606
本企业对每一次顾客投诉都能迅速处理，并最终让每一个顾客满意	1	0.609
未征得顾客同意，本企业从不会泄露或使用顾客信息	1	0.553
本企业纳税总额占利税总额的比重在同行业内极高	1	0.175

---

① 吴明隆：《问卷统计分析实务——SPSS操作与应用》，重庆大学出版社2010年版。

续表

题项	初始	萃取
本企业向慈善机构捐赠大量资金	1	0.741
本企业明确提出了企业与社会协同发展的目标	1	0.542
设立奖学金或奖学基金，赞助教育事业	1	0.755
本企业经常出资支持当地的体育和文化活动	1	0.766
本企业采取了有效措施，尊重和保护他人的知识产权和专有技术	1	0.651
本企业有适当的方案来减少能源和原材料的浪费	1	0.698
本企业建立了环境保护目标、指标以及环境保护责任制度	1	0.785
本企业在环境保护方面的投入在同行业内名列前茅	1	0.670

从转轴后的因子荷载矩阵表可以看出（见表 4 - 6），26 道题项抽取出了 6 个公因子，但原本针对供应商和分销商的社会责任测量题目与针对消费者的社会责任测量题目合并为了一个因子，而针对自然资源、环境和社区的测量题目则对 2 个公因子有重要的影响。同时，我们还发现，所有逆向题合并成了公因子 4，可能是问卷填答者在填答时的无意忽略，考虑将这 4 道题项删除。

表 4 - 6　企业社会责任表现因子分析（旋转后的因子负荷矩阵）

因子	1	2	3	4	5	6
本企业对投资者的投资回报在国内同行中极高	0.290	- 0.016	0.144	- 0.188	0.642	0.160
本企业及时向投资者提供全面真实的信息	0.086	0.380	0.219	0.205	0.639	0.037
企业的发展规划是由所有投资者一起制定的	0.002	0.249	0.088	0.016	0.680	0.058
本企业的中高层管理者的薪资报酬在同行业中极具竞争力	0.283	0.027	0.154	- 0.047	0.655	0.250
本企业与全部员工都签订了劳动合同	- 0.015	0.244	0.179	0.188	0.172	0.751
本企业员工的平均工资水平在本地区极具竞争力	0.287	0.181	0.197	- 0.090	0.312	0.502

续表

因子	1	2	3	4	5	6
本企业为所有员工都购买了三险（养老、医疗、工伤）	0.184	0.202	0.114	0.006	0.104	0.790
本企业足额按时向供应商支付货款	0.060	0.598	0.058	0.182	0.130	0.260
与供应商或分销商的合作中，坚持诚信原则	-0.114	0.646	0.176	0.261	0.188	0.192
本企业从未与供应商或分销商产生过法律纠纷	0.137	0.706	-0.016	-0.020	-0.012	-0.060
本企业向消费者提供的产品信息完整、真实、准确，没有误导	0.048	0.676	0.304	0.135	0.138	0.130
本企业对每一次顾客投诉能迅速处理，并最终让每一个顾客满意	0.075	0.686	0.265	0.073	0.125	0.206
未征得顾客同意，本企业从不会泄露或使用顾客信息	-0.051	0.657	0.183	0.215	0.135	0.143
本企业纳税总额占利税总额的比重在同行业内极高	0.429	0.137	0.165	-0.184	0.345	0.293
本企业向慈善机构捐赠大量资金	0.802	0.006	0.122	-0.210	0.163	0.109
本企业明确提出了企业与社会协同发展的目标	0.569	0.221	0.319	0.022	0.159	0.205
设立奖学金或奖学基金，赞助教育事业	0.841	-0.022	0.127	-0.127	0.118	0.002
本企业经常出资支持当地的体育和文化活动	0.842	0.007	0.196	-0.125	0.051	0.027
本企业采取了有效措施，尊重和保护他人的知识产权和专有技术	0.287	0.261	0.666	0.073	0.162	0.160
本企业有适当的方案来减少能源和原材料的浪费	0.090	0.229	0.772	0.030	0.174	0.102
企业建立了环境保护目标、指标以及环境保护责任制度	0.235	0.185	0.811	0.014	0.149	0.121
本企业在环境保护方面的投入在同行业内名列前茅	0.462	0.107	0.619	-0.144	0.133	0.153
本企业因职业病和工伤事故发生的职工伤亡人数在同行业中较多	0.186	-0.147	0.055	-0.684	0.004	0.026
本企业在向分销商交货时，经常会因为各种原因而不能按合同规定时间交货	0.090	0.063	-0.055	0.805	0.017	-0.069

因子	1	2	3	4	5	6
本企业产品的广告有适当的夸张与渲染成分	− 0.228	0.145	0.075	0.594	− 0.100	0.120
本企业的产品被消费者抱怨和投诉的次数极多	− 0.209	0.209	0.084	0.714	0.004	0.120

经过处理后，量表中还有 21 道题项，再采用因子分析，结果如表 4 – 7 所示。经检验，取样适当性量数 KMO 值为 0.915，显著性水平为 0.000。结果显示提取出 5 个因子作为"企业社会责任表现"的 5 个维度，其中 6 道题对公因子 1 的贡献最大，根据这 6 道题目的题意将公因子 1 命名为"商业责任"，其内部一致性 α 系数（Cronbach α）为 0.810；4 道题对公因子 2 的贡献最大，根据这 4 道题目将公因子 2 命名为"公众责任"，其内部一致性 α 系数为 0.846；同样有 4 道题合并成公因子 3，根据这些题目的题意将公因子 3 命名为"环境责任"，其内部一致性 α 系数为 0.840；剩余的 7 道题分别对公因子 4 和公因子 5 影响最大，分别命名为"股东与管理者责任"与"员工责任"，其内部一致性系数分别为 0.705 和 0.717。整个量表的克隆巴赫 α 系数为 0.896。

表 4 – 7　企业社会责任表现因子分析（旋转后的因子负荷矩阵）

因子	公共因子 1	公共因子 2	公共因子 3	公共因子 4	公共因子 5
本企业对投资者的投资回报在国内同行中极高				0.654	
本企业及时向投资者提供全面真实的信息				0.616	
企业的发展规划是由所有投资者一起制定的				0.679	
本企业的中高层管理者的薪资报酬在同行业中极具竞争力				0.673	
本企业与全部员工都签订了劳动合同					0.775

续表

因子	公共因子 1	公共因子 2	公共因子 3	公共因子 4	公共因子 5
本企业员工的平均工资水平在本地区极具竞争力					0.513
本企业为所有员工都购买了三险（养老、医疗、工伤）					0.793
本企业足额按时向供应商支付货款	0.609				
与供应商或分销商的合作中，坚持诚信原则	0.621				
本企业从未与供应商或分销商产生过法律纠纷	0.693				
本企业向消费者提供的产品信息完整、真实、准确，没有误导	0.680				
本企业对每一次顾客投诉都能迅速处理，并最终让每一个顾客满意	0.699				
未征得顾客同意，本企业从不会泄露或使用顾客信息	0.696				
本企业向慈善机构捐赠大量资金		0.818			
本企业明确提出了企业与社会协同发展的目标		0.541			
设立奖学金或奖学基金，赞助教育事业		0.856			
本企业经常出资支持当地的体育和文化活动		0.852			
本企业采取了有效措施，尊重和保护他人的知识产权和专有技术			0.667		
本企业有适当的方案来减少能源和原材料的浪费			0.777		
本企业建立了环境保护目标、指标以及环境保护责任制度			0.805		
本企业在环境保护方面的投入在同行业内名列前茅			0.609		
特征值	7.043	2.952	1.316	1.018	1.009
累计方差贡献率（%）	16.59	31.65	44.33	54.41	63.51

这样我们将企业社会责任划分为了 5 个维度，分别是股东与管理者责任、员工责任、商业责任、公众责任与环境责任。这一划分与起初的想法并不一致，"对经销商与供应商的责任"与"对顾客和消费者的责任"合并为了一个维度，我们称为"商业责任"；而"对政府、自然资源与社会的责任"分裂为了两个维度，我们分别命名为"公众责任"和"环境责任"。虽然与初始的设想并不一致，但通过检验，问卷具有良好的信度和效度。

我们取对公因子 1 贡献最大的 6 道题的得分均值生成新变量企业"商业责任"的得分；取对公因子 2 贡献最大的 4 道题的得分均值生成新变量"公众责任"的得分；取对公因子 3 贡献最大的 4 道题的得分均值生成新变量"环境责任"的得分；取对公因子 4 贡献最大的 4 道题的平均得分生成新变量企业"股东与管理者责任"的得分；取对公因子 5 贡献最大的 3 道题的平均得分生成新变量企业"员工责任"的得分。再以新生成的 5 个新变量"股东与管理者责任""员工责任""商业责任""公众责任"和"环境责任"进行因子分析，从因子荷载矩阵中可以看出只抽取出了一个公因子（见表 4-8）。

表 4-8   企业社会责任表现因子分析（旋转后的因子负荷矩阵）

项目	公因子
股东与管理者责任	0.776
员工责任	0.766
商业责任	0.686
公众责任	0.645
环境责任	0.821
特征值	2.751
累计方差贡献率（%）	55.014

根据各维度的因子荷载得分，我们可以计算出"企业社会责任"各维度在"企业社会责任"总表现中的权重，计算方法如下：股东与管理者责任维度的权重为 0.776 ÷（0.776 + 0.766 + 0.686 + 0.645

+0.821）=0.210。采用同样的方法可计算出"员工责任""商业责任""公众责任"和"环境责任"的权重分别为0.207、0.186、0.175、0.222（见表4-9）。

表4-9　　　　　　　企业社会责任评价指标体系

指标维度	操作化指标	权重系数
股东与管理者责任	本企业对投资者的投资回报在国内同行中极高	0.210
	本企业及时向投资者提供全面真实的信息	
	企业的发展规划是由所有投资者一起制定的	
	本企业的中高层管理者的薪资报酬在同行业中极具竞争力	
员工责任	本企业与全部员工都签订了劳动合同	0.207
	本企业员工的平均工资水平在本地区极具竞争力	
	本企业为所有员工都购买了三险（养老、医疗、工伤）	
商业责任	本企业足额按时向供应商支付货款	0.186
	与供应商或分销商的合作中，坚持诚信原则	
	本企业从未与供应商或分销商产生过法律纠纷	
	本企业向消费者提供的产品信息完整、真实、准确，没有误导	
	本企业对每一次顾客投诉都能迅速处理，并最终让每一个顾客满意	
	未征得顾客同意，本企业从不会泄露或使用顾客信息	
公众责任	本企业向慈善机构捐赠大量资金	0.175
	本企业明确提出了企业与社会协同发展的目标	
	设立奖学金或奖学基金，赞助教育事业	
	本企业经常出资支持当地的体育和文化活动	
环境责任	本企业采取了有效措施，尊重和保护他人的知识产权和专有技术	0.222
	本企业有适当的方案来减少能源和原材料的浪费	
	本企业建立了环境保护目标、指标以及环境保护责任制度	
	本企业在环境保护方面的投入在同行业内名列前茅	

第三节　民营企业社会责任表现

我们利用编制而成的"企业社会责任调查"问卷，对民营企业的社会责任现状进行了调查，调查过程及其样本情况参见第一章。首先我们对样本企业的社会责任表现进行了描述性统计，如表 4 - 10 所示。

表 4 - 10　　　　　　　**民营企业社会责任表现**　　　　　单位:%

题项	完全不符合	较不符合	有点不符合	一般	有点符合	较符合	完全符合
本企业对投资者的投资回报在国内同行中极高	7.0	10.3	12.1	37.8	17.2	9.9	5.7
本企业及时向投资者提供全面真实的信息	2.0	2.8	6.7	17.5	19.6	21.9	29.5
企业的发展规划是由所有投资者一起制定的	4.9	4.1	7.1	21.3	16.3	21.4	24.8
本企业的中高层管理者的薪资报酬在同行业中极具竞争力	2.8	4.1	10.3	31.6	22.2	16.2	12.8
本企业与全部员工都签订了劳动合同	2.4	2.5	4.4	11.4	13.7	17.4	48.1
本企业员工的平均工资水平在本地区极具竞争力	1.6	2.5	9.0	30.5	25.1	17.8	13.5
本企业为所有员工都购买了三险（养老、医疗、工伤）	4.7	4.8	7.2	13.7	14.6	15.1	39.9
本企业因职业病和工伤事故发生的职工伤亡人数在同行业中较多	44.7	15.9	10.7	12.3	8.0	4.1	4.2
本企业足额按时向供应商支付货款	1.2	1.8	4.9	13.8	16.1	20.4	41.8
企业在向分销商交货时，经常会因为各种原因而不能按合同规定时间交货	5.9	10.9	11.5	14.2	12.2	18.1	27.1
本企业向分销商提供了很多的技术支持	5.6	5.5	9.9	26.4	18.9	16.5	17.2
与供应商或分销商的合作中，坚持诚信原则	1.2	0.7	3.8	8.5	14.1	19.0	52.7
本企业从未与供应商或分销商产生过法律纠纷	5.5	5.2	8.2	17.8	12.4	17.2	33.7
本企业的广告有适当的夸张与渲染成分	4.1	10.1	15.3	24.1	12.1	10.4	23.9
本企业的产品被消费者抱怨和投诉的次数极多	2.9	6.5	7.1	14.7	11.6	21.0	36.1

续表

题项	完全不符合	较不符合	有点不符合	一般	有点符合	较符合	完全符合
本企业已建立了完善的售后服务和投诉机制	3.9	5.5	7.5	22.0	18.0	19.8	23.3
本企业向消费者提供的产品信息完整、真实、准确，没有误导	0.9	2.4	5.5	16.2	19.3	20.7	35.0
本企业对每一次顾客投诉都能迅速处理，并最终让每一个顾客满意	0.8	2.7	6.2	14.6	18.5	23.0	34.2
未征得顾客同意，本企业从不会泄露或使用顾客信息	1.2	1.4	3.6	9.5	13.9	17.8	52.7
本企业向慈善机构捐赠大量资金	12.2	16.1	16.0	28.2	13.4	9.5	4.6
本企业明确提出了企业与社会协同发展的目标	4.9	6.8	11.4	24.8	19.9	16.5	15.9
设立奖学金或奖学基金，赞助教育事业	26.7	13.0	13.4	18.6	12.0	8.7	7.6
本企业经常出资支持当地的体育和文化活动	20.6	14.2	14.3	18.5	11.9	11.9	8.8
本企业采取了有效措施，尊重保护他人的知识产权和专有技术	5.5	5.5	7.5	19.1	21.5	18.1	22.7
本企业有适当的方案来减少能源和原材料的浪费	2.9	2.9	6.2	21.1	18.9	24.0	23.9
本企业建立了环境保护目标、指标以及环境保护责任制度	4.6	5.0	8.5	21.3	17.0	19.2	24.4
本企业在环境保护方面的投入在同行业内名列前茅	7.4	9.5	12.1	27.7	14.5	15.1	13.8

由表4-10可知，总体而言，针对股东和企业管理者的社会责任履行情况较好，但仍然有11.5%的企业未能及时向投资者提供全面真实的信息；只有62.5%的企业发展规划是由所有投资者一起制定的，由此可见，我国民营企业中确实存在着大股东侵害小股东利益的问题。

调查结果显示，针对员工的社会责任履行情况也比较好，但依然存在着一些问题，如依然有9.3%的企业没有与所有员工签订劳动合同；16.7%的企业未给所有员工购买养老、医疗、工伤保险；也还有16.3%的企业未注意保护职工的身体与精神健康，导致因职业病和工伤事故发生的伤亡人数较多。

相对而言，我国民营企业对供应商、经销商和消费者的社会责任履行情况最好。对供应商和经销商，存在的问题主要是不讲诚信、不能足额向供应商支付货款、产生法律纠纷等方面。从调查结果来看，有5.7%的企业管理者承认企业在与供应商和经销商的合作中未能坚持诚信原则；未能足额按时支付货款的占了7.9%；只有33.7%的企业从未与商业伙伴发生法律纠纷。

调查同时显示，有8.8%的企业管理者承认企业曾误导消费者，向消费者提供了不完整、不真实或不准确的信息；只有34.2%的企业真正做到了对每一次顾客投诉都能迅速处理，并最终让每一个顾客满意；同时，还有部分企业存在未经消费者同意泄露或使用消费者信息的情况。

在公众责任方面，我国民营企业的情况普遍不尽如人意，只有52.3%的企业明确提出了企业与社会协调发展的目标；主动出资支持当地体育和文化事业的企业只占所有企业的32.6%；设立奖学金赞助教育事业或经常进行慈善捐赠的企业比例更少，只占所有被调查企业的28.3%和27.5%。总的来说，本书所调查的各企业社会责任类型中，企业针对普通社会公众的责任履行情况最让人担忧。

企业对环境的保护行为不仅受企业管理者认知、价值观的影响，同时也受社会期待压力与法律规范的调节，因此民营企业在环境保护方面的表现要好于"公众责任"表现，但依然存在不少问题，如有12%的企业没有适当的方案来减少能源和原材料的浪费；只有60.6%的企业从制度上确立了环境保护的企业行为理念。调查结果表明投入不足是企业环境保护不力的重要原因。

表4-11显示，我国民营企业的社会责任总表现不尽如人意，企

业社会责任表现的得分为 4.89（最低为 1，最高为 7）。从各社会责任类型来看，我国民营企业对"商业责任"的履行情况最好，即企业最关注消费者与商业伙伴的权益；其次为"员工责任""环境责任""股东与管理者责任"；而针对普通公众的社会责任表现最差，"公众责任"表现得分仅为 3.78。这可能是因为普通公众对企业的经营绩效影响较小，而消费者与商业伙伴的满意度对企业的生存发展更为重要的缘故。

表 4 - 11　　　　　　　企业社会责任表现的描述性统计

题项	有效样本数	最小值	最大值	均值	标准差
企业社会责任总表现	991	1.76	7.00	4.89	0.93
股东与管理者责任	1015	1.00	7.00	4.76	1.12
投资者的投资回报在国内同行中极高	1023	1.00	7.00	4.00	1.50
及时向投资者提供全面真实的信息	1023	1.00	7.00	5.34	1.52
企业的发展规划是由所有投资者一起制定的	1022	1.00	7.00	5.03	1.69
企业高层管理者的薪资报酬在同行业中极具竞争力	1018	1.00	7.00	4.66	1.45
员工责任	1016	1.00	7.00	5.31	1.27
企业与全部员工都签订了劳动合同	1022	1.00	7.00	5.76	1.56
员工的平均工资水平在本地区极具竞争力	1020	1.00	7.00	4.83	1.35
为所有员工都购买了三险（养老、医疗、工伤）	1022	1.00	7.00	5.34	1.80
商业责任	994	1.33	7.00	5.65	1.06
本企业足额按时向供应商支付货款	1018	1.00	7.00	5.71	1.44
与供应商或分销商的合作中，坚持诚信原则	1014	1.00	7.00	6.01	1.33
从未与供应商或分销商产生过法律纠纷	1014	1.00	7.00	5.13	1.83
提供的产品信息完整、真实、准确，没有误导	1019	1.00	7.00	5.53	1.44
对顾客抱怨都能迅速处理，让每一个顾客满意	1019	1.00	7.00	5.53	1.44
未征得顾客同意，从不会泄露或使用顾客信息	1010	1.00	7.00	5.98	1.37
公众责任	1008	1.00	7.00	3.78	1.49
本企业向慈善机构捐赠大量资金	1018	1.00	7.00	3.61	1.64
本企业明确提出了企业与社会协同发展的目标	1021	1.00	7.00	4.61	1.66
设立奖学金或奖学基金，赞助教育事业	1023	1.00	7.00	3.33	1.94

题项	有效样本数	最小值	最大值	均值	标准差
本企业经常出资支持当地的体育和文化活动	1017	1.00	7.00	3.58	1.94
环境责任	1017	1.00	7.00	4.84	1.38
采取有效措施，保护他人的知识产权和专有技术	1021	1.00	7.00	4.91	1.72
有适当的方案来减少能源和原材料的浪费	1023	1.00	7.00	5.18	1.54
建立了环境保护目标、指标以及环境保护责任制度	1021	1.00	7.00	4.97	1.71
在环境保护方面的投入在同行业内名列前茅	1023	1.00	7.00	4.33	1.75

在"股东与管理者责任"方面，相对而言，企业在信息公开与共享方面表现较好，而最大的问题则是投资回报率低。在员工责任方面，相对而言劳动合同的签订情况较好，而员工工资待遇低是一个普遍的情况。商业责任方面，企业对供应商与经销商的责任履行相比对消费者的责任履行情况要好一些。针对供应商与经销商，讲诚信是大多企业坚持的经营原则；针对消费者，大多数企业能坚持未经允许不泄露或使用消费者的相关信息，在广告宣传、提供信息和处理顾客投诉方面还有待提高和改进。

如前所述，我国民营企业的"公众责任"表现不好，而从调查结果来看，其原因主要在于许多"公众责任"行为需要企业投入额外的成本，如慈善捐款、设立奖学金、赞助体育和文化事业等，调查企业在这三个方面的平均得分均小于3.7。表明企业不愿意付出这些额外的成本，也表明成本的考察是企业在承担社会责任时考虑的一个重要标准。

在环境责任方面，由于可以降低企业成本，企业在减少能源和原材料的浪费方面表现最好，而在需要资金投入的方面则表现较差。

从企业年龄的角度来看，企业的经营时间越长，企业的社会责任表现越好，无论是企业社会责任总表现还是"股东与管理者责任""员工责任""公众责任"和"环境责任"，经营时间超过20年的企业的行为表现均是显著最好的，经营时间在 10 年以下的企业其表现是最差的。值得注意的是，在"商业责任"方面，刚创立的企业（企业年龄在 5 年及以下）其商业责任表现最好，虽然与其他年龄段的企业相比差异不显著，表明企业在创立之初，企业的最重要任务是开拓市场与拓展经营渠道，因此对供应商、经销商和消费者更为重视（详见表4－12）。

表4－12　　　　　　　　企业年龄与企业社会责任表现

企业年龄	企业社会责任总表现	股东与管理者责任	员工责任	商业责任	公众责任	环境责任
5 年及以下	4.831 (1.132)	4.689 (0.908)	5.072 (1.406)	5.742 (1.066)	3.578 (1.460)	4.956 (1.390)
6—10 年	4.785 (0.964)	4.725 (1.164)	5.251 (1.259)	5.673 (1.076)	3.469 (1.482)	4.693 (1.540)
11—15 年	4.850 (0.906)	4.721 (1.083)	5.289 (1.308)	5.582 (1.032)	3.788 (1.451)	4.780 (1.252)
16—20 年	4.995 (0.876)	4.856 (1.086)	5.447 (1.060)	5.569 (1.103)	4.149 (1.333)	4.889 (1.223)
21 年及以上	5.173 (0.984)	4.962 (1.153)	5.684 (1.114)	5.683 (1.065)	4.377 (1.560)	5.113 (1.425)
F 检验	4.458	1.548	4.864	0.889	11.375	2.457
（sig）	(0.001)	(0.186)	(0.001)	(0.470)	(0.000)	(0.044)

表4－13　　　　　　　　企业规模与企业社会责任表现

企业规模	企业社会责任总表现	股东与管理者责任	员工责任	商业责任	公众责任	环境责任
50 人及以下	4.754 (0.941)	4.648 (1.111)	5.159 (1.351)	5.746 (1.062)	3.427 (1.457)	4.682 (1.502)
51—100 人	4.814 (0.911)	4.633 (1.173)	5.242 (1.312)	5.587 (1.071)	3.740 (1.367)	4.779 (1.321)
101—150 人	4.827 (0.873)	4.789 (0.980)	5.126 (1.176)	5.294 (1.161)	4.039 (1.399)	4.802 (1.220)
151—200 人	5.089 (0.873)	4.997 (1.118)	5.519 (1.051)	5.667 (1.110)	4.036 (1.403)	5.127 (1.218)

续表

企业规模	企业社会责任总表现	股东与管理者责任	员工责任	商业责任	公众责任	环境责任
201—500 人	5.047 (0.883)	4.959 (1.136)	5.599 (1.065)	5.480 (0.954)	4.167 (1.389)	4.947 (1.133)
501—1000 人	5.310 (0.877)	5.044 (1.015)	5.739 (1.047)	5.973 (0.937)	4.505 (1.520)	5.261 (1.312)
1001 人及以上	5.368 (0.897)	5.154 (1.127)	5.792 (0.960)	5.595 (1.016)	4.795 (1.458)	5.478 (1.118)
F 检验	7.833	4.173	5.235	3.270	14.252	4.9
(sig)	(0.000)	(0.000)	(0.000)	(0.003)	(0.000)	(0.000)

从企业规模角度来看，不同规模的企业其社会责任表现存在显著性差异，除"商业责任"外，总的来说，企业规模越大，其社会责任表现越好，企业规模越小，其社会责任表现越不尽如人意。在企业社会责任总表现与"股东与管理者责任""员工责任""公众责任"和"环境责任"方面，职工人数在 1001 人及以上的大型企业的表现均是最好的，而企业职工数在 100 人以下的企业的表现均是最差的。在商业责任方面，表现最好的为职工数在 501—1000 人之间的企业，而职工数在 101—150 人的企业"商业责任"表现最差，这可能是由于这类中小型企业正处于快速发展期，此一时期的企业管理正处于从原始的家族化管理向专业化的管理过渡的阶段，管理的理念与方式正处于调整期，因此可能会忽略了商业伙伴和消费者的需求。

表 4 - 14 与表 4 - 15 以企业的销售额和资产总额为分组变量，考察了不同的经营业绩与资本实力对企业的社会责任表现的影响。关于企业社会责任表现与企业的财务绩效关系的研究非常丰富，这一类研究尝试回答的问题是：企业的社会责任表现与企业的财务绩效或企业价值是否存在关系？是正相关还是负相关？如果存在正相关关系，其作用方向如何，或曰因果关系如何？

表 4 – 14   **企业销售额与企业社会责任表现**

销售额	企业社会责任总表现	股东与管理者责任	员工责任	商业责任	公众责任	环境责任
500 万元以下	4.642 (0.966)	4.525 (1.143)	5.002 (1.415)	5.628 (1.118)	3.399 (1.423)	4.561 (1.509)
500 万—1000 万元	4.896 (0.729)	4.854 (0.968)	5.324 (1.091)	5.631 (0.976)	3.782 (1.412)	4.796 (1.243)
1000 万—3000 万元	4.980 (0.909)	4.831 (1.090)	5.384 (1.241)	5.642 (0.983)	3.954 (1.411)	4.997 (1.193)
3000 万—1 亿元	5.005 (0.980)	4.785 (1.178)	5.594 (1.078)	5.562 (1.251)	3.988 (1.521)	5.000 (1.359)
1 亿—3 亿元	5.220 (0.888)	4.943 (1.143)	5.712 (0.914)	5.810 (1.074)	4.278 (1.447)	5.301 (1.193)
3 亿元以上	5.526 (1.022)	5.402 (1.248)	5.989 (1.106)	5.808 (1.010)	4.812 (1.606)	5.565 (1.378)
F 检验	14.502	8.468	11.021	0.738	14.133	9.220
(sig)	(0.000)	(0.000)	(0.000)	(0.595)	(0.000)	(0.000)

表 4 – 15   **企业资产总额与企业社会责任表现**

资产总额	企业社会责任总表现	股东与管理者责任	员工责任	商业责任	公众责任	环境责任
500 万元以下	4.653 (0.887)	4.538 (1.108)	5.055 (1.348)	5.690 (1.080)	3.291 (1.385)	4.580 (1.443)
500 万—1000 万元	4.890 (0.913)	4.730 (1.010)	5.292 (1.284)	5.622 (1.099)	3.869 (1.441)	4.853 (1.387)
1000 万—3000 万元	4.931 (0.913)	4.941 (1.068)	5.326 (1.151)	5.515 (1.043)	3.879 (1.420)	4.885 (1.291)
3000 万—1 亿元	5.019 (0.946)	4.798 (1.232)	5.577 (1.231)	5.714 (1.001)	4.025 (1.465)	4.912 (1.291)
1 亿—3 亿元	4.976 (0.956)	4.807 (1.214)	5.494 (0.998)	5.431 (1.156)	4.099 (1.443)	4.967 (1.393)
3 亿元以上	5.522 (0.857)	5.301 (1.133)	5.874 (1.052)	5.845 (0.938)	4.896 (1.424)	5.642 (1.061)
F 检验	14.568	8.264	8.068	1.842	21.479	9.274
(sig)	(0.000)	(0.000)	(0.000)	(0.102)	(0.000)	(0.000)

　　大量的学者对这一问题的研究赋予了极大的热情，之所以如此，是因为这一研究很重要，企业社会责任表现与企业价值的研究可以回答"谁从企业社会责任中得益"的问题，即"改良的自利可以为企业社会责任提供最终的理由"，[①] 为企业承担社会责任提供"合理性"依据。但众多的研究却没有得出统一的结论，有些研究发现企业社会责任表现与企业价值之间存在正相关关系，如奥利特兹科等人（M. Orlitzky, S. Frank & L. R. Sara）通过研究发现企业社会责任水平与财务绩效有着积极的关系。[②] 但也有学者发现这两者之间呈负相关，如英格拉姆（R. W. Ingram）研究发现，因为企业承担社会责任需要付出额外的成本，因此企业社会责任表现与企业财务绩效呈负相关。[③] 同时还有学者研究发现企业社会责任水平与企业的财务绩效之间不存在相关关系，如麦克威廉姆斯和西格尔（A. Mcwilliams & D. Siegel）的研究就发现企业财务绩效与社会责任水平之间并没有显著关系。[④] 我国学者郑海东也持同样的看法。[⑤] 而李正则以 512 家上市公司为样本，通过内容分析的方法研究企业社会责任表现与企业价值的相关性问题，研究发现，短期来看承担社会责任越多的企业其企业价值越低；而从长期看则不会降低企业价值。[⑥] 事实上，有学者曾梳理过相关的研究，如格里芬和马洪（J. J. Griffin & J. F. Mahon）曾于 1997 年

---

　　① Wood D. J. & Jones R. E., "Stakeholder Mismatching: A Theoretical Problem in Empirical Research on Corporate Social Performance", *International Journal of Organizational Analysis*, Vol. 3, No. 3, 1995, pp. 229 – 267

　　② Orlitzky, Marc, Frank Schmidt and Sara L. Rynes, "Corporate Social and Financial Performance: A Meta-Analysis", *Organization Studies*, Vol. 24, No. 3, 2003, pp. 403 – 441.

　　③ Ingram, R. W., "An Investigation of Information Content (Certain) Social Responsibility Disclosure", *Journal of Accounting Research*, Vol. 16, No. 2, 1978, pp. 270 – 285.

　　④ McWilliams Abagail & Donald Siegel, "Corporate Social Responsibility and Financial Performance: Correlation or Misspecification?", *Strategic Management Journal*, Vol. 21, No. 5, 2000, pp. 603 – 608.

　　⑤ 郑海东：《企业社会责任行为表现：测量维度、影响因素及绩效关系》，高等教育出版社 2012 年版。

　　⑥ 李正：《企业社会责任与企业价值的相关性研究——来自沪市上市公司的经验证据》，《中国工业经济》2006 年第 2 期。

对这一研究领域相关文献进行了回顾和梳理，他们发现从 1972 年至 1994 年间发表的 51 篇相关研究中，得出了企业社会责任与企业财务绩效正相关结论的论文有 33 篇，认为负相关的文献有 20 篇，还有 9 篇研究没有得出明确的结论。[①] 因此，有学者认为，企业社会责任与企业财务绩效之间的关系具有不确定性。[②]

萨尔兹曼等（O. Salzmann, S. A. Ionescu & U. Steger）指出，有关企业社会表现与财务绩效二者之间关系的因果性和方向的研究，主要是基于以下几个理论假说：社会影响假说、权衡假说、可利用资金假说、管理机会主义假说，以及协同效应假说等。[③] 社会影响假说认为企业社会责任的表现会对企业的社会形象产生影响，而企业形象的好坏又会导致不同的企业财务绩效；权衡假说认为由于企业的资源有限，企业需要在不同的利益相关者之间进行权衡，企业承担社会责任的行为会增加企业的成本，降低企业价值；资金提供假说与管理机会主义假说则认为企业的财务业绩与资本实力会对企业的社会责任表现产生影响，资金提供假说认为会产生正向的影响作用，而管理机会主义假说则认为对短期财务利润的追逐会对企业的社会责任表现产生负向影响。协同效应假说认为企业社会表现与财务绩效之间存在相关关系，但有可能是正相关关系，也有可能是负相关关系。良好的企业社会表现会导致高财务绩效（社会影响假说），高财务绩效反过来又会带来更佳的社会表现（可利用资金假说）。反之亦然。

从我们的调查结果来看，具有不同销售业绩和资本实力的企业在社会责任总表现上确实存在显著性差异，表现为销售业绩越好，资本

---

① Griffin Jenifer J. & Mahon John F., "The Corporate Social Performance and Corporate Financial Performance Debate: Twenty-five Years of Incomparable Research", *Business and Society*, Vol. 31, No. 1, 1997, pp. 5 – 31.

② Margolis Joshua D. & Walsh James P., "Misery Loves Companies: Rethinking Social Initiatives by Business", *Administrative Science Quarterly*, Vol. 38, No. 3, 2003, pp. 268 – 305.

③ Salzmann O., Ionescu Somers A. & Steger U., "The Business Case for Corporate Sustainability: Literature Review and Research Options", *European Management Journal*, Vol. 23, No. 1, 2005, pp. 27 – 36.

实力越强的企业其社会责任表现越好；从各社会责任类型来看，具有不同销售业绩和资本实力的企业在"商业责任"表现上的差异不显著，但在其他维度的差异均显著，且其情况与企业社会责任总表现的变化走势一致。由此，我们可以认为，企业社会责任表现与企业的财务绩效之间确实存在着显著关系，但并不表明企业社会责任各个维度与企业财务绩效之间的关系均显著。这一领域的众多研究之所以得出了不一样的结论，可能是由于对企业社会责任的测量角度不一样或对企业财务绩效的界定不一致所造成的。

从企业的产业类型角度来看，不同产业类型企业的社会责任表现存在显著性差异，这一差异主要体现在"商业责任"和"公众责任"方面。调查结果表明，房地产企业的社会责任表现最好，其在"员工责任"和"公众责任"方面的表现均排在所有类型企业的第一位。事实上，根据前面对企业管理者社会责任态度的统计分析，房地产企业的管理者最为抵制承担社会责任，但其社会责任表现却是最好的，表明企业的社会责任表现并不完全受企业经营者的态度所决定，法律的规制、公众与媒体的压力、政府的推动同样能促进企业承担相应的社会责任。事实上，房地产企业的"员工责任"表现排在所有企业的第一位，可能与房地产企业的利润较高，员工收入高有直接的关系；而房地产企业的"公众责任"也是排在第一位，表明房地产企业在慈善捐款、赞助体育与文化事业、支持教育事业等方面做得比其他类型企业更好。究其原因，一方面是因为近年来的房地产企业的利润一直非常高，房地产企业有足够的资源和能力去从事与"公众责任"有关的活动；另一方面，近年来由于房价增长过快，引起了普通公众、媒体、政府的广泛关注，房地产企业经常被称为"黑心企业"或"暴利企业"，房地产企业所面临的社会压力非常大，企业需要采用社会责任行为来改善自身的形象，消解社会压力。

总体来看，农林牧渔业企业的社会责任表现较差，在企业社会责任总表现、股东与管理者责任、员工责任和公众责任方面的得分均排在所有企业中的倒数第一名。

　　在商业责任方面，由于批发和零售企业主要依赖供应商与经销商，或直接面对消费者，供应商、经销商和消费者对企业的生存和发展至关重要，即这三类群体是批发零售企业的关键利益相关者，因此批发零售企业的"商业责任"表现是最好的。而因为批发和零售业的生产经营活动一般对自然环境的破坏不严重，也很少有媒体、公众去关注这一类企业在环境保护方面的表现，因此批发和零售业在"环境责任"方面所受压力较小，所以导致其"环境责任"表现最差。而"环境责任"表现最好的企业是电力、煤气及水的生产和供应类企业，此类企业的产品不仅与普通社会公众的生活息息相关，且这类企业在生产过程产生浪费、污染环境的可能性也较高，也是媒体与政府关注的重点对象，因此这类企业比较重视对自然资源、生态环境的保护。在"环境责任"方面，表现比较好的还有"采掘业"和"房地产业"，都是受关注较多，或其生产经营活动对自然资源与生态环境破坏较大的企业。可见，企业的履行社会责任行为不仅受经济利益的驱动，也受管理者态度的影响，社会环境的因素对企业的行为表现也有着不可忽视的影响作用（详见表4–16）。

表4–16　　　　　　**产业类型与企业社会责任表现**

产业类型	企业社会责任总表现	股东与管理者责任	员工责任	商业责任	公众责任	环境责任
农林牧渔业	4.519 (0.922)	4.424 (0.886)	4.880 (1.461)	5.462 (1.274)	3.139 (1.185)	4.563 (1.299)
采掘业	5.071 (0.836)	5.184 (1.086)	5.222 (1.237)	5.463 (1.236)	4.194 (1.426)	5.184 (1.086)
制造业	4.869 (0.907)	4.724 (1.094)	5.328 (1.249)	5.567 (1.052)	3.691 (1.432)	4.915 (1.221)
房地产业	5.234 (0.912)	5.023 (1.241)	5.496 (1.169)	5.585 (1.117)	5.024 (1.013)	5.092 (1.294)

续表

产业类型	企业社会责任总表现	股东与管理者责任	员工责任	商业责任	公众责任	环境责任
交通运输、仓储和邮政业	4.615 (0.902)	4.491 (1.117)	4.920 (1.368)	5.358 (1.145)	3.556 (1.343)	4.629 (1.281)
电力、煤气及水的生产和供应业	5.008 (0.699)	4.813 (1.023)	5.439 (1.181)	5.417 (0.960)	3.895 (1.442)	5.316 (1.047)
建筑业	4.905 (1.009)	4.719 (1.086)	5.298 (1.255)	5.591 (1.177)	3.890 (1.527)	4.930 1.496)
批发和零售业	4.782 (0.985)	4.628 (1.205)	5.307 (1.205)	5.839 (0.944)	3.554 (1.590)	4.514 (1.671)
住宿和餐饮业	4.853 (0.956)	4.788 (1.060)	5.204 (1.385)	5.574 (1.097)	3.836 (1.529)	4.779 (1.402)
租赁和商务服务业	4.913 (0.879)	4.867 (1.190)	5.073 (1.266)	5.787 (0.951)	3.820 (1.474)	4.935 (1.444)
其他行业	5.035 (0.944)	4.932 (1.180)	5.528 (1.226)	5.942 (1.019)	3.877 (1.545)	4.833 (1.548)
F 检验	2.073	1.597	1.484	2.276	4.506	1.570
（sig）	(0.024)	(0.102)	(0.140)	(0.012)	(0.000)	(0.111)

根据 1986 年全国人大六届四次会议通过的"七五"计划相关内容，我们将北京、天津、河北、辽宁、上海、江苏、浙江、福建、山东、广东和海南 11 个省（直辖市、自治区）划为东部地区；将山西、内蒙古、吉林、黑龙江、安徽、江西、河南、湖北、湖南、广西 10 个省（直辖市、自治区）划为中部地区；将包括四川、贵州、云南、西藏、陕西、甘肃、青海、宁夏、新疆 9 个省（直辖市、自治区）划为西部地区。

表 4-17 显示，不同地区的民营企业的社会责任表现在置信度的 0.1 水平上存在显著差异，东部地区的企业社会责任表现最好，相对而言中部地区的社会责任表现较差。而不同地区之间企业社会责任表现的差异主要体现在"商业责任""公众责任"和"环境责任"三个维度，在"股东与管理者责任"和"员工责任"上差异不显著。在

"公众责任"和"环境责任"维度，东部地区的企业表现均最好，中部地区的企业表现较差；在"商业责任"维度，西部地区的企业表现最好，东部地区的企业表现较差。

表 4 - 17　　　　　　企业所在地域与企业社会责任表现

地区	企业社会责任总表现	股东与管理者责任	员工责任	商业责任	公众责任	环境责任
东部地区	4.913	4.775	5.333	5.575	3.881	4.908
(N = 670)	(0.918)	(1.102)	(1.240)	(1.064)	(1.486)	(1.297)
中部地区	4.747	4.729	5.185	5.750	3.442	4.537
(N = 167)	(0.973)	(1.128)	(1.373)	(1.004)	(1.458)	(1.610)
西部地区	4.897	4.725	5.294	5.822	3.685	4.866
(N = 183)	(0.928)	(1.184)	(1.260)	(1.098)	(1.455)	(1.420)
F 检验	2.175	0.208	0.912	4.663	6.208	4.891
(sig)	(0.084)	(0.812)	(0.402)	(0.010)	(0.002)	(0.008)

第五章　企业社会责任行为的影响因素

　　20 世纪 70 年代以来，以消费者运动、劳工运动和环境保护运动为主要内容的企业社会责任运动在一些发达国家逐渐兴起。随着经济全球化进程的不断推进，企业社会责任理念已经逐渐成为了国际社会普遍接受的企业行为准则与价值理念，为此，在多国政府、多边国际经济机构和非政府组织的共同参与和推动下，制定了很多有关产品质量、劳动力标准和环境保护方面的企业行为社会准则，如 ISO9000、SA8000 和 ISO14000 等。作为全球生产价值网络中的一员，中国企业也逐步感受到了这些社会行为准则对它们的影响与压力，许多优秀的企业都已将履践社会责任确定为约束企业经营管理活动中一项重要的行为规范。越来越多的企业将其作为企业战略规划的重要举措，以应对日趋激烈的竞争环境。

第一节　管理者的态度取向与企业的社会责任表现

　　一般认为，态度是某种行为方式的预先倾向或内在准备状态，是"对具体对象采取特定行为方式的倾向"[1]。态度影响着一个人的行为，它意味着某种行为或结果比其他行为或结果更可取。相比其他组织成员，高层管理者的态度取向对企业的社会责任表现有着更大的影

---

[1]　Gergen K., *Social Psychology: Exploration in Understanding*, Del Mar, Calif: CRM Books, 1974, p. 620.

响力。

一 文献回顾与研究假设

海明维和马克拉甘（C. A. Hemingway & P. W. Maclagan）指出，在私有企业中，商业需要不是企业决策的唯一驱动力，企业是否发生社会责任行为更多是企业管理者价值观的反映，因此必须考虑将企业社会责任与企业管理者的价值联系起来进行研究。[①] 伍德沃德等人（D. Woodward，P. Edwards & F. Birkin）通过对英国 8 家大型企业管理人员的调查，发现大多高层管理人员注重企业社会责任行为所带来的经济效益，履行社会责任行为是为了提高企业声誉。[②] 一个企业的社会责任水平，很大程度上取决于企业的高层管理者对企业社会责任的态度。相比其他企业成员，企业的高层领导者拥有更大的活动空间与资源调动能力。[③] 布朗等人（W. Brown，E. Helland & J. Smith）通过分析发现美国企业的捐款有商业广告的目的，但主要还是管理层和董事通过公司捐款为自己谋取名声或利益，[④] 并且可以用来抵税以达到利润最大化的目的。[⑤] 概而言之，基于高层管理者在企业中的地位、影响力及其资源调动能力，企业高层管理者的社会责任态度取向对企业的社会责任表现会产生显著的影响。

就企业高层管理者的社会责任态度而言，已有研究表明，企业高层管理者的社会责任态度存在着不同的取向。伍德（D. J. Wood）指出，卡罗尔所提出的四种企业社会责任类型，都是企业领导者可以运

---

① Hemingway C. A. & Maclagan P. W. , "Managers' Personal Values as Drivers of Corporate Social Responsibility", *Journal of Business Ethics*, Vol. 50, No. 1, 2004, pp. 33 – 44.

② Woodward D. , Edwards P. & Birkin F. , "Some Evidence on Executive Views of Corporate Social Responsibility", *British Accounting Review*, Vol. 33, No. 3, 2001, pp. 357 – 397.

③ ［德］霍尔斯特·S.、阿尔伯特·L.：《企业伦理学基础》，李兆雄译，上海社会科学出版社 2001 年版。

④ Brown W. , Helland E. & Smith J. , "Corporate Philanthropic Practices", *Journal of Finance*, Vol. 12, No. 5, 2006, pp. 855 – 877.

⑤ Navarro P. , "Why Do Corporations Give to Charity?", *Journal of Business*, Vol. 61, No. 1, 1988, pp. 65 – 93.

作的领域。因此，这四种责任类型也构成了企业高层管理者对待企业社会责任的四种价值取向，即经济取向、法律取向、伦理取向与慈善取向。[1] 奥佩勒等人（K. E. Aupperle, A. B. Carroll & J. D. Hatfield）曾设计开发出了"企业社会责任导向"（Corporate Social Responsibility Orientation, CSRO）量表，用以测量企业管理者的社会责任态度取向。[2] 我国学者晁罡等人即采用了这一量表测量了企业高层管理者的社会责任态度取向。[3] 但这一量表所测量的都是高层管理者对承担企业社会责任的正向态度，而忽略了负向的态度取向。事实上，克拉克森（M. E. Clarkson）指出，企业对不同的利益相关者会采用四种不同的管理战略：预见型战略、适应型战略、防御型战略和对抗型战略来处理其经济、法律、伦理与其他责任。[4] 塞西（S. P. Sethi.）则指出，企业在不同的发展阶段其社会责任态度会经历社会义务、社会责任和社会响应三个阶段。在社会义务阶段，企业社会责任行为为法律法规所推动，企业持消极态度；在社会责任阶段，企业行为与社会规范、社会公众的期待一致，消极态度有所消解，但不会主动承担社会责任；而到了社会响应阶段，企业管理者的态度趋向于积极，从长远的角度考虑自身在社会系统中所扮演的角色。[5] 辛杰通过对 2200 家企业的调查发现，企业高层管理者对承担社会责任表现为 6 种不同态度的态度取向，即"消极自保"取向、"管理结合"取向、"趋势跟随"

---

① Wood D. J. , "Corporate Social Performance Revisited", *Academy of Management Review*, Vol. 16, No. 4, 1991, pp. 691 – 718.

② Aupperle K. E. , Carroll A. B. & Hatfield J. D. , "An Examination of the Relationship Between Corporate Social Responsibility and Profitability", *Academy of Management Journal*, Vol. 28, No. 2, 1985, pp. 448 – 463.

③ 晁罡、袁品、段文、程宇宏：《企业领导者的社会责任取向、企业社会责任表现和组织绩效的关系研究》，《管理学报》2008 年第 3 期。

④ Clarkson M. E. , "Corporate Social Performance in Canada, 1976 – 1986", *Research in Corporate Social Performance and Policy*, Vol. 10, 1988, pp. 241 – 265.

⑤ Sethi S. P. , "Dimensions of Corporate Social Performance: An Analytical Framework", *California Management Review*, Vol. 17, No. 3, 1975, pp. 58 – 64.

取向、"长远眼光"取向、"成本导向"取向和"积极投入"取向。①
从已有的研究成果来看，企业高层管理者对承担社会责任表现出多种
不同的态度取向，有积极响应的，有消极防御的，也有强烈抵制的。
根据我们在第三章的分析，管理者对企业承担社会责任的态度有四种
取向："价值取向"型态度、"利益取向"型态度、"防御取向"型态
度和"抵制取向"型态度。"价值取向"型态度是指企业高层管理者
视企业承担社会责任为题中应有之义，是企业存在的价值所在。因
此，提出如下假设：

假设1：企业高层管理者的"价值取向"型态度对企业的社会责
任表现有正向影响。

"利益取向"型态度是指企业高层管理者将承担社会责任视为实
现企业利益的一种方式，认为企业承担社会责任具有提高企业声誉、
改善企业形象、激励员工积极性、影响消费者购买意向、增加商业伙
伴的信任度、实现企业的品牌化战略等方面的功能。这种态度倾向会
使得企业高层管理者重视股东、管理者、员工、消费者、供应商、经
销商的利益要求，相关的企业社会责任表现会比较好，但因普通社会
公众对企业的经营发展无直接影响，可能会导致企业比较忽视针对普
通公众的相关责任的承担。基于此，提出如下假设：

假设2：企业高层管理者的"利益取向"型态度倾向越好，企业
针对股东、管理者、员工、消费者、供应商与经销商的社会责任履行
越好，企业高层管理者的"利益取向"型态度对"公众责任"影响
不显著。

"防御取向"型态度是指企业高层管理者将承担社会责任视为一
种避免企业经营风险、应对各利益相关者压力的手段；企业高层管理
者认为承担社会责任可以应对竞争对手与社会舆论的压力，可以降低
相关的法律风险。因此，提出如下假设：

---

① 辛杰：《企业社会责任价值观研究——以山东省2200家企业调查为例》，《华东经济管理》2008年第11期。

假设3：企业高层管理者的"防御取向"型态度对企业的"公众责任"和"环境责任"有显著的正向影响。

"抵制取向"型态度则是指企业高层管理者抵制履行社会责任的一种倾向，认为企业承担社会责任会导致成本增加利润减少，违背了企业的本质属性。企业唯一的责任就是创造更多的利润，持这种态度倾向的企业领导者为了更大的经济利益，可能会出现损害小股东、管理者、员工利益的情况，对普通公众与环境方面的责任更是采取抵制策略。因此，本书假设：

假设4：除"商业责任"（针对消费者、经销商和供应商）以外，"抵制取向"型态度对其他类型的社会责任均具有显著的负向影响。

二 数据、变量及测量

本部分所采用的数据来源于课题组所实施的问卷调查。调查对象中男性管理者占69.7%，女性管理者占30.3%；30岁及以下的管理者占21.9%，31—40岁的管理者占32.4%，41—50岁的管理者占37.8%，50岁以上的管理者占有效样本的7.9%；从受教育水平来看，初中以下文化水平的占13.4%，高中或中专学历的管理者占28.5%，大专学历的占23.7%，本科学历的占30%，而研究生学历的管理者只占样本的4.4%。

企业社会责任表现：本书对企业社会责任表现的测量使用了我们制定的量表，量表由21道题目构成，每一道题均采用7分制计分方法，要求被调查者对项目陈述与企业实际情况的符合程度进行评分，1表示"完全不符合"，7表示"完全符合"，分值越大表示题项陈述与企业实际情况越相符。根据因子分析的结果发现企业社会责任可分为5个维度："商业责任""公众责任""环境责任""股东与管理者责任"与"员工责任"，取每个维度指标的得分均值作为各维度得分参与分析（详见第四章）。

企业高层管理者的社会责任态度：对企业高层管理者的社会责任态度的测量方法与第三章一致，采用 26 道题目对企业高层管理者的社会责任态度进行了测量，要求被调查者根据自己的实际感受对所有题目所陈述的观点进行评分，1 表示"完全不同意"，7 表示"完全同意"，分值越大表示越认同题项所陈述的观点。根据因子分析的结果发现管理者的社会责任态度有四种取向："利益取向""防御取向""价值取向"和"抵制取向"。取同一因子的不同指标得分的均值作为各因子得分参与分析（详见第三章）。

其他变量：企业的社会责任表现还受到其他多种因素的影响，因此我们在分析过程中加入了一些控制变量，包括企业年龄、企业规模、2012 年的销售额（1 = 500 万元以下；2 = 500 万—1000 万元；3 = 1000 万—3000 万元；4 = 3000 万—1 亿元；5 = 1 亿—3 亿元；6 = 3 亿元以上）、资产总额（1 = 500 万元以下；2 = 500 万—1000 万元；3 = 1000 万—3000 万元；4 = 3000 万—1 亿元；5 = 1 亿—3 亿元；6 = 3 亿元以上）。我们以 2013 年的企业员工人数作为企业规模的指标，为了方便系数的解释，将职工人数除以 100 进入模型。企业年龄则以 2013 减去企业开创年份，不足 1 年的算作 1 年。

三 研究结果与分析

企业高层管理者的社会责任态度与企业社会责任表现的相关分析结果表明，多数关系具有显著性（见表 5 - 1），说明管理者的态度对组织的社会责任行为确实具有重要影响。企业高层管理者的"价值取向"型态度、"利益取向"型态度和"防御取向"型态度与企业社会责任表现的各维度均呈现显著正相关；而"抵制取向"型态度除对"商业责任"无显著影响以外，对企业社会责任表现其他各维度均呈显著负相关。

表 5 - 1　　　　　　　　企业高层管理者的社会责任态度与
社会责任表现之间的相关分析

	股东与管理者责任	员工责任	商业责任	公众责任	环境责任
价值取向	0.391 ***	0.409 ***	0.380 ***	0.314 ***	0.407 ***
利益取向	0.379 ***	0.448 ***	0.436 ***	0.238 ***	0.403 ***
防御取向	0.291 ***	0.271 ***	0.153 ***	0.330 ***	0.290 ***
抵制取向	- 0.169 ***	- 0.145 ***	- 0.047	- 0.149 ***	- 0.118 ***

注：*** p < 0.001。

　　为了进一步探究企业高层管理者的态度对企业社会责任表现的影响作用，本书以企业社会责任表现各维度为因变量，以企业高层管理者的社会责任态度为自变量，进行回归分析。在分析过程中，我们还加入了一些控制变量，统计分析结果如表 5 - 2 所示。

　　由表 5 - 2 模型 1 可知，企业社会责任的表现与企业年龄、企业规模、企业资产总额无关，而与企业的销售额有显著关系，企业的销售情况越好，企业的社会责任表现越佳。企业管理者越是视承担社会责任为实现企业（企业家）的价值或追逐企业利益的一种方式，企业的社会责任表现越好（$\beta = 0.318$，$P < 0.001$）；管理者越抵制企业社会责任，则企业的社会责任表现越差（$\beta = -0.63$，$P < 0.05$）。

　　从企业社会责任各维度来看，企业高层管理者的"价值取向"型态度倾向对企业社会责任表现的各维度均具有显著的正向影响作用，假设 1 成立。企业管理者的"利益取向"型态度对企业的"公众责任"无显著影响，对"股东与管理者责任""员工责任"和"商业责任"有显著正向影响，假设 2 成立。企业的"环境责任"行为主要受相关法律法规所约束与调节，不承担相应环境责任的企业会受到相应的惩罚，造成企业经济利益方面的损失，因此，企业高层管理者的"利益取向"型态度倾向越强，企业的"环境责任"表现越好。

表 5 - 2　　企业社会责任表现的多元回归分析（标准回归系数）

因变量	企业社会责任总表现	股东与管理者责任	员工责任	商业责任	公众责任	环境责任
	模型 1	模型 1（A）	模型 1（B）	模型 1（C）	模型 1（D）	模型 1（E）
控制变量						
企业年龄	-0.015	-0.034	-0.003	-0.061 *	0.063 **	-0.036
企业规模	0.026	0.016	0.027	-0.010	0.030	0.026
销售额[a]						
500 万—1000 万元	0.095 ****	0.094 **	0.108 ***	0.048	0.034	0.065 *
1000 万—3000 万元	0.110 ****	0.062	0.110 ***	0.061	0.037	0.126 **
3000 万—1 亿元	0.072 **	0.024	0.126 ***	0.002	0.019	0.079 **
1 亿—3 亿元	0.073 *	0.026	0.130 ***	0.041	-0.015	0.081 *
3 亿元以上	0.069 *	0.065	0.143 ***	0.012	-0.033	0.045
企业资产总额[b]						
500 万—1000 万元	0.022	0.015	0.000	-0.062 *	0.115 ***	-0.002
1000 万—3000 万元	0.006	0.070 *	-0.035	-0.117 **	0.099 **	-0.018
3000 万—1 亿元	0.016	0.016	-0.003	-0.029	0.102 **	-0.033
1 亿—3 亿元	0.028	0.036	-0.006	-0.051	0.106 ***	0.013
3 亿元以上	0.086	0.083	-0.049	-0.044	0.244 ****	0.070
自变量						
价值取向型态度	0.312 ****	0.248 ****	0.228 ****	0.240 ****	0.202 ****	0.246 ****
利益取向型态度	0.318 ****	0.216 ****	0.345 ****	0.422 ****	-0.009	0.247 ****
防御取向型态度	0.048	0.047	-0.035	-0.159 ****	0.227 ****	0.049
抵制取向型态度	-0.063 **	-0.082 ***	-0.070 **	0.010	-0.063 **	-0.032
F	36.828	18.044	22.286	18.800	17.428	18.513
R	0.624	0.488	0.528	0.499	0.484	0.494
Adjusted R^2	0.378	0.225	0.267	0.236	0.221	0.231

注：（1）* $p < 0.1$，** $p < 0.05$，*** $p < 0.01$，**** $p < 0.001$。

（2）a 参考类别为"500 万元以下"；b 参考类别为"500 万元以下"。

"防御取向"型态度对企业的"公众责任"有显著正向影响，而对"环境责任"无显著影响，假设 3 部分成立。同时我们还可以发现，影响企业履行"公众责任"最主要因素为管理者的"防御取向"型态度，表明企业发生慈善、捐赠、赞助等行为的主要动因是为应对

利益相关者的压力。另外，统计结果还表明，高层管理者越是将承担社会责任视为一种防御型手段，企业的"商业责任"表现越差。

企业高层管理者的"抵制取向"型态度对企业的"股东与管理者责任""员工责任"和"公众责任"有显著的负向影响，对"商业责任"与"环境责任"的影响不显著，假设4部分成立。

四　小结

上文考察了企业高层管理者不同社会责任态度取向对企业社会责任表现的影响作用，我们可以得出以下几个初步的结论：

首先，企业高层管理者的"价值取向"型态度倾向和"利益取向"型态度倾向对企业的社会责任表现有显著的正向影响；企业高层管理者越是从心理上抵制社会责任，企业的社会责任表现越是不尽如人意。

其次，企业高层管理者的防御型态度对企业的社会责任表现无显著影响，表明企业社会责任行为不完全受企业高层管理者态度的影响，也表明存在着多种机制推动企业承担社会责任。

再次，企业高层管理者的利益追求动机越强，企业的"股东与管理者责任""员工责任""商业责任"与"环境责任"表现越好，但企业高层管理者的利益动机对企业"公众责任"没有显著影响。企业履行对普通公众的责任情况主要受管理者防御型态度的影响，即相应的法律法规越完善，竞争对手的社会责任表现越好，企业高层管理者感受到的压力越大，企业越有可能履行对普通社会公众的责任。

最后，企业高层管理者越是抵制承担社会责任，企业的社会责任表现越差，其所影响的领域主要是"股东与管理者责任""员工责任"和"公众责任"方面。由于消费者、供应商和经销商是企业追逐经济利润过程中最重要的利益相关者，因此企业高层管理者的"抵制取向"型态度对企业的"商业责任"无显著影响。而企业的"环境责任"主要受制度环境的制约与影响，企业高层管理者即使抵制履行，也不得不承担"环境责任"。

本节主要关注企业高层管理者的态度取向与企业的社会责任表现之间的关系，对于企业社会责任行为的其他影响因素没有涉及，对其推动机制也没有进行更深入的探讨，这些我们将在下一节进行更为深入仔细的探讨。

第二节　民营企业社会责任表现的影响因素——横向考察

对于在特定的历史背景与社会环境中成长与发展起来的中国民营企业来说，承担社会责任对于企业的生存与发展有着特别的重要意义。承担相应的社会责任不仅对于企业品牌建设、声誉提高与形象塑造发挥着重要作用，而且对于企业抵御风险、参与国际竞争也有着不容忽视的影响。但不少学者的研究却发现，中国民营企业的社会责任意识仍处于初级阶段；[1] 民营企业履行社会责任的实际状况不容乐观，大部分企业还停留在较低的认知层面上，比较关注职工的工资发放和社会捐助，而工人的其他福利、环境保护等方面的社会责任履行还很不够；[2] 相关的社会责任管理和规范体系仍处于摸索阶段，实际执行明显滞后；财务费用问题、社会氛围不足、收益不明显是影响企业履践社会责任的重要因素，社会责任战略严重缺失，社会责任行为具有较大的随机性和外部促动性。[3] 因此，全面了解现阶段我国民营企业履行社会责任现状，探究其影响因素与作用机理，具有重要的理论与现实意义。

---

① 陈旭东、余逊达：《民营企业社会责任意识的现状与评价》，《浙江大学学报》（人文社会科学版）2007 年第 2 期。

② 王开田、何玉：《中国民营企业履行社会责任的意愿、方法与效果研究：一项探索性调查》，《江西财经大学学报》2010 年第 6 期。

③ 疏礼兵：《民营企业社会责任认知与实践的调查研究》，《软科学》2010 年第 10 期。

一 理论背景与研究假设

目前，对企业社会责任的影响因素研究还很不系统，但也有不少学者已经开始关注这一研究领域。国外的学者往往关注企业高层管理者的个体特征、认知与价值取向对企业社会责任表现的影响，如托马斯和斯梅利（A. S. Thomas & R. L. Simerly）曾研究了企业高层管理者的职业背景对企业社会责任表现的影响。① 阿尔帕斯拉姆等人（M. Alpaslam & I. I. Mitroff）对《财富》100 强公司的调查结果表明，组织的道德取向在一定程度上，取决于组织领导者的道德取向。②

与国外学者的研究思路不同，国内学者对企业社会责任影响因素的研究主要是从企业层面与社会层面展开的。如李立清采用单因素方差分析法，考察了不同行业属性、企业规模与所有制属性的企业在社会责任表现上差异性，研究结果表明，企业履行社会责任状况确实在这三个变量上存在显著差异。③ 李伟以 49 家交通运输上市公司 2009年的数据为依据，研究了企业特征与企业社会责任之间的关系，其研究结论与李立清的结论不完全一致，他发现企业的社会责任水平与企业的财务绩效显著相关，但与企业规模不存在显著关系。④ 陈智与徐广成则利用 A 股市场的数据检验了内外部公司治理对企业社会责任表现的影响，研究发现法人股、独立董事比例和高管薪酬与企业社会责任履行度具有显著正相关关系，而董事会规模与企业社会责任履行具有显著的负相关关系；外部公司治理对企业社会责任具有显著影响，

---

① Thomas A. S. & Simerly R. L. , "Internal Determinants of Corporate Social Performance: The Role fo Top Managers", Paper Presenter at the Annual Meeting of the Academy of Management, Vancouver. Canada, 1995.

② Alpaslan M. & Mitroff I. I. , Bonded Morality: A Study of Crisis Management in the Fortune, NY: Unpublished Paper, 2004.

③ 李立清：《企业社会责任评价理论与实证研究：以湖南省为例》，《南方经济》2006年第 1 期。

④ 李伟：《基于公司特征对企业社会责任影响的实证》，《统计与决策》2012 年第 3 期。

即市场发展程度和法律发展程度越高，政府干预得越少，企业社会责任履行越好。① 还有学者认为企业社会责任表现不仅受企业特征的影响与制约，还与一个国家的历史、文化、制度、市民社会发展水平、利益相关者的需求与期待有关。② 如李四海研究了企业的赢利能力、公共压力、内部治理、财务风险、企业成长阶段对企业社会责任表现的影响，研究发现这些因素对企业的社会责任表现均具有显著的影响作用。③

从已有的研究文献来看，对民营企业社会责任状况的研究还很不深入，所选择的样本大多来自于同一个地区或同一行业，缺少对我国民营企业社会责任表现总体状况的描述与分析；就企业社会责任表现的影响因素研究而言，虽然对内外部影响因素都有所涉及，但尚未提出完整的分析框架，且研究结论多有不一致之处。针对前述的问题，我们提出多层面分析框架，从微观、中观、宏观层面来考察企业社会责任表现的影响因素（见图 5-1）。

1. 高层管理者的认知、价值取向：影响企业社会表现的微观因素

从个体层面，特别是从高层管理者的态度与价值观层面探讨企业社会责任问题是该研究领域的一种传统理路。相比其他企业成员，企业的高层领导者拥有更大的活动空间与资源调动能力，其对企业社会责任的认知、态度与价值取向对企业的社会责任表现更具影响力。

如前所述，卡罗尔（A. B. Carroll）曾提出过一个企业社会责任的金字塔模型，认为完整的社会责任由四部分组成，即企业经济责任、

---

① 陈智、徐广成：《中国企业社会责任影响因素研究——基于公司治理视角的实证分析》，《软科学》2011 年第 4 期。

② 李双龙：《试析企业社会责任的影响因素》，《经济体制改革》2005 年第 4 期；王世权、李凯：《企业社会责任解构：逻辑起点、概念模型与履约要义》，《外国经济与管理》2009 年第 6 期。

③ 李四海：《企业社会责任履行度影响因素的实证研究——来自上证 A 股的经验证据》，《珞珈管理评论》2009 年第 2 期。

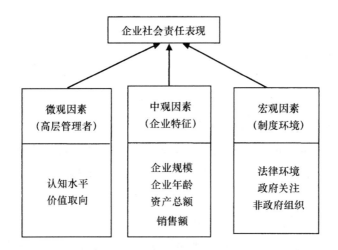

图 5-1　企业社会责任影响因素

法律责任、伦理责任与自愿责任（慈善责任）的总和。[①] 伍德（D. J. Wood）认为，卡罗尔所提出的四种企业社会责任类型，都是企业领导者可以运作的领域。因此，这四种责任类型也构成了企业高层管理者对待企业社会责任的四种价值取向，即经济取向、法律取向、伦理取向与慈善取向。[②] 高层管理者的价值取向决定了其价值偏好与行为决策，进而影响到企业行为。如果企业高层管理者的经济取向强，倾向于追逐经济利润最大化，而承担企业社会责任则需要花费成本，因此会对企业的社会责任表现产生负向的影响；而企业高层管理者如果法律取向、伦理取向与慈善取向强，则更倾向于对社会发展与环保事业尽一份心力，企业的社会责任行为会表现良好。基于以上分析，提出如下假设：

假设 1a：高层管理者对"企业社会责任"认知水平越高，企业

---

① Carroll A. B. , "A Three-Dimensional Conceptual Model of Corporate Performance", *Academy of Management Review*, Vol. 4, No. 4, 1979, pp. 497 – 505.

② Wood D. J. , "Corporate Social Performance Revisited", *Academy of Management Review*, Vol. 16, No. 4, 1991, pp. 691 – 718.

的社会责任表现越好；

假设 1b：企业高层管理者的"经济取向"对企业的社会责任表现有显著的负向影响；

假设 1c：企业高层管理者的"法律取向""伦理取向"与"慈善取向"对企业的社会责任表现有显著的正向影响。

2. 企业特征：影响企业社会责任的中观因素

已有研究表明，企业的规模越大，企业的社会可见度越高，受到社会的关注越多，公众对企业的期待越高；[①] 且大企业的资源闲置率较高，其履行社会责任的能力较强。[②] 杰肯（H. Jenkin）在研究中小企业的社会责任时指出，中小企业高层管理者的社会责任承诺往往不如大型企业的管理者。[③] 而企业的经营年限越长，与利益相关者群体交往的时间越长，越有利于企业建立广泛的社会网络，形成良好的利益相关者关系，树立起稳定的社会责任形象。[④] 因此，企业越是可能承担社会责任。

有关企业社会责任表现与组织的财务绩效之间关系的研究非常丰富，但研究结论并不一致。总体来说，研究结果支持正相关的更多一些。就有关企业社会责任表现与财务绩效二者之间关系的方向和因果性而言，一般认为，企业良好的社会责任表现可以提高企业声誉，降低经营风险，获得社会公众支持，从而导致良好的财务绩效表现；而高财务绩效会使企业有更多的闲置资源，使企业在社会责任方面能够投入更多的资金，从而促进良好的社会表现。基于以上分析，提出如

---

① Lepouter J. & Heene A., "Investigating the Impact of Firm Size on Small Business Social Responsibility: A Critical Review", *Journal of Business Ethics*, Vol. 67, No. 3, 2006, pp. 257 – 273.

② Johnson R. A. & Greening D. W., "The Effects of Corporate Governance and Institutional Ownership Types on Corporate Social Performance", *Academy of Management Journal*, Vol. 42, No. 5, 1999, pp. 564 – 576.

③ Jenkins H., "Corporate Social Responsibility and The Mining Industry: Conflicts and Constructs", *Corporate Social Responsibility and Environmental Management*, Vol. 11, No. 1, 2004, pp. 23 – 34.

④ 杨春方：《中国企业社会责任影响因素实证研究》，《经济学家》2009 年第 1 期。

下假设：

假设2：企业特征对其社会责任行为有显著影响，具体来说，企业规模、企业年龄、企业的资产总额与销售额对企业的社会责任表现有显著的正向影响。

3. 制度环境：影响企业社会责任的宏观因素

新制度主义理论指出，企业组织同时面临着两种环境：技术环境与制度环境。[①] 技术环境要求组织有效率，即按利润最大化原则行动；而制度环境则要求组织按"合法性机制"行动，即按社会法律规范要求、各利益相关者的期待，以社会赞许的、认可的方式行动。

在市场经济条件下，法律规范是调整企业行为的最重要的力量，法律可以规范、约束企业的行为，完善的法律体系有利于保护各利益相关者权益，使各利益相关者免受损害。已有研究表明，法律环境的完善程度与企业的社会责任表现之间存在正相关关系。[②] 摩恩（J. Moon）发现政府在推进企业承担社会责任方面发挥了很大的作用，[③] 杨家宁和陈健民则发现一些非政府组织（如行业协会）通过将企业社会责任问题"问题化"，或通过它们的政策与标准（如ISO2600、SA8000）增加它们对企业的影响力。[④] 因此，提出如下假设：

假设3：制度环境对企业的社会责任表现有显著的影响，具体来说，法律环境的完善程度、政府的推动力度、非政府组织的发达程度对企业的社会责任表现有正向影响。

---

① Meyer John W. & Rowan B., "Institutionalized and Organizations: Formal Structure as Myth and Ceremony", *American Journal of Sociology*, Vol. 83, No. 3, 1977, pp. 333 - 363.

② 陈智、徐广成：《中国企业社会责任影响因素研究——基于公司治理视角的实证分析》，《软科学》2011 年第 4 期。

③ Moon Jeremy, "Government as a Driver of Corporate Social Responsibility", Vol. 20—2004 ICCSR Research Paper Series - ISSN 1479 - 5124. Available from: http://citeserx. ist. psu. edu/viewdoc/download; jsessionid = 0F10E751708CA1ABDA208AACEAA53E84? doi = 10. 1. 1. 198. 8346&rep = rep1&type = pdf. 2004.

④ 杨家宁、陈健民：《非政府组织在中国推动企业社会责任的模式探讨》，《中国非营利评论》2010 年第 2 期。

二　数据来源与变量测定

1. 数据来源

本书所采用的数据来源于课题组于 2013 年 6—10 月实施的问卷调查。问卷内容涉及企业社会责任表现、对企业社会责任的认知与态度等方面，问卷填答者要求为副总经理及以上的企业高管人员。本部分研究样本参见第一章，在此不赘述。

2. 变量说明

因变量：本部分研究的因变量为"企业社会责任""股东与管理者责任""员工责任""商业责任""公众责任"和"环境责任"，这些变量的测量与统计分析方法在第四章已详述，在此不赘述。

3. 自变量

高层管理者的认知：对这一变量的测量与第二章相同，测量了企业高层管理者对"利益相关者""企业社会责任""跨国公司生产守则"与"SA8000 认证"四个与企业社会责任相关的概念的了解程度，要求被调查者对这四个概念的了解程度进行评分，1 表示"完全不了解"，7 表示"完全了解"，分值越大表示越了解。取每个被调查者在这四道题目上的平均分作为高层管理者的"认知水平"得分。

高层管理者的责任取向：问卷中调查了高层管理者的四种责任取向：经济取向、法律取向、伦理取向与慈善取向。要求被调查者对企业应该承担的责任类型的认同度进行评分，1 表示"完全不认同"，7 表示"完全认同"，分值越大表示越认同。

企业特征：本书以"企业年龄""企业规模""销售额""企业资产总额"作为企业特征指标，我们以 2013 年的企业员工人数作为企业规模的指标，为了方便解释，将职工人数除以 100 进入模型。企业年龄则以 2013 减去企业开创年份，不足 1 年的算作 1 年。

制度环境：我们采用"本地保护劳工、消费者、自然环境等方面的法规政策很完善""政府定期公布企业履行社会责任情况""本地区行业协会等各类非政府组织数量众多"3 个题项，来分别测量法律环境的完善程度、政府的推动力度、非政府组织的发达程度。要求被调查者对项目陈述与企业实际情况的符合程度进行评分，1 表示"非常不符合"，7 表示"非常符合"，分值越大表示题项陈述与实际情况越相符。

变量"高层管理者的认知""高层管理者的责任取向"和"企业特征"在第一章和第三章已做详细的分析，此处不赘述。我们只呈现变量"制度环境"的描述性统计分析结果（见表 5 - 3）。

表 5 - 3　　　变量"制度环境"描述性统计分析表

频数 百分比（%）	完全不符合	较不符合	有点不符合	一般	有点符合	较符合	完全符合
本地保护劳工、消费者、自然环境等方面的法规政策很完善	15 (1.5)	44 (4.3)	99 (9.7)	212 (20.7)	217 (21.2)	215 (21.0)	221 (21.6)
政府定期公布企业履行社会责任情况	83 (8.1)	101 (9.9)	140 (13.7)	303 (29.7)	168 (16.5)	138 (13.5)	86 (8.4)
本地区行业协会等各类非政府组织数量众多	78 (7.6)	101 (9.9)	151 (14.8)	293 (28.7)	205 (20.1)	118 (11.6)	75 (7.3)

三　统计结果与分析

通过对企业社会责任表现与各影响因素进行相关分析（见表 5 - 4），可以发现，"企业社会责任总表现""员工责任"与各因素均呈显著性正相关，其中与法律环境之间的相关系数最大，分别达到了 0.562 和 0.470；股东与管理者责任与"企业年龄"之间不相关，与其他各因素均正相关；"商业责任"与管理者的认知、态度与制度环境之间呈显著性正相关，而与企业特征不相关，表明企业无论规模大小、存在时间长短，均对商业伙伴与消费者表现出较高的责任感，不因企业自身状况而有所差异；"公众责任"表现与企业管理者的法律取向无关，而与"政府推动"的力度之间的相关系数最大；"环境责任"表现与企业年龄无关，而与法律环境之间的相关系数最大。

表 5-4   民营企业社会责任表现与各影响因素之间的相关分析

因变量	企业社会责任总表现	股东与管理者责任	员工责任	商业责任	公众责任	环境责任
高管的认知	0.537 **	0.438 **	0.449 **	0.294 **	0.404 **	0.397 **
经济取向	0.343 **	0.290 **	0.334 **	0.364 **	0.087 **	0.241 **
法律取向	0.301 **	0.240 **	0.316 **	0.365 **	0.030	0.214 **
伦理取向	0.349 **	0.274 **	0.289 **	0.259 **	0.209 **	0.271 **
慈善取向	0.420 **	0.314 **	0.325 **	0.283 **	0.326 **	0.314 **
企业年龄	0.091 **	0.041	0.092 **	-0.038	0.162 **	0.060
企业规模	0.111 **	0.089 **	0.077 *	0.033	0.116 **	0.086 *
销售额	0.250 **	0.174 **	0.223 **	0.040	0.249 **	0.206 **
资产总额	0.241 **	0.176 **	0.191 **	0.004	0.293 **	0.191 **
法律环境	0.562 **	0.375 **	0.470 **	0.426 **	0.334 **	0.479 *
政府推动	0.482 **	0.318 **	0.319 **	0.185 **	0.530 **	0.397 **
非政府组织	0.399 **	0.293 **	0.263 **	0.155 **	0.418 **	0.323 *

注: * $p < 0.05$, ** $p < 0.01$。

表 5-5 呈现了社会责任表现影响因素的多元回归分析结果，模型 1 讨论了企业高层管理者的认知、价值取向、企业特征、制度环境对企业社会表现的影响；而模型 1（A）、模型 1（B）、模型 1（C）、模型 1（D）和模型 1（E）分别探讨了各因素对"股东与管理者责任""员工责任""商业责任""公众责任"与"环境责任"的影响。

表 5-5   民营企业社会责任表现影响因素的
多元回归分析（标准回归系数）

因变量	企业社会责任	股东与管理者责任	员工责任	商业责任	公众责任	环境责任
	模型 1	模型 1（A）	模型 1（B）	模型 1（C）	模型 1（D）	模型 1（E）
微观因素						
高管的认知	0.274 ****	0.263 ****	0.251 ****	0.121 ****	0.197 ****	0.180 ****
经济取向	0.040	0.085 **	0.072 *	0.132 **	-0.104 ***	-0.001

续表

因变量	企业社会责任	股东与管理者责任	员工责任	商业责任	公众责任	环境责任
	模型1	模型1（A）	模型1（B）	模型1（C）	模型1（D）	模型1（E）
法律取向	0.044	0.011	0.102 ***	0.177 ****	-0.123	0.029
伦理取向	-0.001	0.000	-0.026	-0.028	0.019	0.021
慈善取向	0.133 ****	0.085 **	0.061 *	0.039	0.210 ****	0.094 ***
中观因素						
企业年龄	-0.031	-0.050 *	-0.001	-0.086 ***	0.040	-0.034
企业规模	0.041 *	0.047 *	0.016	0.003	0.050 **	0.029
销售额	0.056 **	0.000	0.038	-0.023	0.088 ***	0.082 ***
资产总额	0.042 *	0.042	0.047 *	-0.027	0.077 ***	0.006
宏观因素						
法律环境	0.332 ****	0.198 ****	0.317 ****	0.341 ****	0.084 ***	0.304 ****
政府推动	0.192 ****	0.087 **	0.095 ***	0.011	0.321 ****	0.163 ****
非政府组织	0.056 **	0.061 *	-0.001	-0.037	0.121 ****	0.046
F	97.611 ****	33.352 ****	47.716 ****	32.936 ****	59.532 ****	42.969 ****
R^2	0.741	0.543	0.612	0.544	0.655	0.592
Adjusted R^2	0.543	0.286	0.366	0.287	0.421	0.342

注：* $p < 0.1$，** $p < 0.05$，*** $p < 0.01$，**** $p < 0.001$。

由模型1可知，对民营企业社会责任表现影响最大的因素为法律环境（$\beta = 0.332$，$P < 0.001$），其次为企业高层管理者的认知（$\beta = 0.274$，$P < 0.001$）与政府推动（$\beta = 0.192$，$P < 0.001$），假设1a与假设3成立。研究结果还显示，企业高层管理者的经济取向与企业的社会责任表现之间不存在显著关系，假设1b不成立，其原因可以从企业高层管理者的经济取向对"股东与管理者责任""员工责任""商业责任"与"公众责任"的影响进行解释，企业高层管理者的经济取向对"公众责任"虽然有显著的负向影响，但对"股东与管理者责任""员工责任"与"商业责任"有显著的正向作用。企业高层管理者的慈善取向对企业的社会责任表现有显著影响，但法律取向、伦理取向与企业社会责任表现之间无显著关系。假设1c部分成立。

企业特征对企业社会责任表现的影响主要体现在企业的规模、销售额与资产总额方面，而与企业年龄无关，假设 2 部分成立。从模型 1（A）与模型 1（C）可以发现，企业年龄对"股东与管理者责任"和"商业责任"有显著的负向影响。一般情况下，企业在创业之初最大的需求是资金与顾客的认可。因此，企业在这一阶段最关注的利益相关者是能够提供资金的股东，能够制订商业计划的管理者。同时，消费者是企业收入的主要来源，供应商与经销商是企业顺利进入市场的保证，这些群体都是企业初创期的关键性利益相关者。而随着企业的发展特别是企业进入衰退期，由于削减成本的需要，可能会出现侵害股东与消费者利益、对商业伙伴不讲诚信的情况。

同时，由表 5-5 还可以发现，对"股东与管理者责任"影响最大的因素是企业高层管理者的认知水平（$\beta = 0.263$，$P < 0.001$）；对"员工责任""商业责任"与"环境责任"最具影响力的因素是法律环境；而对"公众责任"影响最大的因素是政府推动（$\beta = 0.321$，$P < 0.001$）。企业高层管理者的慈善取向对"商业责任"的影响不显著，企业销售额主要对"公众责任"与"环境责任"有影响，对其他企业社会责任类型的影响不显著。

四 小结

本节对影响民营企业社会责任水平的相关因素进行了统计分析，找出了影响企业社会责任表现的相关因素，确定了影响企业社会责任水平的关键变量。通过以上的研究与分析，我们可以得出如下结论：

首先，总体来说，从企业高层管理者的认知与价值取向、企业特征、制度环境三个层面探究我国民营企业的影响因素，对企业的社会责任表现具有较好的解释力，调整的 R^2 达到了 54.3%。企业高层管理者的认知水平、慈善取向、企业规模、销售额、资产总额与制度环境对企业的社会责任表现有显著的正向影响。

其次，企业高层管理者的认知水平与法律环境对企业的各社会责任类型均具有显著的正向影响。可见，加强针对企业高层管理者的宣传与教育，改善法制环境，是提升我国民营企业社会责任水平的根本途径。政府的推动作用对于我国民营企业承担社会责任的影响也不容忽视，尤其是在"公众责任"方面，由于普通社会公众与企业的经营绩效无直接关联，因此经常被企业所忽视，政府的干预将成为有效的驱动力量。

最后，非政府组织对企业承担社会责任的作用主要体现在"股东与管理者责任"与"公众责任"方面，尤其是"公众责任"。在企业社会责任最缺失的"公众责任"领域，政府的推动、企业高层管理者的认知水平与慈善取向、非政府组织的压力与推动都对企业承担"公众责任"有显著的正向作用。

第三节 企业生命周期与企业社会 责任表现——纵向考察

最近这二十年来，企业社会责任已经从一个无关紧要或时髦的话题转变成了商业世界中最重要的概念之一。[①] 随着企业社会责任研究的不断深化，研究者们提出了许多相关的分析框架或理论。当利益相关者理论与企业社会责任研究两者相结合后，利益相关者理论很快就成为了评估企业社会责任"最为密切相关"的理论框架。[②] 利益相关者理论不仅为企业社会责任明确了对象，而且为测量企业社会责任表现提供了理论依据，成为了一种描述、评价和管理企业社会表现的新框架。[③]

---

① Crifo P. & Forget V. D., "The Economics of Corporate Social Responsibility: A Firm-Level Perspective Survey", *Journal of Financial Economic Surveys*, Vol. 29, No. 1, 2015, pp. 112 – 130.

② Wood D. J. & Jones R. E., "Stakeholder Mismatching: A Theoretical Problem in Empirical Research on Corporate Social Performance", *International Journal of Organizational Analysis*, Vol. 3, No. 3, 1995, pp. 229 – 267.

③ Clarkson M. E., "Defining, Evaluating, and Managing Corporate Social Performance: The Stakeholder Management Model", in *Research in Corporate Social Performance and Policy*, No. 12, edited by L. E. Preston, Greenwich, CT: JAI Press, 1991, pp. 347 – 349.

每一个企业都同时面对数量与类型众多的利益相关者，如消费者、雇员、股东、政府和非政府组织等，但在不同的时代语境下，不同的利益相关者对企业的意义是不同的，[①] 企业对其行为方式也会不同。而描述性（descriptive）利益相关者理论关注组织如何与不同的利益相关者打交道。[②] 因此，基于描述性利益相关者理论，尝试横向比较企业针对不同利益相关者的社会行为表现，就构成了本书的第一个目标。同时，已有众多的研究表明，企业在不同的成长阶段对不同的利益相关者群体的重视程度不同，[③] 对不同利益相关者群体的回应方式不同，进而表现出不同的社会责任行为。[④] 因此，从企业生命周期的角度，纵向地探究企业在不同成长阶段关注哪些利益相关者及对其社会责任表现有哪些影响，构成了本书第二个目标。

一　理论分析与研究假设

1. 企业社会责任与利益相关者

利益相关者理论发展至今，已然成为了研究企业社会责任问题的主流研究框架，不仅为企业社会责任研究提供了新的理论框架，同时也为社会责任表现的测量提供了实证检验的方法。利益相关者理论认为，企业的各类利益相关者都对企业的生存和发展注入了一定的专用性投资，他们或是分担了一定的企业经营风险，或是为企业的经营活

---

① Figar N. & Figar V. , "Corporate Social Responsibility in the Context of the Theory of Stakeholders", *Economics and Organization*, Vol. 8, No. 1, 2011, pp. 1 – 13.

② Berman S. L. , Wicks A. C. , Kotha S. & Jones T. M. , "Does Stakeholder Orientation Matter? The Relationship between Stakeholder Management Models and Firm Finan Cial Performance", *Academy of Management Journal*, Vol. 42, No. 5, 1999, pp. 488 – 506.

③ Jawahar I. M. & McLaughlin G. L. , "Toward a Descriptive Stakeholder Theory: An Organizational Life Cycle Approach", *Academy of Management*, Vol. 26, No. 3, 2001, pp. 397 – 414; Elsayed K. & Paton D. , "The Impact of Financial Performance on Environmental Policy: Does Firm Life Cycle Matter?", *Business Strategy and the Environment*, Vol. 18, No. 6, 2009, pp. 397 – 413.

④ Al-Hadia A. , Chatterjeeb B. , Yaftianc A. , Taylora G. & Hasan M. M. , "Corporate Social Responsibility Performance, Fnancial Distress and Firm Life Cycle: Evidence from Australia", *Accounting & Finance*, Vol. 32, No. 26, 2017, pp. 1 – 29.

动付出了成本，企业的行为决策应该考虑他们的利益。[①] 各利益相关者群体的存在、期待、行为会对企业的社会责任行为产生重要的影响，如 Walden 和 Schwartz 发现，社会公众会依据对企业行动能力、品牌个性的感知，对企业社会责任行为产生期待，并将这一期待与对企业社会责任的实际履行度的感知进行比较，如果不相匹配，社会公众就会对企业社会责任履行度表示不满意，并产生抵制性的行为，形成对企业的公共压力。[②] Bhattacharya 和 Sen 则认为消费者的利益诉求通过转化为联合行动，会对企业造成实质性的压力，对企业履行社会责任具有推动作用。[③] Mitchell 等认为积极的社会责任战略是企业与当地社区协商后制定的最佳行动方案。[④] Delmas 和 Toffel 则提供了一个框架，用来说明来自各利益相关者（包括政府、消费者、竞争对手、社区与行业协会）的压力是如何影响企业的社会责任行为的。[⑤] 总之，企业的社会责任行为可视为对各种利益相关者群体的压力与期待的回应行为。[⑥]

企业同时面对着众多的利益相关者群体，不可能始终主动解决所有利益相关者的问题和关切并承担相应的社会责任。[⑦] Pfeffer 和 Salancik 认为，与那些不掌握组织所依赖的关键资源的利益相关者相比，

[①] Blair M. M. , *Ownership and Control*：*Rethinking Corporate Governance for the Twenty-first Century*, Washington D. C. ：The Brooking Institution, 1995.

[②] Walden W. D. & Schwartz B. , "Environmental Disclosures and Public Policy", *Journal of Accounting and Public Policy*, Vol. 16, No. 2, 1997, pp. 125 – 154.

[③] Bhattacharya C. B. & Sen S. , "Does Doing Good Always Lead to Doing Better? Consumer Reactions to Corporate Social Responsibility", *Journal of Marketing Research*, Vol. 38, No. 2, 2001, pp. 225 – 243.

[④] Mitchell R. K. , Agle B. R. & Wood D. J. , "Toward a Theory of Stakeholder Identification and Salience：Defining the Principle of Who and What Really Counts", *Academy of Management Review*, Vol. 22, 1997, pp. 853 – 886.

[⑤] Delmas M. & Toffel M. W. , "Stakeholders and Environmental Management Practices：An Institutional Framework", *Business Strategy and the Environment*, Vol. 13, No. 4, 2004, pp. 209 – 222.

[⑥] Udayasankar K. , "Corporate Social Responsibility and Firm Size", *Journal of Business Ethics*, Vol. 83, 2008, pp. 167 – 175.

[⑦] Jawahar I. M. and McLaughlin G. L. , "Toward a Descriptive Stakeholder Theory：An Organizational Life Cycle Approach", *Academy of Management*, Vol. 26, No. 3, 2001, pp. 397 – 414.

组织通常更加关注那些控制着对组织至关重要的资源的利益相关者。①
换言之，众多的利益相关者对组织的重要程度不一样，其重要性取决
于组织对该利益相关者群体的依赖程度。企业对利益相关者的依赖性
越强，该利益相关者对企业的权力越大，②对企业战略选择的影响越
大。③基于各类利益相关者对于企业重要性的不同，Clarkson 将利益
相关者划分为首要利益相关者（Primary Stakeholders）和次要利益相
关者（Secondary Stakeholders）。④首要利益相关者是指直接与企业发
生经济交换或少了他们的参与公司就不能持续经营的人、群体或组
织，主要包括如公司雇员、消费者、供应商、股东和投资者；次要利
益相关者则是指一些只能间接地影响企业的运作或受到企业运作的间
接影响，并不与企业直接发生交易，对企业的生存也无法产生根本作
用的人、群体或组织，包括媒体、环保组织、学者等众多的特定利益
集团。企业也会对不同的利益相关者采用不同的管理战略。⑤

　　具体来说，消费者、经销商与供应商直接涉及企业市场经营的成
败，是企业最重要的利益相关者，⑥消费者对企业的社会责任行为的

---

① Pfeffer J. & Salancik G. , *The External Control of Organ Izations: A Resource Dependence Perspective*, New York: Harper & Row, 1978.

② Yang X. & Rivers C. , "Antecedents of CSR Practices in MNCs' Subsidiaries: A Stakeholder and Institutional Perspective", *Journal of Business Ethics*, Vol. 86, 2009, pp. 155 – 169; Hill C. W. L. & Jones G. R. , *Strategic Management: An Integrated Approach*, Houghton Mifflin, Boston, MA, 2007.

③ Frooman J. , "Stakeholder Influence Strategies", *Academy of Management Review*, Vol. 24, No. 2, 1999, pp. 191 – 205.

④ Clarkson M. E. , "A Stakeholder Framework for Analyzing and Evaluating Corporate Social Performance", *Academy of Management Review*, Vol. 20, No. 1, 1995, pp. 92 – 117.

⑤ Clarkson M. E. , "Corporate Social Performance in Canada, 1976 – 1986", *Research in Corporate Social Performance and Policy*, Vol. 10, 1988, pp. 241 – 265.

⑥ O'Shaughnessy K. C. , Gedajlovic E. & Reinmoeller P. , "The Influence of Firm, Industry and Network on the Corporate Social Performance of Japanese Firms", *Asia Pacfic Journal of Management*, Vol. 24, 2007, pp. 283 – 303; Lamberti L. & Lettieri E. , "CSR Practices and Corporate Strategy: Evidence from a Longitudinal Case Study", *Journal of Business Ethics*, Vol. 87, No. 2, 2009, pp. 153 – 168; Faisal M. N. , "Sustainable Supply Chains: A Study of Interaction Among the Enablers", *Business Process Management Journal*, Vol. 16, No. 3, 2010, pp. 508 – 529.

反应会改变企业的态度与战略,① 而经销商与供应商是企业供应链条中的重要单元,是企业竞争力的体现,② 对企业的社会责任行为也有重要的影响作用。③ 简言之,企业对消费者、经销商与供应商的依赖程度最高,承担针对这些利益相关者的商业责任也最为积极。

　　股东、管理者与员工作为企业的内部利益相关者,对企业的社会责任行为影响也很大,股东与管理者对企业的社会责任战略拥有一定的决策权,④ 而员工是企业生产经营活动的完成者,企业经常会积极地推进承担针对员工的社会责任以增加组织的凝聚力或吸引潜在的人才。⑤ 因此,内部利益相关者对企业承担社会责任有积极的推进作用。

　　政府、环保组织、社会公众、媒体与社区等作为企业的次要利益相关者,虽然与企业的生产经营不发生直接的联系,但依然会对企业的战略选择产生柔性的影响。如 Fisman、Faccio 和 Goldman 等学者发现,企业与政府之间的良好关系是企业的宝贵资产;⑥ Vachani、Doh 和 Teegen 则认为非政府组织作为公民社会（civil society）的代理人可

---

　　① Yang X. & Rivers C. , "Antecedents of CSR Practices in MNCs' Subsidiaries: A Stakeholder and Institutional Perspective", *Journal of Business Ethics*, Vol. 86, 2009, pp. 155 – 169.

　　② Lambert D. M. , Cooper M. C. & Pagh J. D. , "Supply Chain Management: Implementation Issues and Research Opportunities", *International Journal of Logistics Management*, Vol. 9, No. 2, 1998, pp. 1 – 19.

　　③ Lindgreen A. , Swan V. & Johnson W. J. , "Corporate Social Responsibility: An Empirical Investigation of U. S. Organizations", *Journal of Business Ethics*, Vol. 85, No. 2, 2009, pp. 303 – 323.

　　④ Ehrgott M. , Reimann F. , Kaufmann L. & Carter C. R. , "Social Sustainability in Selecting Emerging Economy Suppliers", *Journal of Business Ethics*, Vol. 98, No. 1, 2011, pp. 99 – 119.

　　⑤ Hartman L. P. , Rubin R. S. & Dhanda K. K. , "The Communication of Corporate Social Responsibility: United States and European Union Multinational Corporations", *Journal of Business Ethics*, Vol. 74, 2007, pp. 373 – 389.

　　⑥ Fisman R. , "Estimating the Value of Politically Connections", *American Economic Review*, Vol. 91, No. 4, 2001, pp. 1095 – 1102; Faccio M. , Masulis R. W. & McConnell J. J. , "Political Connections and Corporate Bailouts", *The Journal of Finance*, Vol. 61, No. 6, 2006, pp. 2597 – 2635; Goldman E. , Rocholl J. & So J. , "Politically Connected Boards of Directors and the Allocation of Procurement Contracts", *Working Paper*, Indiana University, 2013.

以给企业施加一定的压力，推动企业承担相应的社会责任；① 媒体掌握着企业与普通社会公众的沟通渠道；② 社会公众的期待会演变成对企业的社会压力，③ 企业只有回应了政府、环保组织、媒体、公众及当地社区的期待，才能获得社会的认同、信任和合法性。④ 换言之，虽然相比首要利益相关者群体而言，企业在处理次要利益相关者方面不那么积极，⑤ 但次要利益相关者对企业承担社会责任也有一定的促进作用。基于以上分析，提出假设1。

假设1：由于各类利益相关者对于企业的重要性不同，企业对其依赖程度不同，企业针对不同类型的利益相关者群体的社会责任表现不一致。具体来说，企业针对消费者和商业伙伴承担的商业责任表现最佳；针对内部利益相关者（员工、股东与管理者）的员工责任与股东与管理者责任次之；针对次要利益相关者的社会责任（环境责任与公众责任）表现再次之。

2. 企业生命周期、利益相关者与企业社会责任表现

企业生命周期理论将企业的成长与发展视为具有阶段性的连续过程，认为企业的成长与发展与生物体相似，符合生物学中的成长曲线，也存在着从出生、成长、成熟，到死亡的周期性。⑥ 随着企业的

---

① Vachani S., Doh J. P. & Teegen H., "NGOs' Influence on MNEs' Social Development Strategies in Varying Institutional Contexts: A Transaction Cost Perspective", *International Business Review*, Vol. 18, 2009, pp. 446 – 456.

② Tixier M., "Note: Soft vs. Hard Approach in Communicating on Corporate Social Responsibility", *Thunderbird International Business Review*, Vol. 45, No. 1, 2003, pp. 71 – 91.

③ 黄敏学、李小玲、朱华伟：《企业被"逼捐"现象的剖析：是大众"无理"还是企业"无良"?》，《管理世界》2008 年第 10 期。

④ Russo A. & Perrini F., "Investigating Stakeholder Theory and Social Capital: CSR in Large Firms and SMEs", *Journal of Business Ethics*, Vol. 91, No. 2, 2010, pp. 207 – 221.

⑤ De Madariaga J. G. & Valor C., "Stakeholders Management Systems: Empirical Insights from Relationship Marketing and Market Orientation Perspectives", *Journal of Business Ethics*, Vol. 71, No. 4, 2007, pp. 425 – 439.

⑥ Haire M., *Biological Models and Empirical History of the Growth of Organizations: Modern Organizational Theory*, New York: John Wiley and Sons, 1959.

成长与发展，企业的结构与战略也会随之调整。① 因此，企业生命周期理论常被用于解释企业行为的变化。② 利益相关者的重要性取决于组织的需求，以及组织在多大程度上依赖于该利益相关者（相对于其他利益相关者）来满足其需求。③ 在企业生命周期的不同阶段，企业的需求、资源、内外部环境及社会对企业的期待等都会发生变化。④ 因此，在组织成长的任何一个阶段，一些利益相关者总会比其他人更重要。Jawahar 与 Mclaughlin 通过整合组织生命周期理论，构建了基于组织生命周期的利益相关者理论，指出企业处于不同的成长阶段时，对不同的利益相关者会采取不同的行为策略。⑤ 吴玲和贺红梅采用问卷调查的方式，研究了在企业的不同成长阶段哪些利益相关者更受到企业的重视。研究结果表明，在企业生命周期的不同阶段，利益相关者的重要性是不同的。股东、顾客、管理人员在整个创业、成长和成熟期都是企业的关键利益相关者；员工与政府在成长期是关键利益相关者；政府在成熟期是关键利益相关者。⑥ 总体来说，对企业而言，所有利益相关者可能都是十分重要的，但在企业的不同生命周期，并

① Chandler A. D. , *Strategy and structure*, Cambridge, MA: MIT Press, 1962.

② Milliman J. , Von Glinow M. A. & Nathan M. , "Organizational Life Cycles and Strategic International Human Resource Management in Multinational Companies: Implications for Congruency Theory", *Academy of Management Review*, Vol. 16, No. 2, 1991, pp. 318 – 339.

③ Jawahar I. M. & McLaughlin G. L. , "Toward a Descriptive Stakeholder Theory: An Organizational Life Cycle Approach", *Academy of Management*, Vol. 26, No. 3, 2001, pp. 397 – 414.

④ Anderson C. R. & Zeithaml C. P. , "Stage of Product Life Cycle, Business Strategy, and Business Performance", *Academy of Management Journal*, Vol. 27, No. 1, 1984, pp. 5 – 24; Dodge H. J. , Fullerton S. & Robbins J. E. , "Stage of the Organizational Life Cycle and Competition as Mediators of Problem Perception for Small Businesses", *Strategic Management Journal*, Vol. 15, No. 2, 1994, pp. 121 – 134.

⑤ Jawahar I. M. & McLaughlin G. L. , "Toward a Descriptive Stakeholder Theory: An Organizational Life Cycle Approach", *Academy of Management*, Vol. 26, No. 3, 2001, pp. 397 – 414.

⑥ 吴玲、贺红梅：《基于企业生命周期的利益相关者分类及其实证研究》，《四川大学学报》2005 年第 6 期。

不是每一个利益相关者都具有同等重要性，[①] 企业针对不同利益相关者的企业社会责任表现也会有所不同。Hasan 与 Habib 的研究发现，与初创期和衰退期企业相比，成熟期企业更关心与主要利益相关者的互动方式，更倾向于积极地承担针对主要利益相关者的社会责任。[②] 对于初创期与衰退期企业而言，因为需要面对更大的收入和成本的不确定性及投资和创新的风险，[③] 主要关注点集中在增长目标的实现、竞争力的增强、新市场的开拓和新产品线的开发等方面，因此不太可能积极地关注企业社会责任活动，[④] 与实现财务目标相比，即使是针对主要利益相关者的社会责任行为也不会太积极地参与。[⑤]

具体来说，在企业的初创期，挣扎求存是企业所面临的最重要的问题，此时的企业履行社会责任的能力很弱，[⑥] 获得启动资金、制订商业计划、进入市场，获得消费者的认可是企业最主要的目标。[⑦] Dodge 和 Robbins 通过对 364 家企业的调查发现，企业在初创期的最

---

① ［美］沃克、马尔：《利益相关者权力》，赵宝华、刘彦平译，经济管理出版社2003 年版。

② Hasan M. M. & Habib A. , "Corporate Life Cycle, Organizational Financial Resources and Corporate Social Responsibility", *Journal of Contemporary Accounting & Economics*, Vol. 13, No. 1, 2017, pp. 20 – 36.

③ Dickinson V. , "Cash Flow Patterns as a Proxy for Firm Life Cycle", *The Accounting Review*, Vol. 11, No. 86, 2011, pp. 1969 – 1994.

④ Ramaswamy V. , Ueng J. C. & Carl L. , "Corporate Governance Characteristics of Growth Companies: An Empirical Study", *Academy of Accounting and Financial Studies*, Vol. 12, 2008, pp. 21 – 33.

⑤ Al-Hadia A. , Chatterjeeb B. , Yaftianc A. , Taylora G. & Hasan M. M. , "Corporate Social Responsibility Performance, Fnancial Distress and Firm Life Cycle: Evidence From Australia", *Accounting & Finance*, Vol. 32, No. 26, 2017, pp. 1 – 29.

⑥ Helfat C. E. & Peteraf M. A. , "The Dynamic Resource-based View: Capabilities Lifecycles", *Strategic Management Journal*, Vol. 24, No. 10, 2003, pp. 997 – 1010.

⑦ Hasan M. M. , Hossain M. & Habib A. , "Corporate Life Cycle and Cost of Equity Capital", *Journal of Contemporary Accounting & Economics*, Vol. 11, No. 1, 2015, pp. 46 – 60; Jenkins D. , Kane G. & Velury U. , "The Impact of the Corporate Life-cycle on the Value-relevance of Disaggregated Earnings Components", *Review of Accounting and Finance*, Vol. 3, No. 4, 2004, pp. 5 – 20.

大需求是资金与顾客的认可。① 因此，企业在这一阶段最关注的利益相关者是能够提供资金的股东，能够制订商业计划的管理者和市场交易的对象——消费者。同时，供应商与经销商是企业顺利进入市场的保证，这些群体都是企业初创期的关键性利益相关者。②

对成长期的企业而言，生存的威胁大部分已得到克服，企业的目标是寻求扩张机会占领市场。此一阶段企业需要面对的典型问题是销售的稳定增长、维持现金流与规范组织结构。③ 企业的扩张需要大量的雇员，与初创期相比，成长期的企业对员工更为重视。④ 此时企业已经具备了一定的社会责任履行能力，与普通公众、社区、媒体的联系有所增加，但外部利益相关者对企业行为的影响与限制作用较小且无威胁。⑤

成熟期的企业履行社会责任的能力强，社会公众的期望值、媒体的关注度都很高，企业的发展平稳，更加关注其所能获得的声誉，⑥更加愿意投资于企业社会责任以表明自身的实力或增加企业的竞争力。⑦ 对待大部分利益相关者如社区、公众、媒体、政府和环保组织

① Dodge H. J. & Robbins J. E. , "An Empirical Investigation of the Organizational Life Model for Small Business Development and Survival", *Journal of Small Business Management*, Vol. 30, No. 1, 1992, pp. 27—37.

② Roussel F. J. , "Thinking about Going Into Business?", Document Vol. 1001. Little Rock: Arkansas Small Business Development Center. http://asbdc: ualr. edu/fod/1001. htm, 2000.

③ Dodge H. J. & Robbins J. E. , "An Empirical Investigation of the Organizational Life Model for Small Business Development and Survival", *Journal of Small Business Management*, Vol. 30, No. 1, 1992, pp. 27 – 37.

④ Jawahar I. M. & McLaughlin G. L. , "Toward a Descriptive Stakeholder Theory: An Organizational Life Cycle Approach", *Academy of Management*, Vol. 26, No. 3, 2001, pp. 397 – 414.

⑤ Hrebiniak L. G. & Joyce W. F. , "Organizational Adaptation: Strategic Choice and Environmental Determinism", *Administrative Science Quarterly*, Vol. 30, No. 3, 1985, pp. 336 – 349.

⑥ Hasan M. M. & Habib A. , "Corporate Life Cycle, Organizational Financial Resources and Corporate Social Responsibility", *Journal of Contemporary Accounting & Economics*, Vol. 13, No. 1, 2017, pp. 20 – 36.

⑦ Gray B. & Ariss S. S. , "Politics and Strategic Change Across Organizational Life Cycles", *Academy of Management Review*, Vol. 16, No. 4, 1985, pp. 707 – 723.

都采用预见型战略，即企业会预测相应的社会责任并主动承担。① 由于企业资源的丰富，成熟期企业可能会积极地解决所有利益相关者的问题。②

衰退期的企业所面临的主要问题是应付处理不断出现的各种各样的危机，企业形象受到损害，但社会公众对企业的期待不会有太大的变化，对企业形成较大的压力，企业管理层可能会重新评估目前用于处理不同利益相关者群体的策略。③ 此一时期的企业的目标是获得更多的资金、削减成本，建构新的市场或重获市场份额。④ 因此衰退期的企业的关键性利益相关者是股东和管理者。由于削减成本的需要，企业可能会忽视对员工的责任，而对公众责任与环境责任则采用防御型策略（见表5-6）。⑤

表5-6　　不同企业生命周期、利益相关者与企业社会责任表现及策略对照表

企业生命周期	核心矛盾	利益相关者	企业社会责任能力	策略
初创期	资金/市场	供应商、经销商、顾客	弱	对抗型
成长期	市场	员工	稍强	适应型
成熟期	声誉	社区、公众、媒体、政府和环保组织	强	预见型
衰退/再生期	建构新市场	股东和管理者	减弱	防御型

① Hasan M. M. & Habib A. , "Corporate Life Cycle, Organizational Flnancial Resources and Corporate Social Responsibility", *Journal of Contemporary Accounting & Economics*, Vol. 13, No. 1, 2017, pp. 20 - 36.

② Jawahar I. M. & McLaughlin G. L. , "Toward a Descriptive Stakeholder Theory: An Organizational Life Cycle Approach", *Academy of Management*, Vol. 26, No. 3, 2001, pp. 397 - 414.

③ Ibid. .

④ Miller D. & Friesne P. H. , "A Longitudinal Study of the Corporate Life Cycle", *Management Science*, Vol. 30, No. 1, 1984, pp. 1161 - 1183.

⑤ Elsayed K. & Paton D. , "The Impact of Financial Performance on Environmental Policy: Does Firm Life Cycle Matter?", *Business Strategy and the Environment*, Vol. 18, No. 6, 2009, pp. 397 - 413.

基于以上分析，提出如下假设：

假设 2a：无论在企业的哪个发展阶段，企业对股东与管理者关注度都会比较高，企业针对股东和管理者的社会责任表现在企业生命周期各阶段无显著差异。

假设 2b：企业从初创期、成长期到成熟期，企业在"商业责任"履行方面会表现得越来越好，但不会存在显著性差异；但从成熟期至衰退期，由于企业资源的匮乏和企业社会责任战略的调整，企业的"商业责任"表现会显著地下降。

假设 2c：从初创期至成长期，企业会对员工更加关注，"员工责任"表现会有一个显著的增长；但从成熟期至衰退期，"员工责任"表现会显著地下降。

假设 2d：在"公众责任"与"环境责任"履行方面，成长期企业的表现显著优于创业期企业；从成长期至成熟期，企业的"公众责任"与"环境责任"表现会有所提升，但不会有显著差异；从成熟期至衰退期，企业的"公众责任"与"环境责任"表现会有所下降，但与成熟期企业相比，差异不显著。

二　样本与变量

本部分使用的样本与第三章第三节使用的企业样本一致，共 925 个企业样本，企业样本的基本情况在此不赘述。

企业生命周期：依然采用 4 个指标：企业年龄、企业规模、销售额和资产总额，进行聚类分析，将 925 个样本企业分为创业期、成长期、成熟期与衰退/再生期 4 种类型，创业期企业子样本数 380 个，成长期企业子样本数 172 个，成熟期企业子样本数 155 个，衰退期企业子样本数 218 个。

企业社会责任表现：这是我们研究的核心变量，并在第四章已经进行了比较详细的探讨，采用因子分析的方法从 21 道"企业社会责任"测量题项中抽取出了 5 个公因子，作为企业社会责任的维度。但这部分研究所涉样本与前面的样本有差异，少了99个样本，因此，虽然这部分研究的调查问题与前相同，但还是应该重新对这一变量进行预处理。尝试针对925个有效样本做因子分析，经检验，取样适当性量数KMO值为0.911，显著性水平为0.000。分析结果如表5-7所示。统计结果显示，21道测量题项较好地被5个公因子解释，与前面的分析结果比较可发现，对各公因子贡献较大的题项分布与前面的分析结果一致，因此，我们依然将这5个公因子分别命名为"商业责任""公众责任""环境责任""股东与管理者责任"与"员工责任"。取每个维度内各题项的得分均值参与分析（详见表5-7）。

表5-7　企业社会责任表现因子分析（旋转后的因子负荷矩阵）

题项	公共因子1	公共因子2	公共因子3	公共因子4	公共因子5
本企业对投资者的投资回报在国内同行中极高				0.659	
本企业及时向投资者提供全面真实的信息				0.629	
企业的发展规划是由所有投资者一起制定的				0.668	
本企业的中高层管理者的薪资报酬在同行业中极具竞争力				0.701	
本企业与全部员工都签订了劳动合同					0.779
本企业员工的平均工资水平在本地区极具竞争力					0.518
本企业为所有员工都购买了三险（养老、医疗、工伤）					0.799
本企业足额按时向供应商支付货款	0.609				
与供应商或分销商的合作中，坚持诚信原则	0.691				
本企业从未与供应商或分销商产生过法律纠纷	0.679				
本企业向消费者提供的产品信息完整、真实、准确，没有误导	0.707				

续表

题项	公共因子1	公共因子2	公共因子3	公共因子4	公共因子5
本企业对每一次顾客投诉都能迅速处理,并最终让每一个顾客满意	0.695				
未征得顾客同意,本企业从不会泄露或使用顾客信息	0.702				
本企业向慈善机构捐赠大量资金		0.813			
本企业明确提出了企业与社会协同发展的目标		0.523			
设立奖学金或奖学基金,赞助教育事业		0.866			
本企业经常出资支持当地的体育和文化活动		0.853			
本企业采取了有效措施,尊重和保护他人的知识产权和专有技术			0.675		
本企业有适当的方案来减少能源和原材料的浪费			0.786		
本企业建立了环境保护目标、指标以及环境保护责任制度			0.810		
本企业在环境保护方面的投入在同行业内名列前茅			0.604		
特征值	6.929	3.024	1.351	1.054	1.005
累计方差贡献率(%)	16.28	31.36	44.09	54.44	63.63

三 统计结果与分析

我们对四个阶段样本的企业社会责任表现总得分及各维度得分进行了描述性统计分析,并以企业生命周期为因素变量进行了单因素方差分析,统计结果如表5-8所示。由表5-8可知,在企业的不同成长阶段,企业的社会责任得分均值变化走势与企业生命周期模型一致,均呈现为倒钟形抛物线形状,即从创业期($\overline{X}=4.73$)到成长期($\overline{X}=5.04$)再到成熟期($\overline{X}=5.21$),企业社会责任表现持续上升,而进入衰退/再生期($\overline{X}=4.87$),企业的社会责任表现急剧下滑。

表5-8 不同生命周期企业社会责任表现

企业社会责任表现		样本数	均值	标准误	标准差	F	Sig（双尾）
企业社会责任表现总得分	创业期	380	4.7310	0.04149	0.90901	7.830	0.000
	成长期	172	5.0370	0.07754	1.01697		
	成熟期	155	5.2088	0.13512	1.00209		
	衰退/再生期	218	4.8701	0.05750	0.84895		
股东与管理者责任	创业期	380	4.6261	0.05107	1.11420	3.438	0.016
	成长期	172	4.8881	0.09332	1.22393		
	成熟期	155	4.9444	0.16583	1.21863		
	衰退/再生期	218	4.8002	0.06967	1.01923		
员工责任	创业期	380	5.1125	0.06125	1.33776	6.865	0.000
	成长期	172	5.4717	0.09766	1.27713		
	成熟期	155	5.7758	0.14706	1.09065		
	衰退/再生期	218	5.3241	0.07962	1.17022		
商业责任	创业期	380	5.6973	0.04943	1.06928	2.462	0.061
	成长期	172	5.5926	0.08549	1.11790		
	成熟期	155	5.9135	0.13765	0.99261		
	衰退/再生期	218	5.5267	0.07183	1.04585		
公众责任	创业期	380	3.4118	0.06511	3.4118	14.979	0.000
	成长期	172	4.0976	0.11470	1.49107		
	成熟期	155	4.2455	0.22299	1.65376		
	衰退/再生期	218	3.9151	0.09280	1.36077		
环境责任	创业期	380	4.6960	0.06671	1.45687	3.900	0.009
	成长期	172	5.0482	0.10336	1.35156		
	成熟期	155	5.1091	0.18676	1.38508		
	衰退/再生期	218	4.7095	0.08612	1.26575		

从企业社会责任各维度来看，除"商业责任"外，其他社会责任类型在企业不同成长阶段的变化走势与企业社会责任总表现的变化走势一致。就企业履行商业责任情况而言，表5-8显示，从创业期到成长期，企业的商业责任表现得分反而下降了，商业责任得分从5.70降至5.59，这可能是因为成长期的企业正处于快速扩张的阶段，在不断开拓新市场寻找新的合作伙伴的过程中，对原先的商业对象与

商业伙伴有所忽视。

为了直观地展示企业在不同成长阶段对各类利益相关者的重视程度，我们制作了图 5-2。由图 5-2 可以看出，无论处于生命周期的哪一个阶段，企业对商业伙伴和消费者都最为重视，其次是员工，排在第三位的是股东与管理者，针对政府与环保组织的环境责任排在第四位，而最不受重视的是社会公众、媒体与社区相关的公众责任。假设 1 得到证实。

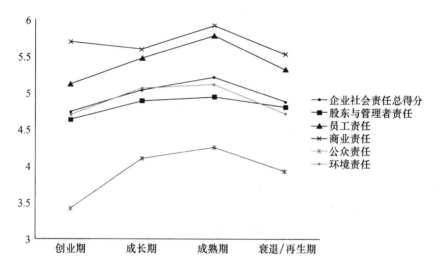

图 5-2　企业生命周期与企业社会责任各维度关系

为了进一步判断企业社会责任表现在各阶段上的差异性是由哪些阶段的差异造成的，本书以企业生命周期为分组变量进行了组间比较，统计结果如表 5-9 所示。由表 5-9 可知，成长期的企业社会责任表现显著优于创业期企业（MD = 0.31，P < 0.01），与成熟期企业无显著差异（MD = 0.17，P > 0.1），而成熟期企业的社会责任表现显著高于衰退期企业（MD = 0.34，P < 0.05）。

"股东与管理者责任"履行方面，处于不同生命周期的企业无显著差异，假设 2a 得到验证。而在"商业责任"表现方面，除了成熟期企业与衰退期企业之间存在显著性差异（MD = 0.39，P < 0.05）以外，其他各阶段企业之间的差异均不显著，这一结果支持假设 2b。

在"员工责任"表现上，成长期的企业显著优于创业期企业（MD = 0.36，P < 0.05），与成熟期企业无显著差异（MD = -0.30，P > 0.05），而处于成熟期的企业其表现显著好于衰退期企业（MD = 0.45，P < 0.05），假设 2c 成立。

由表 5-9 可知，在"公众责任"方面，企业从创业期过渡到成长期，企业对员工的重视程度会大幅度提高，公众责任得分增加了0.68。成熟期企业与成长期或衰退期企业的公众责任得分差异不显著。在"环境责任"方面，成长期企业的表现显著优于创业期企业与衰退期企业（MD = 0.35，P < 0.01），成长期企业与成熟期企业之间无显著差异（MD = 0.06，P > 0.05），成熟期企业与衰退期企业之间存在显著差异（MD = 0.40，P < 0.05），研究结果与假设 2d 相吻合。

表 5-9　　　　　不同生命周期企业社会责任表现比较

	企业社会责任表现	均值差	均值差的标准误	Sig 值（双尾）
企业社会责任表现总得分	创业期—成长期	-0.30598 **	0.08195	0.000
	成长期—成熟期	-0.17178	0.14285	0.229
	成熟期—衰退/再生期	0.33867 *	0.13915	0.015
股东与管理者责任	创业期—成长期	-0.26203	0.10638	0.083
	成长期—成熟期	-0.05636	0.19029	1.000
	成熟期—衰退/再生期	0.14421	0.17988	0.964
员工责任	创业期—成长期	-0.35923 *	0.11528	0.012
	成长期—成熟期	-0.30402	0.17654	0.425
	成熟期—衰退/再生期	0.45168 *	0.16724	0.049

续表

	企业社会 责任表现	均值差	均值差的标准误	Sig 值（双尾）
商业责任	创业期—成长期	0.10470	0.09553	0.273
	成长期—成熟期	− 0.32087	0.16930	0.058
	成熟期—衰退/ 再生期	0.38673 *	0.16544	0.020
公众责任	创业期—成长期	− 0.68587 **	0.12850	0.000
	成长期—成熟期	− 0.14782	0.22277	0.507
	成熟期—衰退/ 再生期	0.33034	0.21684	0.128
环境责任	创业期—成长期	− 0.35223 **	0.12393	0.005
	成长期—成熟期	− 0.06085	0.21553	0.778
	成熟期—衰退/ 再生期	0.39960 *	0.21000	0.047

注：* $p < 0.05$，**$p < 0.01$。

四　小结

本节利用利益相关者理论框架测量企业的社会责任表现，比较了企业针对不同利益相关者重视程度与社会行为表现。同时引入了企业生命周期理论，考察了企业在不同的成长阶段针对各利益相关者所发生的社会责任行为表现的变化走向。通过对 925 家民营企业调查数据的分析，得出以下结论：

第一，尽管企业社会责任的范围很广，可以用来针对各种利益相关者群体，但基于不同利益相关者对于企业的重要性不同，企业必须综合平衡考虑企业的诸多利益相关者之间相互冲突的索取权，[①] 优先考虑与主要利益相关者的关系，而不是与次要利益相关者的关系，[②]

　　[①]　Ansoff H. I. , *Corporate Strategy: An Analytic Approach to Business Policy for Growth and Expansion*, New York: McGraw – Hill, 1965.

　　[②]　Mitchell R. K. , Agle B. R. & Wood D. J. , "Toward a Theory of Stakeholder Identification and Salience: Defining the Principle of Who and What Really Counts", *Academy of Management Review*, Vol. 22, 1997, pp. 853 – 886.

但次要利益相关者对企业承担社会责任也有一定的促进作用。① 从我们的研究结果来看，企业对于消费者与商业伙伴最为依赖，最为重视，对其社会责任表现也最好。其次是企业内部的利益相关者，包括员工、股东与管理者。对政府、环保组织、媒体、公众、社区等与企业无直接利益关系的次要利益相关者的重视程度较低。

第二，企业在不同生命周期阶段所拥有的资源丰富性不一致，由于企业社会责任行为对资源的依赖性，事实上企业无法做到完全无拘束的选择，而只能在一定的限制下做出战略选择。② 从初创期、成长期到成熟期，企业的资源积累越加丰富，企业的社会责任战略选择也会从对抗型（否认企业应承担社会责任并尽量逃避）发展至适应型（承认并接受企业社会责任但仅承担被要求的责任），进而倾向于采用预见型战略——预见将要承担的社会责任并积极承担。而从成熟期至衰退期，企业的资源再度变得捉襟见肘，企业的社会责任战略也会相应调整，从预见型转向防御型战略——承认企业对社会负有责任但采取消极态度。即由于处于不同发展阶段的企业其行动能力不一，③ 因此企业在不同成长阶段的社会责任表现存在显著性差异。我们的研究发现，从企业生命周期的历程来看，企业对待承担社会责任的态度经历了从消极到积极再到消极的变化过程，企业社会责任的表现在不同生命周期呈现出倒钟形抛物线形状，与企业生命周期模型相吻合，这也说明企业生命周期与企业社会责任表现存在着某种对应关系。

第三，企业的"商业责任"无论在哪一个生命周期阶段得分都较

---

① De Madariaga J. G. & Valor C. , "Stakeholders Management Systems: Empirical Insights from Relationship Marketing and Market Orientation Perspectives", *Journal of Business Ethics*, Vol. 71, No. 4, 2007, pp. 425 – 439.

② Pfeffer J. & Salancik G. , *The External Control of Organ Izations: A Resource Dependence Perspective*, New York: Harper & Row, 1978. Hrebiniak L. G. & Joyce W. F. , "Organizational Adaptation: Strategic Choice and Environmental Determinism", *Administrative Science Quarterly*, Vol. 30, No. 3, 1985, pp. 336 – 349.

③ Elsayed K. & Paton D. , "The Impact of Financial Performance on Environmental Policy: Does Firm Life Cycle Matter?", *Business Strategy and the Environment*, Vol. 18, No. 6, 2009, pp. 397 – 413.

高；同时，在不同的生命周期，企业的"股东与管理者责任"表现无显著性差异，这表明了在企业的不同发展阶段，股东、管理者、消费者、供应商、经销商都是企业的关键性利益相关者。这些利益相关者对企业追逐经济利润都有着重要作用，这也说明企业会关注企业社会责任行为所带来的经济效益，[①] 将社会责任行为视为一种长期性的经营投资行为。[②]

第四，企业在不同的发展阶段有不同的经营重点，企业会根据经营重点的不同关注不同的利益相关者。对于初创期与衰退期企业而言，因为需要面对更大的收入和成本的不确定性及投资和创新的风险，[③] 主要关注点集中在增长目标的实现、竞争力的增强、新市场的开拓和新产品线的开发等方面，因此不太可能积极关注企业社会责任活动，[④] 与实现财务目标相比，即使是针对主要利益相关者的社会责任行为也不会太积极地参与。[⑤] 从初创期至成长期，企业会经历一个因快速扩张而需要吸引优秀的人才加入的时期，这一成长阶段的企业对员工责任的重视程度会提高，表现为企业的"员工责任"得分有一个显著的较大增长。同样，这一阶段的企业初步拥有了竞争力，需要与外部利益相关者建立信任关系，也有一定的经济能力去完成一些

---

① Woodward D. , Edwards P. & Birkin F. , "Some Evidence on Executive Views of Corporate Social Responsibility", *British Accounting Review*, Vol. 33, No. 3, 2001, pp. 357 – 397.

② Porter M. & Kramer M. R. , "Strategy and Society: The Link between Competitive Advantage and Corporate Social Responsibility", *Harvard Business Review*, Vol. 84, No. 12, 2006, pp. 78 – 92; Falck O. & Heblich S. , "Corporate Social Responsibility: Doing Well by Doing Good", *Business Horizons*, Vol. 50, No. 3, 2007, pp. 247 – 254.

③ Javanovic B. , "Selection and Evolution of Industry", *Econometrica*, Vol. 50, 1982, pp. 649 – 670.

④ Ramaswamy V. , Ueng J. C. & Carl L. , "Corporate Governance Characteristics of Growth Companies: An Empirical Study", *Academy of Accounting and Financial Studies*, Vol. 12, 2008, pp. 21 – 33.

⑤ Al-Hadia A. , Chatterjeeb B. , Yaftianc A. , Taylora G. & Hasan M. M. , "Corporate Social Responsibility Performance, Fnancial Distress and Firm Life Cycle: Evidence from Australia", *Accounting & Finance*, Vol. 32, No. 26, 2017, pp. 1 – 29.

针对次要利益相关者的社会责任行为，① 表现为"公众责任"与"环境责任"得分有一个显著性的增加。

成熟期企业处于一个平稳发展的阶段，这一阶段的企业管理模式逐渐走向制度化、成熟化，经营战略从追逐短期的经济利润转向对长期利益的追求，企业更重视其自身的社会形象。② 和初创期与衰退期企业相比，成熟期企业更关心与各利益相关者的互动方式，更倾向于积极地承担针对各利益相关者的社会责任。③ 我们的研究也发现，成熟期企业针对各利益相关者群体的社会责任表现均优于其他阶段的企业。而当企业进入衰退期，企业可供自由支配的闲置资源再次变得紧张，获得更多的资金、削减成本、建构新市场将是企业的关注重点。从本书的结果也可以看出，与成熟期企业相比，对获得更多资金援助的渴求使得衰退期企业的"股东与管理者"责任表现虽下降，但差异不显著；因削减成本的需要，企业针对"员工"及"环境保护"的社会责任履行状况下降显著；因建构新市场的努力，而忽视原有的商业伙伴导致企业的"商业责任"表现下降显著。

本章从横向与纵向两个维度探讨了企业社会责任的影响因素，发现企业高层的个体因素、企业特征与制度环境对其企业的社会责任行为均有影响。而在企业的不同生命周期，其社会责任表现有显著差异，但差异的来源是什么？其动力机制为何？这些问题我们将在下一章做进一步探究。

---

① Jawahar I. M. & McLaughlin G. L., "Toward a Descriptive Stakeholder Theory: An Organizational Life Cycle Approach", *Academy of Management*, Vol. 26, No. 3, 2001, pp. 397 – 414.

② Javanovic B., "Selection and Evolution of Industry", *Econometrica*, Vol. 50, 1982, pp. 649 – 670.

③ Hasan M. M. & Habib A., "Corporate Life Cycle, Organizational Flnancial Resources and Corporate Social Responsibility", *Journal of Contemporary Accounting & Economics*, Vol. 13, No. 1, 2017, pp. 20 – 36.

第六章 企业履行社会责任的动力机制

第一节 经济驱动抑或制度推进：企业社会责任的动力机制

企业社会责任（Corporate Social Responsibility，CSR）问题一直是学界关注的热点议题。中国学术界自 20 世纪 90 年代开始对企业社会责任问题赋予了极大的研究热情，也取得了非常丰富的研究成果，但研究方向主要集中在两个方面：一是企业社会责任的概念、理论与合理性的探讨;[①] 二是企业社会责任与财务绩效、企业价值的相关性研究。[②] 而对企业履践社会责任的原因，即动力机制的研究则比较缺乏，本章我们希望对这一更具理论与现实意义的问题做一些有益的探索。

一 相关文献回顾

关于企业社会责任行为的动力机制，学界尚未形成明确和统一的认识，有的学者认为政府在推进企业承担社会责任方面发挥了很大的

---

① 参见卢代富《国外企业社会责任界说述评》，《现代法学》2001 年第 3 期。
② 参见李正《企业社会责任与企业价值的相关性研究——来自沪市上市公司的经验证据》，《中国工业经济》2006 年第 2 期。

作用；① 有的学者认为消费者的期待与压力才是企业社会责任的动力之源；② 还有的学者关注非政府组织在推动企业承担社会责任的作用。Powell 等人的研究则表明，企业在履践社会责任的过程中考虑的因素颇多，包括企业声望、品牌形象、市场销售、风险管理、企业识别及投资者、消费者与经销商的压力等。③ 总的来看，主要有两种观点。

第一种观点基于经济学的立场，认为社会责任行为源于企业的经济理性，即一种"开明的自利"（Enlightened self-interest）④ 行为。这样的观点得到了许多研究成果的证实，如 Woodward 等人调查发现，企业高层管理人员很关注企业社会责任行为所带来的经济效益，将其视为提高企业声誉的重要方式。⑤ Baron 则发现许多企业是出于企业战略的需要，出于企业长期利益的考虑而发生社会责任行为。⑥ Galbreath 的研究则表明，企业的社会责任行为发生与否与其正式战略计划有关。⑦ Bhattacharya 和 Sen 则认为，市场的力量会推动企业自愿履行社会责任，消费者的选择是企业社会责任最有力的拉动力。⑧ 还有

① Moon Jeremy, "Government as a Driver of Corporate Social Responsibility", Vol. 20 – 2004 ICCSR Research Paper Series -ISSN 1479 – 5124. Available from: http://citeseerx. ist. psu. edu/viewdoc/download; jsessionid = 0F10E751708CA1ABDA208AACEAA53E84? doi = 10. 1. 1. 198. 8346&rep = rep1&type = pdf. 2004.

② Smith N. C. , "Consumers as Drivers of Corporate Responsibility", *Centre for Marketing Working Paper*, Vol. 07 – 103. London Business School, 2007.

③ Powell S. M. , Shearer H. & Davies M. , "Motivating Corporate Social Responsibility in the Supply Chain", in *Proceedings of the Australian and New Zealand Marketing Academy Conference*, Australian & New Zealand Marketing Academy, Melbourne, Australia, 2007, pp. 1 – 7.

④ Frooman J. , "Socially Irresponsible and Illegal Behavior and Shareholder Wealth: A Meta-analysis of Event Studies", *Business & Society*, Vol. 36, No. 3, 1997, pp. 221 – 249.

⑤ Woodward D. , Edwards P. & Birkin F. , "Some Evidence on Executive Views of Corporate Social Responsibility", *British Accounting Review*, Vol. 33, No. 3, 2001, pp. 357 – 397.

⑥ Baron D. , *Business and Its Environment*. Upper Saddle River. NJ: Prentice Hall, 2003.

⑦ Galbreath J. , "Drivers of Corporate Social Responsibility: The Role of Formal Strategic Planning and Firm Culture", *British Journal of Management*, Vol. 21, No. 2, 2010, pp. 511 – 525.

⑧ Bhattacharya C. B. & Sen Sankar, "Doing Better at Doing Good: When, Why and How Consumers Respond to Corporate Social Initiatives", *California Management Review*, Vol. 47, No. 1, 2004, pp. 9 – 24.

研究发现，许多企业将社会责任行为视为一种长期性的经营投资行为，[①] 或是一种公共关系活动，其目的是为了提高企业声誉，改善企业形象，提升消费者的忠诚度，增加企业竞争优势。如 Brown 等人发现美国企业的捐款行为带有商业广告目的，企业管理层和董事希望通过捐款为自己提高声誉或获取利益。[②] 国内学者山立威等人通过对我国上市公司捐款数据的实证分析，发现公司捐赠行为存在经济动机，主要目的是为了提高公司声誉以获取广告效用，同时他们还发现企业的捐款行为与其经济能力相对应，业绩越好的企业捐款数量和占收入的比例越高。据此，他们认为企业社会责任行为是符合经济理性的行为。[③] 总之，此种观点将企业社会责任行为视为一种理性的、自利的、由企业自主选择的自愿性行动，受未来可能回报的期待所驱动。

第二种观点则基于制度理论的立场。制度理论视角下的企业社会责任行为，被视为不受理性所驱动，而是在强制、规范以及模仿机制的压力下，更多地基于合法性（Legitimacy）的考虑，或是认知方面的原因而发生。许多学者从这一理论视角出发分析企业社会责任行为的动因。如 Galaskiewicz 和 Burt 对企业捐赠行为的研究表明，社会环境、评价目标和共享标准均会对企业的捐赠行为产生影响。[④] Campbell 则提出企业的经济状况对企业参与社会事务的倾向具有很大的影响作用，但这种作用同时还受到制度环境的调节。[⑤] Hoffman 通过对

---

① Porter M. & Kramer M. R. , "Strategy and Society: The Link between Competitive Advantage and Corporate Social Responsibility", *Harvard Business Review*, Vol. 84, No. 12, 2006, pp. 78 - 92; Falck O. & Heblich S. , "Corporate Social Responsibility: Doing Well by Doing Good", *Business Horizons*, Vol. 50, No. 3, 2007, pp. 247 - 254.

② Brown W. , Helland E. & Smith J. , "Corporate Philanthropic Practices", *Journal of Corporate Finance*, Vol. 12, No. 5, 2006, pp. 855 - 877.

③ 山立威、甘犁、郑涛:《公司捐款与经济动机——汶川地震后中国上市公司捐款的实证研究》,《经济研究》2008 年第 11 期。

④ Galaskiewicz J. & Burt R. S. , "Interorganizational Contagion in Corporate Philanthropy", *Administrative Science Quarterly*, Vol. 36, No. 1, 1991, pp. 88 - 105.

⑤ Campbell J. L. , "Why Would Corporations Behave in Socially Responsible Way? A Institutional Theory of Corporate Social Responsibility", *Academy of Management Review*, Vol. 32, No. 3, 2007, pp. 948 - 967.

美国三十多年的环境保护发展过程的研究，发现企业在环保方面投入的增加，与公众的关注、相关法律的完善及环保意识的增强有着密切的关系。而企业对环境保护意识地不断接纳，又反过来促成了组织场域的形成与制度的变迁，形成一种新的制度环境。[1] Tan 发现跨国公司在不同国家的企业社会责任表现并不一致，其双重标准表现与所在国家相关法律制度的完善程度存在密切的关系。同时他还发现，非政府组织、大众媒体以及消费者团体的关注与推动对于督促跨国公司履行社会责任也发挥了重要的作用。[2] 黄敏学等人采用内容分析法，通过收集分析公众对热点企业社会责任行为的网上评论的帖子研究企业被"逼捐"的现象，展现了社会公众的期待与企业社会责任行为之间存在巨大差异时，企业所遭受的压力以及社会期望对企业社会责任行为的规范效应。[3] 张建君在区分现象制度主义和实质制度主义的基础上，通过对四川地震后外资企业捐款行为的研究，发现两种类型的制度主义作用于企业捐款的不同阶段：现象制度主义所强调的内化价值和商业惯例影响外企最初的反应；而实质制度主义所强调的社会期望和外部压力则影响外企后续的反应。[4]

企业履行社会责任是基于经济利益的考量而发生的主动行为，还是为应对制度环境的压力的权宜之计？即企业发生社会责任行为是受经济利益的驱动还是受制度环境的推动？不同的学者给出了不同的答案，且都有经验证据可以证明。就两种动力机制之间的关系而言，大多数学者并不认为是一种互斥关系，得到不同的结论仅仅是因为理论立场与研究视角的选择不同而已。如山立威等人的研究与黄敏学等人

[1] Hoffman A. J., "Institutional Evolution and Change: Environmentalism and the U. S. Chemical Industry", *The Academy of Management Journal*, Vol. 42, No. 4, 1999, pp. 351 –371.

[2] Tan J., "Institutional Structure and Firm Social Performance in Transitional Economies: Evidence of Multinational Corporate in China", *Journal of Business Ethics*, Vol. 86, No. 2, 2009, pp. 171 –189.

[3] 黄敏学、李小玲、朱华伟：《企业被"逼捐"现象的剖析：是大众"无理"还是企业"无良"?》，《管理世界》2008 年第 10 期。

[4] 张建君：《外企捐款的驱动因素：一个两阶段制度模型》，《管理世界》2011 年第 7 期。

的研究，所关注的都是企业慈善捐款行为的动力机制问题，但所采取的立场、研究的视角、得出的结论完全不同。山立威等人的研究关注慈善捐款的经济动因，而根本没有考虑制度环境在这一过程中所发挥的作用；黄敏学等人则着重探讨制度环境的作用，而完全忽略了企业捐款时的经济动机。换言之，现有研究都是基于某一特定理论立场，从一个特定视角探讨企业社会责任行为的动力机制，而缺少对不同动力机制的比较，更缺少理论上的对话与竞争。另外，现有研究探讨的大多是某一特定企业社会责任行为（如慈善捐款）的动因，而企业社会责任是多维度的，如 Sehwartz 和 Carroll 认为企业社会责任包括了三个责任领域：经济、法律与伦理领域。① 美国经济开发委员会（CED）更是列出了 58 种企业社会责任行为与任务。② 不同类型的企业社会责任行为，其驱动力是否相同？是经济利益的驱动作用更强，还是制度环境的影响力更大？都是需要进一步深入探究的问题。

二　研究设计与研究假设

企业作为理性的"经济人"，"具有人的自利性，人的自利极大化以及自利行为与群体内其他人之间一致性三重属性"。③ 利润最大化是企业一切行为的出发点，也是作为营利性经济组织的本质属性，即使是企业社会责任行为亦不例外。Schwartz 和 Carroll 认为在促使企业实践社会责任的各种动因中，纯粹的道德动因十分少见，出于纯粹的制度动因而发生出的社会责任行为则表现出明显的消极被动性特征。④ Drucker 则明确地提出了"赚钱行善"（to do well to do good）与

① Sehwartz M. Z. & Carroll A. B. , "Corporate Soeial Responsibility: A Three Domain Approach", *Business & Ethics Quarterly*, Vol. 13, No. 4, 2003, pp. 503 – 530.

② CED, *Social Responsibilities of Business Corporations*, New York: Commottee for Economic Development, 1971.

③ 汪丁丁:《经济学理性主义的基础》,《社会学研究》1998 年第 2 期。

④ Sehwartz M. Z. & Carroll A. B. , "Corporate Soeial Responsibility: A Three Domain Approach", *Business & Ethics Quarterly*, Vol. 13, No. 4, 2003, pp. 503 – 530.

"行善赚钱"（to do good to do well）的分野。① "行善赚钱"的提法为企业承担社会责任的可能原因提供了一种合理的解释。"行善赚钱"是指企业在"慈善投资"观的驱动下，将履践社会责任视为一种成本投入，基于对未来收益的预期而发生的一种行为方式。许多研究表明，对于企业而言，社会责任行为可以起到广告效应，可以增加企业的美誉度，对部分商品有促销作用。② 企业出于"印象管理"目的，而发生社会责任行为。企业印象管理意指企业组织有目的地管理和控制受众对组织的认知、态度和判断的过程。是一种"塑造受赞许的社会形象或获取社会认同的策略"③。出于这一目的，企业努力通过作秀、迎合、推销等方式，以塑造一种"对社会负责任"的企业形象。信号理论（Signaling Theory）指出，生产高质量产品的企业需要一种发出信号帮助消费者区分不同类型的产品，并以此表明企业的能力。④ 有研究表明，企业将社会责任行为嵌入组织的战略中作为一种重要的差异化策略，与那些由于外部压力而发生的企业社会责任行为相比，这种策略更为有效。⑤ 基于企业战略而发生的社会责任行为可能有短期的成本付出，却可以为企业带来长期的利润回报。Narver 与 Savitt 认为，企业及其管理者总是追逐企业市场价值的最大化。而企业市场价值则取决于企业相关行为的预期收益及该行为的风险程度，而不是

---

① Drucker P. F. , "The New Meaning of Corporate Social Responsibilities", *California Management*, Vol. 26, No. 2, 1984, pp. 53 – 63.

② Harbangh W. , "What do Donations Buy? A Model of Philanthropy Based on Prestige and Warm Glow", *Journal of Public Economics*, Vol. 67, No. 2, 1998, pp. 269 – 284; Strahilevitz M. , "The Effects of Product Type and Donation Magnitude on Willingness to Pay More for a Charity-Linked Brand", *Journal of Consumer Psychology*, Vol. 8, No. 3, 1999, pp. 215 – 241.

③ Tetlock P. E. & Manstead A. S. R. , "Impression Management Versus Intrapsychic Explanations in Social Psychology: A Useful Dichotomy?", *Psychological Review*, Vol. 92, No. 1, 1985, pp. 59 – 77.

④ Klein B. & Leffler K. , "The Role of Market Forces in Assuring Contractual Performance", *Journal of Political Economy*, Vol. 89, No. 4, 1981, pp. 615 – 641.

⑤ Clark G. & Hebb T. , *Why do They Care？The Market for Corporate Global Responsibility and the Role of Institutional Investors*, Oxford : Oxford University School of Geography, 2004.

当前的收益。[1] 企业承担社会责任可能会减少企业的当前收益，但由于社会存在对企业承担社会责任的强烈需求，所以企业主动承担社会责任会对企业的长期收益有利。[2] 据此提出假设。

假设 1：企业的社会责任行为受经济利益所驱动，遵循"效率机制"。企业越是重视企业社会形象，越是重视长远利益，越是将社会责任行为视为一种投资，其社会责任表现越好。

组织不仅仅是技术性的产物，同样也是制度环境的产物。[3] 从广义上来说，制度环境意指"组织生存于其中的社会的法律制度、文化观念和社会规范等因素，最主要的是社会的共享观念及规范因素，也就是支撑社会生活稳定化和秩序化的、被普遍接受的符号体系及其共同意义"[4]。自 Silverman 将新制度主义理论引入组织研究领域后，学者们开始关注制度环境对组织行为的影响、制约与控制作用。[5] 如 Westphal 等人对美国 2700 家医院的研究表明，早期采用全面质量管理制度的医院是出于特定目的，而后期采纳这一制度的医院则是模仿或为了应对环境的压力。[6] Galaskiewicz 和 Wasserman 在对美国企业的捐赠行为进行研究时发现，企业的行为主要遵循了模仿行为逻辑，企业在作出慈善捐助决策之前，为减少企业决策的不确定性，往往首先识别出大家广为接受并行之有效的做法并进行仿效。[7] DiMiaggio 与

---

① Narver J. C. & Savitt R. , *The Marketing Economy: An Analytical Approach*, New York: Holt, Rinehart and Winston, 1971.

② 唐更华：《企业社会责任发生机理研究》，湖南人民出版社 2008 年版。

③ Meyer J. W. & Rowan B. , "Institutionalism: Organization: Formal Structure as Myth and Ceremony", *American Journal of Sociology*, Vol. 83, No. 3, 1977, pp. 40 – 63.

④ ［美］理查德·斯格特：《组织理论》，黄洋等译，华夏出版社 2002 年版，第 125 页。

⑤ March J. G. & Olsen J. P. , "The new Institutionalism: Organizational Factors in Political Life", *American Political Science Review*, Vol. 78, No. 7, 1984, pp. 34 – 49.

⑥ Westphal J. D. , Gulati R. & Shortell S. , "Customization or Conformity? An Institutional and Network Perspective on the Content and Consequences of TQM Adoption", *Administrative Science Quarterly*, Vol. 42, No. 2, 1997, pp. 366 – 394.

⑦ Galaskiewic J. & Wasserman S. , "Mimetic Processes Within an Interorganizational Field: An Empirical Test", *Administrative Science Quarterly*, Vol. 34, No. 3, 1989, pp. 454 – 479.

Powell 指出，存在着三种组织行为驱动机制——强迫性机制、规范性机制以及模仿机制。① 就企业社会责任行为而言，强迫性机制意指法律法规对企业履行社会责任的强制推动；规范性机制是指社会共享观念与社会期待对企业所形成的压力驱动；而模仿机制则是指"成功企业"在履行社会责任方面所产生的"示范"效应或形成的"竞争"压力。基于以上分析，提出假设。

假设 2：企业的社会责任行为遵循"合法性机制"，是对制度环境的一种回应方式，即社会强制力量越强，社会期待越强烈，同行的社会责任表现越好，企业的社会表现越好。

企业社会责任是一个包含多项内容的复合性概念，其指向是多维的，既包含了对企业内部员工的社会责任，也包含了对企业外部的组织与个体的社会责任，又包含了对自然生态、环境等方面的责任。不同类型的社会责任行为所需的成本与收益不尽相同，而企业在承担不同类型的社会责任时所面对的制度环境压力也不相同，即不同类型的社会责任行为可能受不同的动力所驱动。因此，为了研究企业社会责任行为究竟受何种动力所驱动，我们首先需要将企业社会责任划分为不同的维度。而不同文化背景中个体与组织对企业社会责任的内容认定与维度划分有着不同的理解，② 根据前面的分析，我们将企业社会责任行为划分为五个维度：股东与管理者责任、员工责任、商业责任、公众责任与环境责任。

1. 企业承担股东、管理者、员工责任的动力

股东与管理者责任及员工责任是指针对企业内部人员的责任。投资者为企业资金加以经济投入，管理者为企业运转加以人力投入，两

---

① DiMiaggio P. J. & Powell W. W. , "The Iron Cage Revisited: Institutional Isomorphism and Collective Rationality in Organizational fields", *American Sociological Review*, Vol. 48, No. 2, 1983, pp. 147 - 160.

② Matten D. & Moon J. , "'Implicit' and 'Explicit' CSR: A Conceptual Framework for A Comparative Understanding of Corporate Social Responsibility", *Academy of Management Review*, Vol. 33, No. 2, 2008, pp. 404 - 424.

者都期望其投入可以转化成预期的收益，并能在长期内保值增值，以获得长期的回报，同时在企业经营利润富足时得到相应的分红盈利。而员工是构成企业的基本要素之一，是企业的人力资本，员工享有取得劳动报酬的权利、休息休假的权利、获得劳动安全卫生保护的权利、接受职业技能培训的权利、享受社会保险和福利的权利等。企业承担股东、管理者及员工责任，是一种人力资本的投资，也是一种内部公共关系行为，具备经济动因。但同时，投资者、管理者与员工的权利也为各种制度安排所保障，如针对投资者的企业财务公开、运营透明，针对普通员工的三险（养老保险、医疗保险、失业保险）保障都由具体的法律条文所强制执行。因此，企业承担股东、管理者与员工责任也是制度环境强制的结果。基于此，提出假设。

假设3a：企业履行股东、管理者与员工责任，既受经济动因所驱使，也受制度环境的约束与规范。

2. 企业承担商业责任的动力

商业责任主要是指企业针对商业伙伴及消费者的责任，包括与商业伙伴之间的诚信交易，尊重和维护顾客和消费者的权益，提供质量安全可靠的产品和服务等方面。这些责任行为固然为相关的制度安排所规范与影响，也即这些责任行为受制度环境所驱动，但更重要的是消费者的购买行为是企业收入的主要来源，而供应商与经销商则是企业顺利进入市场的保证。企业与经销商和供应商保持一种长远而良好的合作关系，尊重和保证消费者群体的知情权和自由选择权，在消费者群体中树立良好的形象，可以推动企业利润的增加与规模的增长。即企业承担商业责任，可以为企业带来直接的经济利益。因此，经济驱动力的作用更不可忽视。据此，提出假设。

假设3b：企业履行商业责任，受经济动因与制度环境的双重推动，但经济驱动力的影响作用要大于制度环境的推动力。

3. 企业承担慈善责任的动力

慈善责任是指企业针对社会高期望性的福利和公益事业的道德责

任，如为社区建设和社区服务进行人力、物力、财力的支持与帮助，优化社会基础设施建设以及推动科教文卫事业发展等。企业的慈善责任是一种高于法律标准之上的责任，因此，制度的强制力对企业承担慈善责任没有影响力，但有研究表明，社会公众的期待、媒体的宣传以及同行企业的行为会给企业造成很大的社会压力，[①] 而社会的期待与压力对企业的社会责任行为具有重要的规范效应。简言之，企业的慈善责任行为与制度的强制力无关，而主要是一种模仿行为，也是对社会期待的回应。当企业承担了慈善责任，则会受到国家及社会公众的肯定和赞赏，因此可以提高企业声誉，塑造良好的企业形象，即可获得经济上的回报。众多的研究也表明，许多企业承担慈善责任存在着明显的经济动因。[②] 但总体而言，企业的慈善行为很难给企业带来即刻的、明确的、稳定的利益回报，因此，企业承担慈善责任主要是基于获得"合法性"的考量而采取的回应行为。基于以上分析，我们提出假设。

假设 3c：企业的慈善责任行为，既受经济驱动力影响，也是为回应制度环境而发生的规范性行为与模仿行为，而制度环境的影响力要大于企业自身的经济驱动力。

4. 企业承担环境责任的动力

企业的环境责任是指企业在生产经营过程中，要践行可持续发展理念，承担起对高耗能设备的替换、对各项废弃物排放的处理、节约能源使用量、维护自然生态环境等方面的责任。对一般企业而言，履行环境责任是一种需要付出成本而没有收益或收益很少的行为方式，大多企业承担环境责任属于一种"防御型"策略，即为了不受罚而承担，而不是为了创造利润而承担。因此，经济驱动力对企业承担环境责任具有一定的推动作用，但其影响力远不如相关的法律法规对企

---

① 张建君：《外企捐款的驱动因素：一个两阶段制度模型》，《管理世界》2011 年第 7 期。

② Brown W. , Helland E. & Smith J. , "Corporate Philanthropic Practices", *Journal of Corporate Finance*, Vol. 12, No. 5, 2006, pp. 855 – 877.

业环保行为的制约作用大。因此，我们提出假设。

假设 3d：企业的环保行为受经济驱动力影响较少，更多的是受相关制度法规的强制力所影响。

三　数据、变量及方法

1. 数据来源与样本构成

本部分研究所使用的数据与样本的构成与第四章相同，数据获得方式与样本的基本情况在此不赘述。但增加了新变量，新增的变量在问卷的第五部分进行了调查（详见附录）。

2. 变量及测量

"企业社会责任表现"是本书的因变量。测量及处理方法在第四章已详细介绍，通过因子分析，我们将"企业社会责任"划分为 5 个维度："股东与管理者责任""员工责任""商业责任""公众责任"和"环境责任"。

经济驱动力：我们用三道题项对这一变量进行了测量，每道题目都要求被调查者对项目陈述与企业实际情况的符合程度进行评分，1 表示"完全不符合"，7 表示"完全符合"，分值越大表示题项陈述与企业实际情况越相符。这三个题目分别是："企业社会责任是一种高投入高回报的投资行为""本企业非常重视在公众心目中的社会形象""本企业非常看重企业的长远利益"。取这三道题目的得分均值作为"经济驱动力"的得分。

制度驱动力：这一自变量考察制度环境对企业行为的影响力，根据 DiMiaggio 和 Powell 观点，[1] 我们从三个维度对其进行测量，分别为"强制性驱动力""规范性驱动力"与"模仿性驱动力"，以 4 道题目进行测量，其中对规范性驱动力的测量我们使用了两个题项，分别从

---

[1]　DiMiaggio P. J. & Powell W. W. , "The Iron Cage Revisited: Institutional Isomorphism and Collective Rationality in Organizational Fields", *American Sociological Review* , Vol. 48 , No. 2 , 1983 , pp. 147 – 160.

媒体与公众的角度来测量企业所面临的规范性驱动力，在具体分析时，我们取这两个项目的平均得分，作为一个新的变量参与分析。这4个题项分别为："本地的监管部门（如环境评估部门）的监管力度很大""媒体对企业参与公益慈善活动很关注，报道很多""公众对企业是否履行社会责任很关注，在网上讨论很多""同行企业经常参与公益慈善活动"。所有题项均采用7分制计分，要求被调查者对项目陈述与企业实际情况的符合程度进行评分，1表示"非常不符合"，7表示"非常符合"，分值越大表示题项陈述与企业实际情况越相符。各自变量的描述性统计结果如表6-1所示。

表6-1　　　　　　　　各自变量描述性统计分析表

频数 百分比（%）	完全 不符合	较不 符合	有点 不符合	一般	有点 符合	较符合	完全 符合
企业社会责任是一种高投入高回报的投资行为	54	55	125	276	196	163	153
	5.3	5.4	12.2	27.0	19.2	15.9	15.0
本企业非常重视在公众心目中的社会形象	7	16	51	136	192	233	388
	0.7	1.6	5.0	13.3	18.8	22.8	37.9
本企业非常看重企业的长远利益	16	25	46	175	219	221	319
	1.6	2.4	4.5	17.1	21.4	21.6	31.2
本地的监管部门的监管力度很大	42	38	84	214	218	213	215
	4.1	3.7	8.2	20.9	21.3	20.8	21.0
媒体对企业参与公益慈善很关注，报道很多	83	78	144	253	196	163	102
	8.1	7.7	14.1	24.8	19.2	16.0	10.0
公众对企业是否履行社会责任很关注，在网上讨论很多	83	92	134	261	186	152	112
	8.1	9.0	13.1	25.6	18.2	14.9	11.0
同行企业经常参与公益慈善活动	84	152	168	294	159	94	73
	8.2	14.8	16.4	28.7	15.5	9.2	7.1

控制变量：企业的社会责任表现还受到其他多种因素的影响，因此我们在分析过程中加入了一些控制变量，包括企业年龄、企业规模、2012年的销售额（1 = 500万元以下；2 = 500万—1000万元；

3 = 1000 万—3000 万元；4 = 3000 万—1 亿元；5 = 1 亿—3 亿元；6 = 3 亿元以上）、资产总额（1 = 500 万元以下；2 = 500 万—1000 万元；3 = 1000 万—3000 万元；4 = 3000 万—1 亿元；5 = 1 亿—3 亿元；6 = 3 亿元以上）。我们以 2013 年的企业员工人数作为企业规模的指标，为了方便系数的解释，将职工人数除以 100 进入模型。企业年龄则以 2013 减去企业开创年份，不足 1 年的算作 1 年。

四 统计结果与分析

从相关分析的结果来看，企业社会责任总表现及其各维度与各自变量之间均呈显著性正相关。与企业社会责任总表现相关性最强的因素为"强制性驱动力"（r = 0.524，p < 0.01），表明当前我国民营企业承担社会责任最主要还是受有关监管部门所驱动；对企业承担"员工责任"与"环境责任"影响最大的也是"强制性驱动力"，它们之间的相关系数是最大的（r = 0.395，p < 0.01；r = 0.473，p < 0.01），表明企业诚信对待商业伙伴、主动维护消费者权益、保护环境等行为表现受有关监管部门（如环保部门）的工作力度影响很大。而企业承担"慈善责任"主要受"模仿驱动力"所推动，两者之间的相关系数为 0.626，表明企业的捐赠行为大多是模仿同行企业，同行企业出资赞助教育、文化、体育等慈善捐赠行为会对同行业内其他企业产生压力，其他企业会产生模仿行为以消除相关社会压力。

表 6 - 2　　民营企业社会表现与各推动因素之间的相关分析

	企业社会责任表现	股东与管理者责任	员工责任	商业责任	公众责任	环境责任
均值	4.89	4.76	5.31	5.65	3.78	4.84
经济驱动力	0.485 **	0.378 **	0.390 **	0.461 **	0.287 **	0.391 **
强制性驱动力	0.524 **	0.326 **	0.395 **	0.310 **	0.134 *	0.473 **
规范性驱动力	0.456 **	0.331 **	0.322 **	0.136 *	0.487 **	0.339 **
模仿性驱动力	0.475 **	0.292 **	0.302 **	0.102 *	0.626 **	0.382 **

注：* p < 0.05，** p < 0.01。

1. 企业责任表现的动力机制分析

表 6-3 汇报了以"企业社会责任表现"为因变量的回归分析结果，模型 1a 是基本模型，模型 1b 与模型 1c 分别考察了经济驱动力、制度驱动力对企业社会责任表现的影响作用，模型 1d 为全模型。模型 1a 显示，企业规模对企业的社会责任表现有显著影响，企业规模越大，其社会责任表现越好。与年销售额在 500 万元以下的企业相比，销售额在 500 万—3000 万元之间及 3 亿元以上的企业的社会责任表现更好，而与销售额在 3000 万—3 亿元的企业之间差异不显著。企业资产总额对企业的社会责任表现的影响作用与销售额一致。根据模型 1b 可以发现，经济驱动力对企业的社会责任表现有显著的正向推动作用，假设 1 得到证实；而模型 1c 显示，制度环境对企业的社会责任表现的影响也不容忽视，其中"强制性驱动力"的作用最为显著，假设 2 得到证实。应该注意的是，模型 1b 调整 R^2 为 27.7%，而模型 1c 调整 R^2 达到了 41.5%，表明采用"经济驱动力"作为变量可以解释企业社会责任表现变化的 27.7%，而从制度环境的角度出发，则可以解释企业社会责任表现变化的 41.5%。

表 6-3　　　　　　　民营企业社会责任行为驱动力的
多元回归分析（标准回归系数）

因变量：企业社会责任表现	模型 1a	模型 1b	模型 1c	模型 1d
企业年龄	-0.025	-0.029	-0.059 **	-0.056
企业规模	0.054 *	0.037	0.024	0.020
2012 年销售额[a]				
500 万—1000 万元	0.077 **	0.090 ****	0.035	0.051 **
1000 万—3000 万元	0.084 **	0.113 ****	0.073 **	0.092 ***
3000 万—1 亿元	0.050	0.087 **	0.074 **	0.092 ***
1 亿—3 亿元	0.074	0.080 **	0.094 ***	0.094 ***
3 亿元以上	0.098 *	0.111 **	0.114 ***	0.120 ***
企业资产总额[b]				
500 万—1000 万元	0.065 *	0.023	0.016	0.002

续表

因变量：企业社会责任表现	模型 1a	模型 1b	模型 1c	模型 1d
1000 万—3000 万元	0.068 *	0.023	0.039	0.019
3000 万—1 亿元	0.070	0.036	0.045	0.031
1 亿—3 亿元	0.044	0.009	0.018	0.003
3 亿元以上	0.174 ***	0.096	0.047	0.025
经济驱动力		0.464 ****		0.271 ****
强制性驱动力			0.387 ****	0.329 ****
规范性驱动力			0.108 ***	0.065 **
模仿性驱动力			0.258 ****	0.222 ****
F		30.601 ****	48.415 ****	57.770 ****
R		0.535	0.651	0.695
Adjusted R^2		0.277	0.415	0.475

注：（1）* $p < 0.1$，** $p < 0.05$，*** $p < 0.01$，**** $p < 0.001$。

（2）a 参考类别为"500 万元以下"；b 参考类别为"500 万元以下"。

2. 企业内部责任表现的动力机制分析

表 6 - 4 和表 6 - 5 分别汇报了以"股东与管理者责任"和"员工责任"为因变量的回归分析结果。回归结果表明，就企业承担"股东与管理者责任"而言，企业年龄与企业规模的作用不显著。企业的经营状况对企业承担股东与管理者责任的影响也不明显，只有资产总额或年销售额在 3 亿元以上的企业与资产总额或销售额在 500 万元以下的小企业相比存在显著性差异。经济驱动力与制度驱动力对企业承担股东与管理者责任均有显著的正向推动作用。

表 6 - 5 的数据显示，企业的"员工责任"表现与企业的经营销售状况直接相关，企业的销售状况越好，企业的"员工责任"表现越好。同样，经济驱动力与制度环境对企业的"员工责任"表现有正向的推动作用。模型 2b、模型 2c、模型 3b 与模型 3c 的统计结果支持假设 3a。根据模型 3d，我们可以发现，自变量"规范性驱动力"的显著性消失了，这是由于公众与媒体一般不太关心企业内部的问题，所以，"规范性驱动力"对企业的员工责任表现的影响较小。

表6-4 民营企业股东与管理者责任驱动力的
多元回归分析（标准回归系数）

因变量：股东与管理者责任	模型2a	模型2b	模型2c	模型2d
企业年龄	-0.044	-0.047	-0.061	-0.059
企业规模	0.045	0.032	0.025	0.022
2012年销售额[a]				
500万—1000万元	0.075	0.096**	0.057	0.073**
1000万—3000万元	0.061	0.085**	0.058	0.075*
3000万—1亿元	0.019	0.048	0.032	0.048
1亿—3亿元	0.038	0.043	0.051	0.051
3亿元以上	0.094*	0.103**	0.101**	0.106**
企业资产总额[b]				
500万—1000万元	0.039	0.005	0.001	-0.012
1000万—3000万元	0.070	0.065*	0.077**	0.059
3000万—1亿元	0.048	0.022	0.032	0.019
1亿—3亿元	0.038	0.011	0.020	0.006
3亿元以上	0.134**	0.073	0.056	0.035
经济驱动力		0.359****		0.248****
强制性驱动力			0.218****	0.165****
规范性驱动力			0.152****	0.122****
模仿性驱动力			0.105****	0.071**
F	4.486****	16.276****	15.304****	19.272****
R	0.228	0.421	0.436	0.489
Adjusted R^2	0.040	0.166	0.177	0.227

注：（1）* $p<0.1$，** $p<0.05$，*** $p<0.01$，**** $p<0.001$。

（2）a 参考类别为"500万元以下"；b 参考类别为"500万元以下"。

表6-5 民营企业员工责任驱动力的多元
回归分析（标准回归系数）

因变量：员工责任	模型3a	模型3b	模型3c	模型3d
企业年龄	-0.001	-0.004	-0.023	-0.020
企业规模	0.035	0.021	0.013	0.009

续表

因变量：员工责任	模型 3a	模型 3b	模型 3c	模型 3d
2012 年销售额[a]				
500 万—1000 万元	0.093 **	0.104 ****	0.067 *	0.082 **
1000 万—3000 万元	0.090 **	0.113 ****	0.085 **	0.102 ***
3000 万—1 亿元	0.103 **	0.133 ****	0.120 ****	0.137 ****
1 亿—3 亿元	0.125 ***	0.130 ****	0.139 ****	0.138 ****
3 亿元以上	0.162 ***	0.172 ****	0.176 ****	0.181 ****
企业资产总额[b]				
500 万—1000 万元	0.030	−0.005	−0.007	−0.020
1000 万—3000 万元	0.012	−0.026	−0.010	−0.028
3000 万—1 亿元	0.041	0.014	0.026	0.013
1 亿—3 亿元	0.001	−0.025	−0.013	−0.026
3 亿元以上	0.022	−0.041	−0.066	−0.067
经济驱动力		0.382 ****		0.254 ****
强制性驱动力			0.310 ****	0.257 ****
规范性驱动力			0.095 **	0.054
模仿性驱动力			0.129 ****	0.094 ***
F	4.468 ****	18.115 ****	24.869 ****	24.308 ****
R	0.227	0.440	0.481	0.533
Adjusted R^2	0.040	0.183	0.220	0.272

注：（1）* $p < 0.1$，** $p < 0.05$，*** $p < 0.01$，**** $p < 0.001$。

（2）a 参考类别为"500 万元以下"；b 参考类别为"500 万元以下"。

3. 商业责任表现的动力机制分析

以企业商业责任表现为因变量的回归分析结果表明，企业的"商业责任"表现与企业年龄正相关，即企业创立时间越久，其对待商业伙伴与消费者的表现越好。同时，企业的商业责任表现主要受经济利益所驱动，相对而言，制度环境的影响较小。这一点，可从模型 4b和模型 4c 的调整 R^2 值看出，以经济驱动力为自变量的模型 4b 调整 R^2 值为 0.237，而以制度环境驱动力为自变量的模型 4c 调整 R^2 值为 0.131（见表 6-6）。这表明，对企业商业责任表现的理解，从经济学立场进行考察更有解释力。这一结果也支持了假设 3b。

模型 4c 和模型 4d 显示，"规范性驱动力"和"模仿性驱动力"对企业商业责任表现的影响力很小，甚至没有影响力。即公众与媒体的关注，以及同行企业的行为对企业的商业责任表现的推动作用很小。

表6-6　民营企业商业责任驱动力的多元回归分析（标准回归系数）

因变量：商业责任	模型 4a	模型 4b	模型 4c	模型 4d
企业年龄	0.065 *	0.070 **	0.087 ****	0.084 **
企业规模	0.024	0.010	0.006	0.001
2012 年销售额[a]				
500 万—1000 万元	0.032	0.043	0.025	0.043
1000 万—3000 万元	0.037	0.060	0.045	0.064
3000 万—1 亿元	0.002	0.029	0.025	0.044
1 亿—3 亿元	0.064	0.067	0.077 *	0.076 *
3 亿元以上	0.049	0.060	0.080	0.088 *
企业资产总额[b]				
500 万—1000 万元	− 0.033	− 0.032	− 0.059	− 0.073 **
1000 万—3000 万元	− 0.066	− 0.106 ***	− 0.076	− 0.100 ***
3000 万—1 亿元	− 0.007	− 0.032	− 0.007	− 0.021
1 亿—3 亿元	− 0.064	− 0.087 **	− 0.068	− 0.081 *
3 亿元以上	0.007	− 0.055	− 0.057	− 0.081
经济驱动力		0.410 ***		0.384 ****
强制性驱动力			0.271 **	0.250 ****
规范性驱动力			0.046	− 0.002
模仿性驱动力			0.048	0.087 **
F	2.143 **	12.889 ****	14.431 ****	19.888 ****
R	0.118	0.499	0.322	0.484
Adjusted R^2	0.002	0.237	0.131	0.236

注：（1）* p<0.1，** p<0.05，*** p<0.01，**** p<0.001。

（2）a 参考类别为"500 万元以下"；b 参考类别为"500 万元以下"。

4. 企业公众责任表现的动力机制分析

表6-7 考察了企业"公众责任"的推动机制，结果表明，企业

是否热心公益与"企业年龄""企业规模"及企业的经营销售状况无关，而与企业的资产总额显著正相关。模型 5b 和模型 5c 的结果支持假设 3c。企业的慈善行为主要受合法性机制的驱动，企业为应对制度环境的压力，而产生慈善模仿行为，同一组织场域内的企业，它们的社会责任行为有趋同倾向。"模仿性驱动力"对企业承担慈善责任的推动作用最大，回归系数为 0.447，而"经济驱动力"的作用较小，回归系数为 0.248，甚至在全模型 5d 中，"经济驱动力"的作用不显著了，这说明企业的慈善公益行为主要受制度环境的影响，而与企业的经济理性关系不大。同时，这一结果也表明，制度理论对企业慈善行为的解释更有说服力。

表 6 - 7　　　　　民营企业慈善责任驱动力的
多元回归分析（标准回归系数）

因变量：慈善责任	模型 5a	模型 5b	模型 5c	模型 5d
企业年龄	0.048	0.046	0.018	0.019
企业规模	0.052	0.044	0.027	0.027
2012 年销售额[a]				
500 万—1000 万元	0.025	0.033	- 0.038	- 0.036
1000 万—3000 万元	0.017	0.033	- 0.014	- 0.012
3000 万—1 亿元	- 0.013	0.008	- 0.004	- 0.001
1 亿—3 亿元	- 0.026	- 0.023	- 0.012	- 0.012
3 亿元以上	- 0.014	- 0.011	- 0.037	- 0.036
企业资产总额[b]				
500 万—1000 万元	0.141 ****	0.116 ****	0.095 ****	0.093 ***
1000 万—3000 万元	0.141 ****	0.113 ****	0.111 ****	0.107 ****
3000 万—1 亿元	0.148 ****	0.130 ****	0.108 ****	0.105 ***
1 亿—3 亿元	0.129 ****	0.109 ****	0.101 ****	0.098 ***
3 亿元以上	0.290 ****	0.259 ****	0.181 ****	0.178 ***
经济驱动力		0.248 ****		0.039
强制性驱动力			0.072	0.064
规范性驱动力			0.111 ****	0.104 ****
模仿性驱动力			0.488 ****	0.482 ****

续表

因变量：慈善责任	模型 5a	模型 5b	模型 5c	模型 5d
F	9.544 ****	14.772 ****	54.426 ****	51.228 ****
R	0.324	0.405	0.675	0.676
Adjusted R2	0.094	0.153	0.447	0.448

注：(1) $p<0.1$，$p<0.05$，$p<0.01$，$p<0.001$。

（2）a 参考类别为"500 万元以下"；b 参考类别为"500 万元以下"。

5. 企业履行环境责任的动力机制分析

目前，企业对环境的破坏污染问题越来越受到社会各界的重视，针对环境问题的政策法规相继出台，有关部门的监管力度也越来越大，这些措施对企业的环境责任行为的促动作用很大，这一点由模型 6c 可以得到结论，对环境责任影响最大的因素为强制性驱动力，表明相关监管部门（如环境评估部门）的监管对企业行为具有较大的约束力量。同时，我们还可以发现，同行业其他企业的环保行为会对企业形成压力，也可以有效推动企业关注环境保护问题。由模型 6d 也可以看出，对企业承担环境责任影响最大的因素为"强制性驱动力"，其次为"经济驱动力"，再次为"模仿性驱动力"，而"规范性驱动力"对企业环境责任行为的作用力不显著，假设 3d 得到证实（见表 6-8）。

表 6-8　　　　　　　　民营企业环境责任驱动力的
多元回归分析（标准回归系数）

因变量：环境责任	模型 6a	模型 6b	模型 6c	模型 6d
企业年龄	-0.037	-0.039	-0.069	-0.066
企业规模	0.041	0.027	0.017	0.013
2012 年销售额[a]				
500 万—1000 万元	0.048	0.060	0.017	0.030
1000 万—3000 万元	0.094 **	0.118 ***	0.081 **	0.097 ***
3000 万—1 亿元	0.059	0.089 **	0.081 **	0.095 ***
1 亿—3 亿元	0.072	0.077	0.088 **	0.087 **
3 亿元以上	0.066	0.077	0.085 *	0.090 **

续表

因变量：环境责任	模型 6a	模型 6b	模型 6c	模型 6d
企业资产总额[b]				
500 万—1000 万元	0.047	0.009	0.015	0.002
1000 万—3000 万元	0.045	0.007	0.028	0.012
3000 万—1 亿元	0..021	−0.005	0.008	−0.003
1 亿—3 亿元	0.038	0.010	0.022	0.010
3 亿元以上	0.155***	0.092.*	0.050	0.032
经济驱动力		0.374****		0.210****
强制性驱动力			0.391****	0.346****
规范性驱动力			0.010	−0.023
模仿性驱动力			0.230****	0.200****
F	4.570****	17.622****	29.515****	32.517****
R	0.230	0.435	0.557	0.589
Adjusted R^2	0.041	0.178	0.300	0.336

注：（1）* $p < 0.1$，** $p < 0.05$，*** $p < 0.01$，**** $p < 0.001$。

（2）a 参考类别为"500 万元以下"；b 参考类别为"500 万元以下"。

五 小结

这一节我们考察了经济驱动力与制度环境对企业社会责任行为及其各维度的影响，即对股东与管理者责任、员工责任、商业责任、公众责任与环境责任的不同影响与作用。研究结果表明，企业的社会责任行为不仅是一种经济理性行为，同时也受制度环境所推动。从总体上来看，制度环境的作用要大于经济驱动力的作用，企业更多的是基于"合法性"的需求，为应对制度环境的压力而发生社会责任行为。换言之，企业的社会责任行为既遵循"效率机制"，也遵循"合法性机制"，但"合法性机制"的作用显著高于"效率机制"。

对不同的企业社会责任类型来说，这两种动力机制的作用影响并不一致。就企业内部责任而言，经济驱动力与制度环境的推动作用相差无几；企业的商业责任行为更多的是一种遵循"效率机制"的经济理性行为；而企业承担慈善责任与环境责任更多的是受制度环境的驱动，主要遵循"合法性机制"。我们可以用图 6 - 1 来表示不同的企业社会责任类型及其动力机制之间的关系。

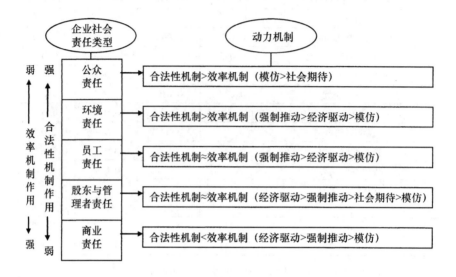

图6-1 企业社会责任类型及其动力机制

企业的社会责任行为是一种遵循"效率机制"的经济理性行为，还是遵循"合法性机制"的社会行为，一直是学界的争论焦点，而我们的研究有助于澄清这两种动力机制对各企业社会责任类型的作用大小与方向。我们发现这两种动力机制不是一种并列关系，也不是一种竞争关系，而是一种互补关系。对任何一种企业社会责任类型，这两种动力机制的推动作用都是显著的，只是针对不同类型的企业社会责任行为所发挥的推动作用力大小不一。而同时考察"效率机制"与"合法性机制"的驱动作用，则可以增加对企业社会责任行为的解释力。与单一自变量的回归方程相比，当我们将两种驱动力同时作为自变量置于一个回归分析时，回归方程的拟合度都有所增加，如表6-3中的模型1d，调整的 R^2 为47.5%，相比仅以"经济驱动力"作为自变量的回归模型1b，调整的 R^2 增加了19.8%；相比仅以"制度驱动力"作为自变量的回归模型1c，调整的 R^2 也增加了6%。这表明同时以"效率机制"与"合法性机制"作为自变量，对企业的社会责任行为的预测将更准确。

本书采用"比较理论研究"的分析方法，尝试比较经济学理论与制度理论对企业社会责任行为的解释力。对企业社会责任行为的动力机制研究而言，可能存在多种竞争解释，每种解释在某种程度上或某些方面与我们观察到的事实相符，但不同的理论解释其解释力、与事实的契合度及可信度并不相同，因此有必要对这些竞争解释进行比较与检验。从我们的研究中可以发现，经济学理论与制度理论对企业社会责任行为都具有一定的解释力，但总体而言，制度理论的解释力更强一些。而对于不同的企业社会责任类型来说，则不能一概而论，对企业商业责任而言，采用经济学的理论立场能更有效地解释企业的行动方式；而对企业的慈善责任行为而言，制度理论的解释则更有说服力。理论框架的不同选择会影响到研究的方向、视角与解释力，因此选择更具解释力的理论框架、采用更好的研究视角、更适当的研究方法与技术，将有助于我们更深刻地理解企业社会责任行为。

仅就"效率机制"与"合法性机制"的关系而言，这两种动力机制在场域制度的不同演进阶段，可能分别发挥着主导作用。已有研究发现，早期企业采取某种社会行动往往有其经济目的，遵循的主要是"效率机制"，随着某种场域制度的出现与完善，后期的企业发生相同的行为方式往往是为了应对制度压力，遵循的是"合法性机制"。[①] 在场域制度的不同演进阶段，两种动力机制可能分别发挥着主导作用。对这一问题我们将在下一节做更进一步的探讨。

第二节 企业生命周期与企业社会责任的推动机制

通过前面的分析可以看出，确实存在多种力量推动着企业承担社

---

① 参见 Westphal J. D. , Gulati R. & Shortell S. , "Customization or Conformity? An Institutional and Network Perspective on the Content and Consequences of TQM Adoption", *Administrative Science Quarterly*, Vol. 42, No. 2, 1997, pp. 366 – 394。

会责任。这里我们将进一步探索这样一个问题：不同的推动机制对处于不同生命周期的企业的影响作用是否存在显著性差异，即不同存在阶段的企业是否受相同的推进力量所驱动。基于这一研究目标，我们分别以初创期企业、成长期企业、成熟期企业和衰退期企业为样本做回归分析，考察不同成长阶段的企业的社会责任表现分别受哪些推动机制的影响。

为了比较各驱动力量对企业社会责任表现的影响作用大小及其差异是否显著，我们分别对初创期企业与成长期企业、成长期企业与成熟期企业、成熟期企业与衰退期企业之间影响因素作用力大小的差异显著性进行了检验。具体做法是，将初创期企业子样本与成长期企业子样本合并重新分析，获得各变量的"主效应"和这些变量与企业成长阶段（初创期与成长期）哑变量的"交互效应"的系数结果。采用相同的办法操作成长期企业与成熟期企业、成熟期企业与衰退期企业的样本数据。根据一般规则，交互效应的统计意义在于，可以比较不同类别群体的影响因素作用力大小的差异。即可以考察各驱动力对企业承担社会责任影响在企业不同的存在阶段是否有差异？如果有，差异是否显著？为了节省空间，我们只呈现了"交互效应"的系数值及其显著性检验结果，省略了"主效应"的系数值。

一 不同成长阶段企业的社会责任行为驱动机制比较

由表6-9可知，对初创期企业来说，对其承担社会责任发挥推动作用的主要包括"强制性驱动力""模仿性驱动力""公共关系意识"和"长远利益观"；对成长期企业来说，其承担社会责任主要受"强制性驱动力""模仿性驱动力"和"慈善投资观""长远利益观"所驱动；对成熟期企业来说，其社会责任行为主要受制度环境因素的影响；对衰退期企业来说，对其社会责任表现作用最大的因素是"模仿性驱动力"，同时，企业越重视长远利益，公共关系意识越强，感受到的社会压力越大，其社会责任表现越好。

表6-9 企业不同成长阶段的社会责任行为驱动机制比较分析

因变量:企业社会责任表现	初创期	差异检验(初创期—成长期)a	成长期	差异检验(成长期—成熟期)b	成熟期	差异检验(成熟期—衰退期)c	衰退期
经济驱动力							
慈善投资观	0.025	0.023	0.161**	0.158**	0.056	0.087	0.095
公共关系意识	0.214****	0.201****	0.036	0.032	-0.021	0.053	0.111*
长远利益观	0.154****	0.142****	0.145**	0.132*	0.160	0.211**	0.199***
制度驱动力							
强制性驱动力	0.341****	0.329****	0.411****	0.419****	0.470***	0.377***	0.178** *
规范性驱动力	0.022	0.020	0.083	0.081	0.154**	0.184	0.056
模仿性驱动力	0.260****	0.256	0.173**	0.173**	0.169**	0.058	0.333****
慈善投资观×成长阶段		0.216**		-0.101		0.007	
公共关系意识×成长阶段		-0.259*		0.031		0.079	
长远利益观×成长阶段		0.055		0.137**		-0.059	
强制性驱动力×成长阶段		0.130		-0.017		-0.317*	
规范性驱动力×成长阶段		0.094		0.127**		-0.205*	
模仿性驱动力×成长阶段		-0.106		-0.134**		0.354*	
F	60.747	49.292	33.525	20.416	7.412	17.128	24.755
R	0.660	0.693	0.741	0.731	0.693	0.664	0.643
Adjusted R^2	0.428	0.471	0.533	0.508	0.416	0.416	0.396

注:(1)* $p < 0.1$,** $p < 0.05$,*** $p < 0.01$,**** $p < 0.001$。

(2)a 参照类别为初创期企业;b 参照类别为成长期企业;c 参照类别为成熟期企业。

成长期企业与初创期企业相比，"慈善投资观"对成长期的推动作用显著高于初创期企业；"公共关系意识"对初创期企业承担社会责任有明显的推动作用，而对成长期企业的作用不显著，且其影响作用对这两类企业的差异显著。

成熟期企业与成长期企业相比，"长远利益观"与"规范性驱动力"对成熟期企业的影响显著高于成长期企业；而"模仿驱动力"对成熟期企业的影响显著低于成长期企业。

"经济驱动力"对衰退期企业与成熟期企业的影响无显著差异。"强制性驱动力"与"规范性驱动力"对成熟期企业的影响显著高于衰退期企业，而"模仿性驱动力"对成熟期企业的影响显著低于衰退期企业。

二 不同成长阶段企业的"股东与管理者责任"驱动机制比较

由表 6 - 10 可以看出，初创期企业的"股东与管理者责任"行为受多种因素的正向推动，主要包括"慈善投资观"、企业的"公共关系意识"、当地有关部门监管的力度（强制性驱动力）、媒体与公众的关注度（规范性驱动力）。对成长期企业而言，企业的"慈善投资观"、当地有关部门的监管力度与"规范性驱动力"对企业承担"股东与管理者责任"行为有显著的正向影响。对成熟期企业而言，企业的"公共关系意识"与竞争对手的行为表现对企业的"股东与管理者责任"行为有显著的正向推动作用。

对处于衰退期的企业而言，调查结果表明，竞争对手的良好示范也会对企业承担"股东与管理者责任"有着显著的正向推动作用，表明企业承担"股东与管理者责任"有着吸引与留住人才的意图。这一点也能从"公共关系意识"对企业承担"股东与管理者责任"的正向推动作用看出来，即企业将承担"股东与管理者责任"行为视为一种内部公关手段，以达到融洽组织人际关系、激发工作积极性、增强股东与管理者的组织认同感的目的。

表6-10 不同生命周期企业"股东与管理者责任"的驱动机制比较

因变量:股东与管理者责任表现	初创期	差异检验(初创期—成长期)ᵃ	成长期	差异检验(成长期—成熟期)ᵇ	成熟期	差异检验(成熟期—衰退期)ᶜ	衰退期
经济驱动力							
慈善投资观	0.121**	0.118**	0.228***	0.232***	0.031	0.039	0.108
公共关系意识	0.144***	0.148***	0.072	0.067	0.209**	0.305*	0.170**
长远利益观	0.057	0.066	0.095	0.089	0.026	0.038	0.129*
制度驱动力							
强制性驱动力	0.161***	0.166****	0.218***	0.223***	0.145	0.119	0.059
规范性驱动力	0.103*	0.103**	0.162*	0.161	0.054	0.062	0.083
模仿性驱动力	-0.031	0.037	-0.001	-0.001	0.137**	0.143	0.187**
慈善投资观×成长阶段		0.146*		-0.242**		0.098	
公共关系意识×成长阶段		-0.105		0.414***		-0.274**	
长远利益观×成长阶段		0.007		-0.080		0.167*	
强制性驱动力×成长阶段		0.064		-0.129*		-0.092	
规范性驱动力×成长阶段		0.077		-0.121*		0.028	
模仿性驱动力×成长阶段		-0.046		0.143*		0.052	
F	15.687	14.892	12.806	7.442	2.251	6.455	10.511
R	0.409	0.469	0.564	0.544	0.472	0.483	0.483
Adjusted R^2	0.156	0.205	0.293	0.256	0.124	0.197	0.211

注:(1)* $p < 0.1$,** $p < 0.05$,*** $p < 0.01$,**** $p < 0.001$。

(2)a 参照类别为初创期企业;b 参照类别为成长期企业;c 参照类别为成熟期企业。

从差异性比较的结果来看，"慈善投资观"对成长期企业的影响显著高于初创期企业；其他推动机制对成长期企业和初创期企业的影响无显著差异。

成熟期企业与成长期企业相比，企业公共关系意识与竞争对手的示范行为对企业承担"股东与管理者责任"的影响显著高于成长期企业；而企业的"慈善投资观""强制性驱动力"与"规范性驱动力"对企业承担"股东与管理者责任"的影响显著低于成长期企业。

衰退期企业与成熟期企业相比较，对长远利益的重视程度对衰退期企业的影响作用显著大于成熟期企业，即在承担"股东与管理者责任"方面，衰退期企业更受这种推动力的影响；调查结果还显示，企业对长远利益的重视程度对成熟期企业承担"股东与管理者责任"行为的影响显著高于衰退期企业。

三　不同成长阶段企业的"员工责任"驱动机制比较

表6-11呈现了处于不同生命周期阶段的企业"员工责任"驱动力的比较结果，结果表明，对初创期企业"员工责任"表现影响最大的因素是强制性驱动力，即有关部门的监管，其次为长远利益观、同行企业的行为习惯和企业的公共关系意识，均对企业的"员工责任"有正向推动作用。

对成长期与成熟期企业来说，对企业"员工责任"表现影响最大的因素也是强制性驱动力，企业越重视长远利益，企业的"员工责任"表现越好。

对衰退期企业的"员工责任"表现有着正向推动作用的因素颇多，影响力最大的因素是企业的"长远利益观"，其次为媒体与公众的关注。因衰退期企业面临的主要问题是解决不断出现的各种危机，企业内部人心不稳，因此承担必要的"员工责任"有利于稳定企业的内部关系。调查结果显示，企业的公共关系意识越强，企业越是可能将承担"员工责任"视为一种内部公共关系的方式，企业的"员工责任"表现越好。

初创期企业与成长期企业影响因素的差异性检验结果表明，"慈善投资观"对成长期企业的影响显著高于初创期企业，而企业的公共关系意识对成长期企业的影响显著低于初创期企业。对于成熟期企业而言，"规范性驱动力"的影响显著高于成长期企业，"强制性驱动力"的影响显著高于衰退期企业，"模仿性驱动力"的影响显著低于成长期企业与衰退期企业。

四 不同成长阶段企业的"商业责任"驱动机制比较

表 6 - 12 呈现了处于不同成长阶段的企业的"商业责任"的驱动力，结果显示，对初创期企业而言，对企业"商业责任"表现有着正向推动作用的因素有"公共关系意识""长远利益观"和"强制性驱动力"，而企业"慈善投资观"对企业的"商业责任"表现有着负向的影响。

对成长期和衰退期企业而言，企业的"商业责任"表现主要受"强制性驱动力"和企业的"长远利益观"所影响。对成熟期企业而言，其"商业责任"表现主要受"公共关系意识""强制性驱动力"与"规范性驱动力"的正向推动。

从差异性检验的结果来看，"慈善投资观""强制性驱动力"与"规范性驱动力"对成长期企业的影响显著高于初创期企业；而"公共关系意识"与"模仿性驱动力"对成长期企业的影响显著低于初创期企业。

"公共关系意识"和"规范性驱动力"对成熟期企业的"商业责任"表现的影响显著高于成长期企业，而"长远利益观""强制性驱动力"与"模仿性驱动力"对成熟期企业的影响显著低于成长期企业；相比衰退期企业，"慈善投资观""公共关系意识"与"规范性驱动力"对成熟期企业的影响更大，"长远利益观"与"模仿性驱动力"的影响则较小。

表6-11　不同生命周期企业"员工责任"的驱动机制比较

因变量：员工责任表现	初创期	差异检验（初创期—成长期）ᵃ	成长期	差异检验（成长期—成熟期）ᵇ	成熟期	差异检验（成熟期—衰退期）ᶜ	衰退期
经济驱动力							
慈善投资观	0.000	-0.174****	0.103	0.094	0.026	0.087	0.065
公共关系意识	0.126*	0.238**	-0.012	-0.019	-0.137	0.026	0.120*
长远利益观	0.170***	0.298****	0.296****	0.275***	0.250*	0.302**	0.259****
制度驱动力							
强制性驱动力	0.260****	0.368****	0.363****	0.376****	0.456**	0.270*	0.101*
规范性驱动力	0.006	-0.059	-0.008	-0.013	0.094	0.138	0.130*
模仿性驱动力	0.149**	-0.036	0.115	0.118	-0.027	-0.057	0.092
慈善投资观×成长阶段		0.339***		-0.014		-0.036	
公共关系意识×成长阶段		-0.221*		0.065		0.141	
长远利益观×成长阶段		0.153*		0.087		-0.130	
强制性驱动力×成长阶段		0.037		-0.078		-0.283*	
规范性驱动力×成长阶段		-0.100		0.199*		-0.021	
模仿性驱动力×成长阶段		0.098		-0.195*		0.199*	
F	17.076	26.107	19.033	11.101	3.304	7.790	11.720
R	0.518	0.578	0.641	0.620	0.541	0.516	0.502
Adjusted R²	0.252	0.321	0.389	0.350	0.204	0.232	0.230

注：(1)* $p<0.1$，** $p<0.05$，*** $p<0.01$，**** $p<0.001$。

(2)a 参照类别为初创期企业；b 参照类别为成长期企业；c 参照类别为成熟期企业。

表6-12 不同生命周期企业"商业责任"的驱动机制比较

因变量：商业责任表现	初创期	差异检验（初创期—成长期）[a]	成长期	差异检验（成长期—成熟期）[b]	成熟期	差异检验（成熟期—衰退期）[c]	衰退期
经济驱动力							
慈善投资观	-0.177****	0.060	0.089	0.087	0.066	0.070	-0.053
公共关系意识	0.233****	0.069	0.110	0.104	0.213*	0.317*	0.039
长远利益观	0.291****	-0.056	0.235***	0.220***	0.004	0.055	0.412****
制度驱动力							
强制性驱动力	0.359****	0.056	0.411****	0.428****	0.342**	0.222	0.233***
规范性驱动力	-0.060	0.094	-0.129	-0.133	0.244*	0.210	-0.099
模仿性驱动力	-0.039	0.505****	0.046	0.047	-0.103	-0.178	0.025
慈善投资观×成长阶段		0.181*		-0.020		-0.183*	
公共关系意识×成长阶段		-0.209**		0.398***		-0.519***	
长远利益观×成长阶段		-0.035		-0.288**		0.707***	
强制性驱动力×成长阶段		0.188*		-0.213**		0.047	
规范性驱动力×成长阶段		0.225*		0.447**		-0.483***	
模仿性驱动力×成长阶段		-0.199*		-0.251**		0.269**	
F	35.333	42.699	16.641	10.708	3.949	7.976	11.003
R	0.561	0.669	0.615	0.616	0.587	0.525	0.494
Adjusted R²	0.306	0.437	0.356	0.344	0.258	0.241	0.221

注：(1) * p<0.1，** p<0.05，*** p<0.01，**** p<0.001。

(2) a 参照类别为初创期企业；b 参照类别为成长期企业；c 参照类别为成熟期企业。

五　不同成长阶段企业的"公众责任"驱动机制比较

由前面的分析我们知道，我国民营企业的"公众责任"表现是不尽如人意的。从企业生命周期的角度来看企业的"公众责任"行为的影响因素，可以发现，初创期企业的"公众责任"行为主要属于模仿性行为，即企业"公众责任"表现主要受同行企业示范效应所推动。同时，社会公众与媒体越关注，企业的"公众责任"表现越好。另外，企业的"公众责任"行为还受企业的公共关系意识的影响，企业的公共关系意识越强，其"公众责任"表现越好。但我们的调查结果也显示，企业的"长远利益观"对企业的"公众责任"表现有显著的负向影响。事实上，企业的"长远利益观"不仅对初创期企业的"公众责任"行为有显著的负向作用，对成长期企业和衰退期企业也均有显著的负向作用，而对成熟期企业无显著影响。这一结果表明，企业管理者并不认同承担"公众责任"会为企业带来长期的利润，认为企业过多的慈善捐款、赞助教育事业、支持文化体育活动会花费企业成本，降低企业的竞争力，对企业的长远发展不利。

对成长期企业而言，"模仿性驱动力"依然是企业承担"公众责任"的最主要的推动力量。由于成长期企业逐渐受到媒体和普通公众的关注，企业管理者逐步感受到的社会压力也会对企业承担"公众责任"有正向的推动作用。另外，企业的"慈善投资观"和"强制性驱动力"对企业的"公众责任"表现也有着正向的推动影响。而成熟期企业的"公众责任"行为主要受"强制性驱动力"和"模仿性驱动力"的正向影响。

对衰退期企业而言，其"公众责任"表现依然受"模仿性驱动力"的正向影响，同时企业的"慈善投资观"对企业的"公众责任"行为也有正向推动作用（见表 6 - 13）。

表6-13 不同生命周期企业"公众责任"的驱动机制比较

因变量:公众责任表现	初创期	差异检验(初创期—成长期)ᵃ	成长期	差异检验(成长期—成熟期)ᵇ	成熟期	差异检验(成熟期—衰退期)ᶜ	衰退期
经济驱动力							
慈善投资观	0.063	0.060	0.175***	0.177**	0.150	0.143	0.205***
公共关系意识	0.076*	0.069	-0.064	-0.059	-0.111	-0.181	-0.025
长远利益观	-0.149*	-0.056	-0.198*	-0.092	0.083	0.075	-0.107*
制度驱动力							
强制性驱动力	0.062	0.056	0.193***	0.193***	0.332**	0.301**	0.092
规范性驱动力	0.097**	0.094	0.266***	0.258***	0.176	0.174	0.102
模仿性驱动力	0.506****	0.505****	0.369****	0.361****	0.214*	0.237	0.463****
慈善投资观×成长阶段		0.101		-0.042		0.085	
公共关系意识×成长阶段		-0.109		-0.187		0.196	
长远利益观×成长阶段		-0.035		0.328*		-0.344*	
强制性驱动力×成长阶段		0.118		0.184		-0.121	
规范性驱动力×成长阶段		0.225*		-0.090		-0.112	
模仿性驱动力×成长阶段		-0.119		-0.147		0.183	
F	47.481	42.699	32.030	18.288	5.892	16.816	27.171
R	0.615	0.669	0.737	0.714	0.651	0.663	0.663
Adjusted R^2	0.370	0.437	0.526	0.482	0.352	0.440	0.423

注:(1)* $p<0.1$, ** $p<0.05$, *** $p<0.01$, **** $p<0.001$。

(2)a 参照类别为初创期企业;b 参照类别为成长期企业;c 参照类别为成熟期企业。

从企业不同成长阶段的差异性检验结果来看，"规范性驱动力"对成长期企业的"公众责任"行为的影响显著高于初创期企业，即媒体与公众的关注对成长期企业的影响更大；调查结果同时显示，"长远利益观"对成熟期企业承担"公众责任"的影响显著高于成长期企业和衰退期企业。其他变量对不同成长阶段企业的"公众责任"行为的影响差异均不显著。

六 不同成长阶段企业的"环境责任"驱动机制比较

不同成长阶段的企业的"环境责任"行为受不同的影响因素所驱动，初创期企业的"环境责任"行为主要受"强制性驱动力"所推动，即有关监管部门（如环境评估部门）的监管力度越大，企业"环境责任"表现越好。同时，同行企业的行为表现对企业的"环境责任"表现也有正向的推动作用。另外，企业越重视企业的长远利益，企业公共关系意识越强，企业的"环境责任"表现越好。

对成长期企业而言，仅"强制性驱动力"对其"环境责任"行为有显著的正向推动作用。而对于成熟期企业来说，不仅"强制性驱动力"对其"环境责任"行为有显著的正向推动作用，企业的"长远利益观"对企业的"环境责任"表现也有显著的正向影响（见表6-14）。

对于衰退期企业来说，"模仿性驱动力"是影响其"环境责任"表现最重要的正向推动力量。另外，"强制性驱动力"与"长远利益观"对衰退期企业的"环境责任"的推动作用也不容忽视。

调查结果显示，各因素对初创期企业和成长期企业的"环境责任"表现的影响无显著差异。对于成熟期企业来说，企业的"公共关系意识"对企业"环境责任"行为的影响显著低于成长期企业和衰退期企业。

对于衰退期企业来说，企业的"模仿性驱动力"对其"环境责任"的影响作用显著高于成熟期企业。

表 6-14　　　　不同生命周期企业"环境责任"的驱动机制比较

因变量：环境责任表现	初创期	差异检验（初创期—成长期）[a]	成长期	差异检验（成长期—成熟期）[b]	成熟期	差异检验（成熟期—衰退期）[c]	衰退期
经济驱动力							
慈善投资观	0.039	0.037	0.049	0.046	-0.050	-0.016	0.031
公共关系意识	0.192 ****	0.177 ****	0.044	0.040	-0.167	-0.124	0.083
长远利益观	0.106 **	0.082 *	0.083	0.075	0.236 *	0.281 **	0.112 *
制度驱动力							
强制性驱动力	0.351 ****	0.346 ****	0.442 ****	0.448 ****	0.561 ***	0.429 ***	0.175 ***
规范性驱动力	-0.054	-0.059	-0.005	-0.006	0.086	0.111	-0.037
模仿性驱动力	0.218 ****	0.217 ****	0.152	0.152 *	0.055	0.039	0.400 ****
慈善投资观×成长阶段		0.069		-0.100		0.065	
公共关系意识×成长阶段		-0.191		-0.372 **		0.362 **	
长远利益观×成长阶段		0.123		0.367		-0.359	
强制性驱动力×成长阶段		0.092		0.089		-0.399	
规范性驱动力×成长阶段		0.093		0.139		-0.235	
模仿性驱动力×成长阶段		-0.106		-0.116		0.475 *	
F	37.949	26.699	15.435	10.664	5.791	10.601	14.435
R	0.571	0.579	0.601	0.613	0.684	0.575	0.541
Adjusted R^2	0.318	0.323	0.338	0.340	0.347	0.299	0.273

注：(1) * $p<0.1$，** $p<0.05$，*** $p<0.01$，**** $p<0.001$。

(2) a 参照类别为初创期企业；b 参照类别为成长期企业；c 参照类别为成熟期企业。

第七章 结论、对策与展望

第一节 研究结论与对策建议

在企业社会责任运动席卷全球，中国民营企业的社会责任问题备受关注的背景下，本书尝试从理论与实践的视角探讨民营企业承担社会责任的必要性和紧迫性。通过对中国民营企业的问卷调查，了解中国民营企业的经营者的社会认知水平和社会责任态度，分析中国民营企业社会责任表现，探索其影响因素，探究驱动企业承担社会责任的推进机制。通过理论上的探讨和实证分析，我们可以得出以下几个结论：

第一，企业承担社会责任的合理性。从20世纪初企业社会责任概念提出至今已历一个世纪，围绕企业是否应该承担社会责任的争论一直持续不断。很多学者反对企业承担社会责任，但也有很多学者持赞成态度。双方就有关企业社会责任的概念、对象、内容、边界等问题展开争论，并据此提出了"社会表现"理论、"社会回应"理论、"利益相关者"理论与"企业公民"说等各种概念与学说。通过对双方观点的梳理，可以发现争论的核心在于对企业本质或企业与社会的关系的理解不一，反对者坚持认为企业是独立于社会的纯粹的经济性组织，而持赞成态度的学者则认为企业是"嵌入"于社会的"社会公民"。

也许这样的争论还会继续下去，但这并没有妨碍企业的社会责任实践。事实上，随着对企业在社会系统中的性质与作用认识的不断深化，社会公众对企业承担"社会责任"、履行"公民责任"的呼声日益高涨。而国际社会对社会责任标准认证体系 SA8000 的推广与应用，更是让许多企业的高层管理者认识到，开展企业社会责任不仅是在做正确的事，而且是在做聪明的事。[①]

第二，企业管理者的认知水平和社会责任态度。我国民营企业管理者对企业社会责任的认知有待提高，认知水平平均得分为 4.41（最低1，最高7）。企业经营者的社会责任态度是由多个维度共同构成的复杂的行为倾向系统，大体而言可分为四种取向：价值取向、利益取向、防御取向和抵制取向。企业管理者的社会责任态度主要受其认知水平、政府的关注度、非政府组织的推动和法律环境的完善度所影响。具体来说，对企业管理者的"价值取向"型态度与"抵制取向"型态度影响最大的因素均是管理者的认知水平，管理者对企业社会责任的认知水平越高，其越是从价值上认同企业社会责任，对企业承担社会责任的抵制越少。而相关法律法规的完善程度与政府的关注度对企业管理者的"利益取向"型态度与"防御取向"型态度影响较大。同时，由于在企业的不同生命周期阶段，企业高层管理者的经营重点、资源调动能力、感知的社会压力不同，企业管理者的社会责任态度表现出了差异性，而这种差异性主要体现在"价值取向"与"抵制取向"方面。从创业期、成长期到成熟期，随着企业高层管理者对经营环境越来越熟悉，对相关法律法规越来越了解，对社会责任的认知水平越来越高，成熟期企业的高层管理者更倾向于视承担社会责任为题中应有之义，对企业履行相关社会责任抵制更少。而到了衰退/再生期，企业高层管理者则呈现出较强的抵制承担社会责任的态度倾向。

---

① Smith N. C., "Corporate Social Responsibility: Whether or How?", *California Management Review*, Vol. 45, No. 4, 2003, pp. 52 – 76.

第三，企业管理者的社会责任态度与企业的社会表现。企业的社会责任履行情况，很大程度上与企业的高层管理者的社会责任态度有关。企业高层管理者的"价值取向"型态度倾向和"利益取向"型态度倾向对企业的社会责任表现有显著的正向影响；防御型态度对企业的社会责任表现无显著影响；而抵制型态度对企业的社会责任表现有显著的负向影响。

第四，民营企业履行社会责任现状。目前我国民营企业的社会履行情况不容乐观，平均得分为4.89（最低1，最高7），企业的"商业责任"的履行情况最好，其次为"员工责任""环境责任""股东与管理者责任"；而针对普通公众的公众责任表现最差，平均得分只有3.78。

不同地区的民营企业的社会责任表现存在显著差异，东部地区的企业社会责任表现最好，相对而言中部地区的社会责任表现较差。而不同地区之间企业社会责任表现的差异主要体现在"商业责任""公众责任"和"环境责任"三个维度，在"股东与管理者责任"和"员工责任"上差异不显著。

从行业的角度看，总体来说，房地产行业的管理者对企业社会责任的抵制倾向最为强烈，但其社会表现是最好的。农林牧渔业企业的社会责任表现较差，在社会责任总表现、股东与管理者责任、员工责任和公众责任方面的得分排名在所有企业类型中均是倒数第一。

第五，企业社会责任表现的影响因素。企业高层管理者的认知水平与慈善取向、企业的规模、销售额、资产总额与制度环境对企业的社会责任表现均有显著的正向影响。对"股东与管理者责任"影响最大的因素是企业高层管理者的认知水平；对"员工责任""商业责任"与"环境责任"最具影响力的因素是法律环境；而对"公众责任"影响最大的因素是"政府推动"。

第六，企业生命周期与企业社会表现。企业在不同的发展阶段有不同的经营重点，企业会根据经营重点的不同关注不同的利益相关者。同时由于处于不同发展阶段的企业其行动能力不一，所遭受的制度压力也不同，因此企业在不同的生命周期其社会责任表现存在显著性差异。总体来说，企业社会责任的表现在不同生命周期呈现出倒钟形，与企业生命周期模型相吻合。具体来说，除商业责任以外，其他各维度的得分均值呈现为从创业期到成长期再到成熟期，企业社会责任表现持续上升的态势，而进入到衰退/再生期，企业的社会责任表现急剧下滑。

第七，企业社会责任的推动机制。企业承担社会责任不仅是一致经济理性行为，也是企业获取"合法性"的一种重要方式。即"效率机制"与"合法性"机制对企业社会责任行为均有推动作用，但我国民营企业更多的是为应对制度环境的压力而发生社会责任行为，即主要受制度驱动力所推动。

进一步分析其对企业社会责任行为各类型的作用，我们又发现，这两种动力机制的作用影响并不一致。对于企业的商业责任而言，经济驱动力的推动作用显著高于制度环境的作用，企业的商业责任行为更多的是一种遵循"效率机制"的经济理性行为；而对于企业的慈善责任或环境责任而言，则表现为制度环境的推动作用显著高于经济驱动力的作用即主要遵循"合法性"机制；而对于企业的内部责任（包括针对股东、管理者员工的责任）而言，经济驱动力与制度环境的推动作用相差无几。

第八，在企业的不同成长阶段，各种动力机制对企业的社会责任行为的推动作用并不一致。对初创期企业、成长期企业和成熟期企业来说，其承担社会责任主要受政府有关部门的监管所驱动；对衰退期企业来说，同行企业的示范效应对其影响最大。

企业是否履行社会责任以及履行的质量问题，不仅是企业自身的问题，更是关涉到整个社会的问题。因此，有必要提出几个对策建议，以期对促进企业承担社会责任发挥一定的作用。

一 提高认知水平：引导企业经营者认同企业社会责任

从调查分析的结果来看，我国民营企业的高层管理者对企业社会责任的认知水平不高，对有关问题认识不清已经成为企业承担社会责任的阻碍因素。而同时，我们也发现企业家的认知水平对企业的社会表现水平有显著的正向影响。因此，宣传和推广企业社会责任理念，提高企业家的社会认知水平，改变企业家的价值取向，对于解决我国民营企业中普遍存在的社会责任缺失问题是当务之急。

由于改革开放前的中国实行计划经济体制，几乎没有民营企业。应该说我国民营经济是从改革开放后才逐渐成长与发展起来的，而民营企业家接触企业社会责任理念的时间则更短，许多企业经营者将企业社会责任理解为"企业办社会"。所谓"企业办社会"，是指在计划经济条件下，公有企业（主要是国有企业）除了承担完成政府指令性计划的责任之外，还建立和兴办了一些与企业生产经营没有直接联系的机构和设施，额外承担解决社会就业、职工子女教育、医疗养老等社会职能，而这些职能本来应该属于政府的职责范畴。在企业办社会的体制下，企业职工的吃、喝、拉、撒、睡、生、老、病、死、休等全部责任都由所在企业来承担，并且都在本单位内部解决。①"企业办社会"一般被认为是阻碍企业经营与发展的最重要的因素。当企业经营者将企业社会责任理解与"企业办社会"联系起来，企业的经营者天然地对企业承担社会责任产生抵触情绪。另外，还有企业经营者将企业社会责任理解为慈善捐款，因此出现了"血汗工厂"大量捐款的现象。

利用相关信息渠道传递企业社会责任理念，加深企业经营者对企业社会责任的理解，形成正确的认识和态度对于推动企业承担社会责任将发挥非常重要的作用。企业家的认知、态度取向和责任意识对企

---

① 章辉美、李绍元：《中国企业社会责任的理论与思考》，《北京师范大学学报》（社会科学版）2009 年第 5 期。

业的社会行为有着重要的影响。国外已经有越来越多的组织通过研讨
会、专题讨论会等形式来传播企业社会责任理念，鼓励企业的道德行
为。同时也有证据表明，这种道德培训提高了企业经营者的个人道德
水平，增强了其经营道德的意识。① 总之，提高企业经营者的认知水
平、培养企业家的社会责任意识有助于增强企业履行社会责任的内部
动力。

二　多元利益相关者参与：推进企业社会责任

从西方国家的经验来看，企业承担社会责任行为的发生依赖于社
会历史发展演进的进程，即依赖于指向企业的足够的社会压力。在这
一进程中，多方利益相关者的参与是企业社会责任培育机制形成的最
重要的条件。因为只有多方利益相关者给予足够的社会压力与监督，
"发起广泛而持久的社会运动，把体现社会大众共同利益的共同价值
观确立为社会的道德准则使企业去遵循，这样才会有真正意义上的企
业社会责任。"②

长期以来，在企业与股东之外的其他社会成员之间的关系中，企
业一直处于优势主导地位，企业的利益实现基本不受股东之外的其他
社会成员的影响，因此"股东利益最大化"一直是企业的经营管理
原则。但当20世纪70年代的欧美国家出现了一系列与"企业社会责
任"有关的社会运动——如消费者运动、环保运动、劳工运动等以
后，企业的利益实现机制出现了新的变化。企业利益的实现不再只是
单纯地参与市场的问题，而是如何平衡各利益相关者的权益的问题。

纵观西方各国企业社会责任实践的发展史，以各利益相关者群体
为主体的社会运动一直是促进企业承担社会责任的最主要的推动力。

---

① Weber J., "Measuring the Impact of Teaching Ethics to Future Managers: A Review, Assessment, and Recommendations", *Journal of Business Ethics*, Vol. 9, No. 3, 1990, pp. 183 – 190.

② 李维岳：《论西方企业社会责任培育机制的形成与发展》，《辽宁行政学院学报》2010年第6期。

如"跨国公司生产守则"即发端于 1991 年美国牛仔裤品牌 Levi -
Strauss 的产品被揭露出于"血汗工厂"，并引发消费者组织、非政府
组织、工会组织、学生组织、人权组织等对跨国公司的批评运动。
Levi - Strauss 公司被迫率先制定"生产守则"，同时这一运动也直接
导致了许多劳动密集型产业纷纷制定本公司的"生产守则"。接着全
球性的消费者运动进一步推动了以社会监督为特征的跨国公司生产守
则的出台，代替了原先以自律为特征的企业内部生产守则。在这一过
程中，多元利益相关者的价值在于将"原子化"的个体整合为可以
与资本抗衡的力量，通过各种社会运动将某种企业行为准则确立为广
为社会所接受的道德规范，并加以传播和宣传。如谭森和刘开明所
说，"劳工组织、女性组织、宗教团体以及其他非政府组织的参与是
推动跨国公司的生产守则发展的中坚力量。"[①] 可以这么说，西方国
家的企业社会责任不是主要依赖于企业家的责任意识的自我觉醒，而
是在各种社会责任运动的共同作用下发展起来的。

从社会学的角度来看，企业在承担社会责任方面的不作为本质上
可归结为社会"失范"问题，而社团组织的缺乏被认为是其根本性
的原因之一。如涂尔干（Emile Durkheim）认为，随着社会分工的细
化，原先的社会团结方式已趋向解体，而新的社会联结模式却未能建
立起来，这是造成社会失范的根本原因。"涂氏提出以职业团体来确
立个体之间的社会联结，建立'国家—职业团体—个人'这样的三层
次社会宏观结构体系和社会管理体系，为社会秩序和社会道德重建提
供基础。"[②] 涂尔干强调了职业团体的重要性，他说："从城邦的发展
到帝国的兴盛，从基督教社会的黎明到当今时代，如果说法人团体是

---

① 谭森、刘开明：《跨国公司的社会责任与中国社会》，社会科学文献出版社 2003 年
版，第 173 页。
② 崔月琴：《后单位时代社会管理组织基础的重构——以"中间社会"的构建为视
角》，《学习与探索》2010 年第 4 期。

必不可少的话，那是因为它切合了我们深层和持久的需要。"① 总的来说，社会学家认为独立社会力量的存在和社团组织的兴起与发展，不仅有利于将各种职业伦理与商业伦理制度化，为各种市场行为主体的社会责任行为奠定基础，还可以形成对企业行为的约束机制，形成企业与社会的良性互动。

我们的调查结果证明了非政府组织对企业承担社会责任的推动作用，尤其在政府与市场均失效的领域——如企业的"公众责任"领域。因此，促进多元利益相关者积极参与，形成企业行为的约束机制，充分发挥非政府组织——如消费者协会、行业协会、环保组织等在宣传企业社会责任理念、制定行业规范、约束企业行为方面的积极作用，对企业承担社会责任会有显著的促进作用。

三　政府推动：激励企业承担社会责任

如前所述，从国外的经验来看，企业主要是因由市民社会的推动和各种社会运动的压力而承担相应的社会责任，但目前我国的各种社会力量还很薄弱，对企业行为的影响甚微。在这种情况下，政府的推动、引导和监管就显得尤为重要。政府在促进企业履行社会责任行为方面主要有三种方式：

一是实施必要的奖惩措施以激励企业承担社会责任。企业的经济本性决定了其行为原则，我们不能奢望所有企业（企业经营者）都是利他主义的，企业社会责任的提倡者对这一理念的倡导也并非希望改变企业的经济本性。因此，政府所应做的是顺应企业的经济本性，通过改变企业承担或不承担社会责任的成本和收益，以推动企业履践社会责任。如针对努力承担社会责任的企业发放补贴或奖金、减免税收、在信贷和政策上予以倾斜等方式给予奖励；对不履行社会责任的企业加大处罚力度，使其因不承担社会责任所支付的成本远远大于其

---

① 埃米尔·涂尔干：《社会分工论》，渠敬东译，生活·读书·新知三联书店2000年版，第21页。

所获得的利益。总之，政府可以通过采用必要的奖惩措施，激发企业主动承担社会责任的内在动机。

二是加强引导，从我们的调查结果来看，政府的关注对企业承担社会责任行为有显著的促进作用，政府可以建立相关的信息交流渠道（如企业社会责任网），定期公布企业承担社会责任的情况。对企业承担社会责任的总体情况和各行业各类型企业的情况予以分门别类的公示，一方面以示政府对企业社会责任的关注，另一方面亦有对各类企业表示赞赏或警戒之意。基于此，政府要建立科学的社会责任评价考核制度。将公司履行社会责任情况纳入企业评价体系，对企业履行社会责任情况进行科学的评估，并将评价结果作为评价企业优劣的尺度之一。同时，政府还可实行市场准入制度，将履行社会责任作为企业进入市场的准入条件，限制社会责任"不良记录"的企业进入市场。另外，政府有关部门可尝试将公司履行社会责任情况与企业法人资格审核挂钩，将其设为法人资格审核的一个重要条件。[①]

三是完善法律环境和加强监管。继续完善《公司法》《劳动法》《合同法》等与企业社会责任相关的法律法规，细化这些法律中的企业社会责任的原则性条款，制定相应的实施细则，完善企业社会责任的相关规制，为企业正确履行社会责任提供确切的法律指引。同时，政府相关部门要强化对公司履行社会责任的监管。从我们的调查情况来看，有关部门的监管力度对企业社会责任总表现即企业社会责任各维度的表现均有着显著的正向推动作用。相关法律法规对企业社会责任行为的推动效果依赖于工商、税务、环保、劳动等政府相关部门的有效监管，相关部门应加大监管力度，并及时向社会公开，披露各企业的社会责任履行情况，及时纠正和查处企业逃避社会责任的问题。值得注意的是，发挥政府在企业承担社会责任方面的推动作用不是让政府参与市场，从有关学者的研究结果来看，政府对市场的干预会对

---

① 石守斌：《强化我国公司社会责任探析》，《政法学刊》2009 年第 2 期。

企业的社会责任表现有显著的负向影响。[①] 企业与政府的关系越紧密，企业越可能愿意分担政府的部分责任，在"公众责任"方面表现越好，但企业也有可能利用其优势地位侵害员工、消费者、供应商和经销商的利益。

四 建立制度：完善企业社会责任报告制度

企业社会责任报告（简称 CSR 报告），又称可持续发展报告或环境报告，起源于企业环境报告。指的是企业将其履行社会责任的理念、战略、方式方法，其经营活动对经济、环境、社会等领域造成的直接和间接影响、取得的成绩及不足等信息，进行系统的梳理和总结，并向利益相关方进行披露的方式。

在许多西方发达国家已建立了比较完善的企业社会责任报告制度。如 2001 年英国政府就要求所有业绩突出的公司公布环境报告，还通过《企业运作与财务审查法案》，要求上市公司从 2005 年起在运营和财务报告中提供其社会和环境表现的社会责任报告。我国的第一份企业可持续发展报告是由壳牌（中国）于 1999 年率先发布的，2006 年，国家电网发布首份取名"企业社会责任报告"的可持续发展报告。其后数年，以国有企业为主的企业社会责任报告数量猛增，2006 年中国仅发布了 32 份社会责任报告，到 2013 年，猛增到 1231 份，但存在信息披露不全、部分报告质量不高、定量数据披露不足和"报喜不报忧"等问题。其中民营企业的社会责任报告质量最低，得分仅为 28.6 分，尚处于起步（一星级）阶段。[②]

事实上，企业社会责任报告是企业非财务信息披露的重要载体，不仅是企业与利益相关方沟通的重要桥梁，也是企业社会责任管理的一种重要手段。建立健全企业社会责任报告制度，也是一个督促企业

---

① 石守斌、何伟：《公司社会责任的缺失与承担》，《广东农工商职业技术学院学报》2011 年第 3 期。

② 钟宏武：《中国企业社会责任报告白皮书（2013）》，经济管理出版社 2013 年版。

确立与完善社会责任理念、了解利益相关者的需求与建议、建立完善的企业社会责任管理体制的过程。

五 加强社会监督：防止企业社会责任缺失

社会监督主要包括企业员工监督、消费者监督、社会公众与舆论监督等。企业普通员工社会责任意识的提高有助于其明确自己的权利与义务，一旦发现企业怠于"员工责任"，给自己造成损失，便积极采取相应的法律措施，以维护自身合法权益。

新闻媒体的监督作用对于企业承担社会责任有着明显的正向作用，新闻媒体不仅可以对表现良好的企业予以报道以示赞赏，还应对一些不履行社会责任的企业予以舆论压力，督促公司履行社会责任。在国外，媒体经常对企业的社会责任表现进行考量，如《财富》杂志就对全球 500 强前 100 名企业在管理和承担社会责任方面进行综合考量。《金融时报》针对英国、欧洲大陆以及美国等的 100 家公司按照环境、社会和利益相关方、人权、供应链中的劳工和反腐败的一系列标准对公司履行企业社会责任做出评判。新闻媒体通过对相关信息客观、及时地披露，能引导舆论导向，聚焦公众注意力，形成对企业的制度环境压力，督促企业改正其非道德行为。同时，新闻媒体的宣传和信息传递功能还有助于在社会中形成正确的社会责任价值观和企业行为规范。

从本书研究的调查结果可以看出，普通社会公众对企业社会责任的关注以及在网上的讨论对企业的社会责任表现有正向的影响作用。因此，应积极培养社会公众的社会责任意识，发挥社会公众网络监督的作用。网络具有覆盖面大、传播快等特点，使得网络监督成为最有效的监督措施之一。黄敏学等学者通过研究发现，在"5·12"汶川地震时，许多企业由于捐款达不到公众预期而引发公众在网络上的批评和抵制，最终导致许多企业改变初衷，增加捐款以消解公众的不满情绪。① 可见，网络监督已逐步成为一种重要的监督手段。因此，要引导社会公众积极利用网络资源，来加强对公司社会责任的监督。

第二节 价值、不足与展望

本书在系统梳理企业社会责任相关理论的基础上，通过问卷调查研究了中国民营企业履行社会责任的现状、影响因素和推动机制，研究了中国民营企业经营者的认知水平、价值取向和社会责任态度及其对企业社会责任表现的影响。在理论分析和实证研究的基础上，得出了一些有价值的结论，并在一些研究领域作出了一些有益的尝试，主要有以下几个方面：

第一，系统梳理和解构了"企业社会责任"研究领域中重要的两个争论。在"企业社会责任"研究领域中，关于"企业社会责任为何"与"企业是否应该承担社会责任"的争论一直存在，贯穿于该领域研究的整个历史。这两个问题不仅影响到我们对于"企业社会责任"的理解，还会影响到企业界的实践和学术界的研究价值和研究取向。

对这两个"企业社会责任"研究领域中至关重要的问题，本书首先做了理论上的回顾和梳理，尝试找出不同的观点和看法并加以比较，在此基础上探究争论的本质并给出理论上的回应。同时，在后续的实证研究中对这两个问题也有所涉及，尝试从实证的角度去回答这两个问题。简言之，本书从理论和实证两个层面探索了"企业社会责任为何"与"企业是否应该承担社会责任"的争论。

第二，本书第一次在全国范围内对中国民营企业的社会责任问题进行了调查研究。以往的研究大多以一个省、一个市的民营企业为样

---

① 黄敏学、李小玲、朱华伟：《企业被"逼捐"现象的剖析：是大众"无理"还是企业"无良"?》，《管理世界》2008 年第 10 期。

本进行调查，如陈旭东与余逊达对浙江 398 家民营企业进行的问卷调查；① 疏礼兵对宁波市 220 家民营企业的调查等。② 全国范围内针对民营企业社会责任问题的较大规模的调查研究不仅可以积累一些经验数据，为相关的政策制定提供决策证据，为后续的研究提供一些比较的素材，更重要的是，全国范围内的抽选的样本的代表性更高，研究结果更能反映中国民营企业履行社会责任的现状。

第三，系统识别并实证检验了民营企业社会责任表现的影响因素。就企业社会责任表现的影响因素研究而言，国外学者比较关注企业高层管理者的个体特征、认知与价值取向对企业社会责任表现的影响，而国内学者的研究主要是从企业层面与社会层面展开的。虽然对内外部影响因素都有所涉及，但未提出完整的分析框架，且研究结论多有不一致之处。本书从微观、中观、宏观三个层面系统地识别了民营企业社会责任行为的影响因素。从我们的研究结果来看，这一分析框架具有较强的解释力。同时，这一分析框架的提出，也为未来进一步研究提供了广阔的空间，如各层面因素对企业社会责任行为的影响力的比较，再如各层面影响因素之间的关系研究等。

第四，对企业社会责任推进机制的探索是本书研究的重点。从已有的研究成果来看，对企业社会责任的影响因素研究较多，而对企业社会责任的推进机制研究相当缺乏，一些零星的研究探讨的大多是某一特定企业社会责任行为（如慈善捐款）的动因，且往往是基于某一特定理论立场，从一个特定视角探讨企业社会责任行为的动力机制，如山立威等人对公司捐款行为经济动因的探讨；③ 再如张建君对外企捐款行为的制度驱动力的研究等。④ 缺少对不同动力的比较，更

① 陈旭东、余逊达：《民营企业社会责任意识的现状与评价》，《浙江大学学报》（人文社会科学版）2007 年第 2 期。

② 疏礼兵：《民营企业社会责任认知与实践的调查研究》，《软科学》2010 年第 10 期。

③ 山立威、甘犁、郑涛：《公司捐款与经济动机——汶川地震后中国上市公司捐款的实证研究》，《经济研究》2008 年第 11 期。

④ 张建君：《外企捐款的驱动因素：一个两阶段制度模型》，《管理世界》2011 年第 7 期。

缺少理论上的对话与竞争。本书则同时考察了企业社会责任行为的两种驱动力：经济驱动力与制度驱动力，并进行了理论竞争与对话。分析结果发现，两种动力机制对企业社会责任行为均有显著的推动作用，但我国民营企业更多的是为应对制度环境的压力而发生社会责任行为，即主要受制度驱动力所推动。这一结果不仅表明了这一分析框架的可行性，同时也为相关的对策建议提供了实证依据。

第五，从横向和纵向两个角度对企业社会责任问题进行比较研究也是本书的一个特点。纵向研究的优点是可以描述事物发生、发展、变化的过程和规律，便于探寻不同现象之间的因果关系。本书不仅比较了不同地区、不同行业、不同规模的企业的社会责任表现的差异，而且从企业生命周期的角度探索了处于不同成长阶段的企业的经营者的社会责任态度取向的差异，探索了不同成长阶段企业的社会表现的差异及其推动机制差异。这一研究取向为解释企业社会表现差异提供了一个新的视角，研究结果也可为相关政策研究提供理论支持。

企业社会责任已经逐步成为了一个热门议题，不仅学术界对其进行研究，政府、企业、公众、媒体也都不断关注和讨论企业的社会责任表现。学界对这一问题的研究已有上百年历史，但因该问题所涉及的内容过于庞杂，也没有一个公认的统一的研究分析框架，从核心概念界定到企业社会责任的合理性，再到理论分析框架，长期以来一直存在较大的分歧。正是由于研究问题的复杂性、宽泛性和其他方面的原因，本书还存在一些不足，需要在未来的研究中进一步探索完善。

第一，样本的代表性问题。本书虽然已经在全国范围内抽样，但由于企业调查的困难和研究资源的局限，本书采用的抽样方法是多阶段抽样，但在最后阶段的抽样中采用的是立意抽样的方式，是一种非概率抽样的方法，这在一定程度上影响了样本的代表性。另外，样本规模不够大，中国改革开放以来的民营企业发展极其迅速，民营企业的数量大，且分布广泛，异质性强。既有经营时间久、资本实力雄厚、规模大、管理规范的企业，也存在经营时间短、资本实力弱、规模小、管理混乱的企业。一般情况下，社会研究的样本规模的确定主要受研究总体的规模和总体异质性的影响。总体数量越大，要求样本规模越大；总体异质性越强，所需的样本规模也应该大一些。对于以中国所有民营企业为总体的研究而言，本书的样本数量略显不足。

第二，本书的研究对象为民营企业，对其他企业类型没有涉及，如国有企业、外资企业、合资企业等。而不同类型企业的管理者对企业社会责任的态度是不一样的，所面临的制度环境、与政府的关系也不尽相同，企业的社会表现也必然有所差异。如国有企业与政府的关系更为紧密，与民营企业相比，所面临的公众与媒体压力更大。总体而言，国有企业的经营历史较长，企业规模也较大，资本实力较雄厚。从本书研究的结果来看，这些因素都会对企业经营者的社会责任态度和企业的社会表现产生重要影响。简言之，因为不同类型企业的企业特征与所面临的制度环境均有所差异，因此其行为表现也会有所差异。因此，我们的发现与结论未必适用于其他类型的企业，如国有企业、外资企业等，而进行不同类型企业之间的比较将是未来研究中一个很有意义的研究取向。

第三，中国传统文化与企业社会责任之间的关系研究。从文化比较的角度来看，西方企业的社会责任观念与韦伯（M. Weber）所说的新教伦理有关，而中国传统文化是促进还是抑制企业承担社会责任？在中国传统文化中，没有"责任"这一具体的词汇，但却蕴含了丰富的责任思想。如儒家经典中的"义利之辨"，主张义利统一，以义为先的观点，可以为中国民营企业承担社会责任行为提供文化基础和价值皈依。再如中国社会中的"报"的思想，杨联升将"报"称为中国社会关系的基础。① "报"不仅是中国人所独有的一种交换行为，它也反映了中国人的行为特征与价值取向。从企业与社会的关系角度看，企业承担社会责任可以视为企业回报社会的行为。从这层意义上

① 杨联升：《报——中国社会关系的一个基础》，载《中国思想与制度论集》，段昌国等译，台湾联经出版事业公司1976年版。

说，中国的文化传统对企业社会责任有正向的影响作用。但如果仔细审视中国传统文化中的"责任观"，就会发现儒家文化中所言之责任具有亲缘性、非普遍性和泛化的倾向。① 总体上来看，中国传统社会是一个以血亲家族为社会基本单元的社会，其主要特征就是封闭性。以"报"为交换方式的社会互动与传统社会的封闭性特征相适应。② 中国人的责任范围超不出亲人与熟人的范围，针对一般陌生人的契约化、法制化的责任少之又少，对人们社会生活的影响也就微乎其微。因此梁启超说："我国民所最缺者，公德其一端也。"③ 费孝通也说中国人只有"私德"而无"公德"。④ 即使有些公共责任——如天下兴亡，则存在泛化倾向，这种强调更多地体现在形式上，而不是在实践意义上。

总之，社会文化构成了企业组织的制度环境，企业的社会责任行为必然会受社会文化因素的影响，研究中国文化传统对企业社会责任行为的影响，跨文化比较不同文化背景下的企业社会责任行为差异，对于借鉴儒家文化的合理内核，使以儒家思想为代表的传统文化因子充分转变为现代中国式企业文化的营养要素，进而推进企业的社会责任建设来说，具有重大的研究价值。

第四，家族化经营对民营企业社会责任的影响研究。中国民营企业大多为家族经营，而家族经营对企业的经营目标、治理方式、战略选择以及企业的经营绩效都会产生重要影响。⑤ 有学者曾指出："在缺乏对家族制度深入了解的情况下，对中国经济特别是企业组织的发

---

① 王艳：《从传统文化看当前社会责任的实现》，《兰州学刊》2007 年第 10 期。

② 翟学伟：《报的运作方位》，《社会学研究》2007 年第 1 期。

③ 梁启超：《新民说》，辽宁人民出版社 1994 年版，第 16 页。

④ 费孝通：《乡土中国·生育制度》，北京大学出版社 1998 年版。

⑤ Chrisman J. J., Kellermanns F. W., Chan K. C. & Liano K., "Intellectual Foundations of Current Research in Family Business: An Identification and Review of 25 Influential Articles", *Family Business Review*, Vol. 23, No. 1, 2010, pp. 9 – 26.

展将是难以准确把握的。"① 家族经营的企业由于家族系统与企业系统的相互作用和动态性而具有独特的行为特征，② 而导致其社会责任意识和行为与一般企业相比可能存在一定的差异性。③ 目前，对企业社会责任的研究成果已比较丰富，但对于家族化经营对企业承担社会责任的影响的分析还非常少。企业社会责任理念强调的是企业应该平衡股东与其他相关利益者之间的利益关系，即处理企业利益与社会利益的关系问题。而在家族企业中，则不仅是平衡企业利益和社会利益的关系问题，家族利益的诉求会对企业社会责任的承担产生怎样的影响？家族利益、企业利益和社会利益之间的关系如何？家族化的管理方式会对企业经营者的社会责任态度产生什么样的影响？基于家族涉入视角的企业社会责任研究可能是明晰家族企业与非家族企业社会责任差异性的一个尤其值得关注的主题，具有重要的理论价值和现实意义。

第五，企业社会责任与企业价值之间关系的研究。企业社会责任与企业价值或企业财务绩效之间关系的研究一直是企业社会责任领域的重要的研究主题。因为这一研究的结论可以为企业承担社会责任的合理性提供实证的证据和说服力，因此一直受到学者们的关注。因为这一研究须获取企业财务状况方面的信息，一般这类研究大多以上市公司为样本，利用上市公司公开的面板数据进行分析和讨论。采用问卷调查的方法收集企业财务信息非常困难，考虑到资料的可得性，本书未在问卷中设计相关题项，也没有对这一深具理论与现实意义的问题进行讨论和分析，但这是一个值得深入研究的主题。

---

① 李新春：《中国的家族制度与企业组织》，《中国社会科学季刊（香港）》1998 年秋季卷。

② Chua J. H., Chrisman J. J. & Sharma P., "Defining Family Business by Behavior", *Entrepreneurship Theory and Practice*, Vol. 23, No. 4, 1999, pp. 9 – 39.

③ 周立新：《家族企业社会责任：研究动态》，《商业经济与管理》2010 年第 11 期。

附　　录

调查日期：_____年_____月_____日

调查员：_____

民营企业社会责任调查问卷

尊敬的女士/先生

您好！

为了解我国民营企业履行社会责任的现状，探寻评价我国民营企业社会责任的指标体系，并为推进我国民营企业承担社会责任的对策提供借鉴和参考，特组织了本次调查，希望得到您的大力支持！

本问卷调查数据只用于学术研究，我们承诺严格保密，保证任何时候都不公开企业和个人的信息。本问卷中的问题答案没有对错之分，请根据您的实际感受作答。

"我国民营企业社会责任问题的社会学研究" 课题组

2013 年 4 月

第一部分

1. 您所在的企业（下称"本企业"）成立的年份为＿＿＿＿年，总部位于＿＿＿＿省＿＿＿＿市。目前企业员工的人数约为＿＿＿＿人。

2. 您的性别：　　A. 男　　　　　　B. 女

3. 您的年龄：　　A. 25 岁及以下　B. 26—30 岁　C. 31—35 岁

　　　　　　　　D. 36—40 岁　　E. 41—45 岁　F. 46—50 岁

　　　　　　　　G. 51—55 岁　　H. 56—60 岁　I. 61 岁及以上

4. 您的教育程度：A. 小学或小学以下　　　　B. 初中

　　　　　　　　C. 高中或中专　　　　　　D. 大专

　　　　　　　　E. 本科

　　　　　　　　F. 研究生及以上

5. 本企业去年的销售额（或营业额）约为：

　　A. 500 万元以下　　　　　B. 500 万—1000 万元

　　C. 1000 万—3000 万元　　D. 3000 万—1 亿元

　　E. 1 亿—3 亿元　　　　　F. 3 亿元以上

6. 本企业的资产总额为：

　　A. 500 万元以下　　　　　B. 500 万—1000 万元

　　C. 1000 万—3000 万元　　D. 3000 万—1 亿元

　　E. 1 亿—3 亿元　　　　　F. 3 亿元以上

7. 本企业所处的产业类型是：

　　A. 农林牧渔业　　　　　　B. 采掘业

　　C. 制造业　　　　　　　　D. 房地产业

　　E. 交通运输、仓储和邮政业

　　F. 电力、煤气及水的生产和供应业

　　G. 建筑业　　　　　　　　H. 批发和零售业

　　I. 住宿和餐饮业　　　　　J. 租赁和商务服务业

　　K. 其他行业（请注明）

　　问卷的以下部分，请您根据您所在企业的实际情况或您的实际感受，对下列陈述作出判断，在相应数字上画上"√"。

　　1 代表"完全不了解"或"完全不同意"，7 代表"完全了解"或"完全同意"，数字越大表示符合程度或认同度越高。

第二部分

	完全不了解（同意）		一般				完全了解（同意）
1. 您是否了解以下几个概念：							
（1）利益相关者	1	2	3	4	5	6	7
（2）企业社会责任	1	2	3	4	5	6	7
（3）跨国公司生产守则	1	2	3	4	5	6	7
（4）SA8000 认证	1	2	3	4	5	6	7
2. 您是否认同下面的说法：							
（1）企业应履行经济责任	1	2	3	4	5	6	7
（2）企业应履行法律责任	1	2	3	4	5	6	7
（3）企业应履行伦理责任	1	2	3	4	5	6	7
（4）企业应履行公众责任	1	2	3	4	5	6	7

第三部分

	完全不同意		一般				完全同意
1. 企业行为应该符合社会道德的要求	1	2	3	4	5	6	7
2. 企业承担社会责任是企业家义不容辞的义务和责任	1	2	3	4	5	6	7
3. 优秀企业家一定具有强烈的社会责任感	1	2	3	4	5	6	7
4. 企业的根本责任是促进国家的发展	1	2	3	4	5	6	7

5. 履行企业社会责任会增加企业的成本	1	2	3	4	5	6	7
6. 企业的根本责任是为股东创造利润	1	2	3	4	5	6	7
7. 企业社会责任是企业发展到一定阶段后才能顾及的	1	2	3	4	5	6	7
8. 企业社会责任是企业基本责任之外的责任	1	2	3	4	5	6	7
9. 企业社会责任主要是大企业的事情	1	2	3	4	5	6	7
10. 企业承担社会责任可以提高企业的知名度与美誉度	1	2	3	4	5	6	7
11. 企业承担社会责任有利于获得社会公众的认可	1	2	3	4	5	6	7
12. 企业承担社会责任可以优化政企关系	1	2	3	4	5	6	7
13. 企业承担社会责任有助于争取政府的一些支持和政策倾斜	1	2	3	4	5	6	7
14. 企业承担社会责任可以为企业家搭建一个对外交流平台	1	2	3	4	5	6	7
15. 企业承担社会责任可以塑造融洽的组织气氛和人际关系	1	2	3	4	5	6	7
16. 企业承担社会责任可以激励员工的工作积极性	1	2	3	4	5	6	7
17. 企业承担社会责任可以影响到消费者的购买意向	1	2	3	4	5	6	7
18. 企业承担社会责任可以增加商业伙伴的信赖	1	2	3	4	5	6	7
19. 企业承担社会责任可以帮助企业实现自己的品牌化战略	1	2	3	4	5	6	7
20. 企业承担社会责任可以提升企业自身的市场竞争力	1	2	3	4	5	6	7
21. 企业承担社会责任是为了企业应对相关法规和行业规范的要求	1	2	3	4	5	6	7
22. 推行企业社会责任，是为了适应新的国际经济贸易规则	1	2	3	4	5	6	7
23. 企业承担社会责任是为了应对客户提出的要求	1	2	3	4	5	6	7

24. 企业承担社会责任可以应对 竞争对手的压力	1	2	3	4	5	6	7
25. 企业承担社会责任可以应对 来自社会舆论的压力	1	2	3	4	5	6	7
26. 企业承担社会责任可以降低 法律风险	1	2	3	4	5	6	7

第四部分

	完全不 符合		一般				完全 符合
1. 本企业对投资者的投资回报在 国内同行中极高	1	2	3	4	5	6	7
2. 本企业及时向投资者提供全面 真实的信息	1	2	3	4	5	6	7
3. 企业的发展规划是由所有投资 者一起制定的	1	2	3	4	5	6	7
4. 本企业的中高层管理者的薪资 报酬在同行业中极具竞争力	1	2	3	4	5	6	7
5. 本企业与全部员工都签订了劳 动合同	1	2	3	4	5	6	7
6. 本企业员工的平均工资水平在 本地区极具竞争力	1	2	3	4	5	6	7
7. 本企业为所有员工都购买了三 险（养老、医疗、工伤）	1	2	3	4	5	6	7
8. 本企业因职业病和工伤事故发 生的职工伤亡人数在同行业中 较多	1	2	3	4	5	6	7
9. 本企业足额按时向供应商支付 货款	1	2	3	4	5	6	7
10. 本企业在向分销商交货时， 经常会因为各种原因而不能按合 同规定时间交货	1	2	3	4	5	6	7
11. 与供应商或分销商的合作中， 坚持诚信原则	1	2	3	4	5	6	7

12. 本企业从未与供应商或分销商产生过法律纠纷	1	2	3	4	5	6	7
13. 本企业产品的广告有适当的夸张与渲染成分	1	2	3	4	5	6	7
14. 本企业的产品被消费者抱怨和投诉的次数极多	1	2	3	4	5	6	7
15. 本企业向消费者提供的产品信息完整、真实、准确，没有误导	1	2	3	4	5	6	7
16. 本企业对每一次顾客投诉都能迅速处理，并最终让每一个顾客满意为止	1	2	3	4	5	6	7
17. 未征得顾客同意，本企业从不会泄露或使用顾客信息	1	2	3	4	5	6	7
18. 本企业纳税总额占利税总额的比重在同行业内极高	1	2	3	4	5	6	7
19. 本企业向慈善机构捐赠大量资金	1	2	3	4	5	6	7
20. 本企业明确提出了企业与社会协同发展的目标	1	2	3	4	5	6	7
21. 设立奖学金或奖学基金，赞助教育事业	1	2	3	4	5	6	7
22. 本企业经常出资支持当地的体育和文化活动	1	2	3	4	5	6	7
23. 本企业采取了有效措施，尊重和保护他人的知识产权和专有技术	1	2	3	4	5	6	7
24. 本企业有适当的方案来减少能源和原材料的浪费	1	2	3	4	5	6	7
25. 本企业建立了环境保护目标、指标以及环境保护责任制度	1	2	3	4	5	6	7
26. 本企业在环境保护方面的投入在同行业内名列前茅	1	2	3	4	5	6	7

第五部分

	完全不同意		一般				非常同意
1. 企业社会责任是一种高投入高回报的投资行为	1	2	3	4	5	6	7
2. 推行企业社会责任看重的是企业的长远利益	1	2	3	4	5	6	7
3. 推行企业社会责任是为了改善或提高企业的社会公众形象	1	2	3	4	5	6	7
4. 本地保护劳工、消费者、自然环境等方面的法规政策很完善	1	2	3	4	5	6	7
5. 本地的监管部门（如环境评估部门）的监管力度很大	1	2	3	4	5	6	7
6. 媒体对企业参与公益慈善活动很关注，报道很多	1	2	3	4	5	6	7
7. 公众对企业是否履行社会责任很关注，在网上讨论很多	1	2	3	4	5	6	7
8. 同行企业经常参与公益慈善活动	1	2	3	4	5	6	7
9. 政府定期公布企业履行社会责任的情况	1	2	3	4	5	6	7
10. 本地区行业协会等各类非政府组织数量众多	1	2	3	4	5	6	7
11. 本地区各类非政府组织的影响力极大	1	2	3	4	5	6	7
12. 本地行业协会制定了完善的行业规范	1	2	3	4	5	6	7
13. 一般情况下，本企业的重要活动都会邀请有关政府官员出席	1	2	3	4	5	6	7
14. 本企业领导人（董事长或总经理）与商业伙伴经常相互探访	1	2	3	4	5	6	7

15. 本企业领导人（董事长或总经理）经常参加行业会议	1	2	3	4	5	6	7
16. 本企业的产品直接面向普通消费者	1	2	3	4	5	6	7
17. 本企业用工的主要来源是当地居民	1	2	3	4	5	6	7

参考文献

一 中文文献

晁罡、袁品、段文、程宇宏：《企业领导者的社会责任取向、企业社会责任表现和组织绩效的关系研究》，《管理学报》2008年第3期。

陈宏辉、贾生华：《企业社会责任观的演进与发展：基于综合性社会契约的理解》，《中国工业经济》2003年第12期。

陈宏辉：《利益相关者管理：新经济时代的管理哲学》，《软科学》2003年第1期。

陈佳贵、黄速建：《企业经济学》，经济科学出版社1997年版。

陈留彬：《中国企业社会责任评价实证研究》，《山东社会科学》2007年第11期。

陈维政、吴继红、任佩瑜：《企业社会绩效评价的利益相关者模式》，《中国工业经济》2002年第7期。

陈旭东、余逊达：《民营企业社会责任意识的现状与评价》，《浙江大学学报》（人文社会科学版）2007年第2期。

陈迅、韩亚琴：《企业社会责任分级模型及其应用》，《中国工业经济》2005年第9期。

陈志昂、陆伟：《企业社会责任三角模型》，《经济与管理》2003年第11期。

陈智、徐广成：《中国企业社会责任影响因素研究——基于公司治理视角的实证分析》，《软科学》2011 年第 4 期。

崔月琴：《后单位时代社会管理组织基础的重构——以"中间社会"的构建为视角》，《学习与探索》2010 年第 4 期。

邓丽明、郭晓虹：《高管价值观影响企业社会责任行为的理论与实证研究》，《江西社会科学》2012 年第 8 期。

费孝通：《乡土中国·生育制度》，北京大学出版社 1998 年版。

黄孟复主编：《中国民营经济发展分析报告 NO.4（2006—2007）》，中国社会科学出版社 2005 年版。

黄敏学、李小玲、朱华伟：《企业被"逼捐"现象的剖析：是大众"无理"还是企业"无良"?》，《管理世界》2008 年第 10 期。

贾生华、陈宏辉：《利益相关者的界定方法述评》，《外国经济与管理》2002 年第 5 期。

姜万军、杨东宁、周长辉：《中国民营企业社会责任评价体系初探》，《统计研究》2006 年第 7 期。

黎友焕：《企业社会责任实证研究》，华南理工大学出版社 2010 年版。

李海婴、翟运开、董芹芹：《企业社会责任：层次模型与动因分析》，《当代经济管理》2006 年第 6 期。

李立清：《企业社会责任评价理论与实证研究：以湖南省为例》，《南方经济》2006 年第 1 期。

李双龙：《试析企业社会责任的影响因素》，《经济体制改革》2005 年第 4 期。

李四海：《企业社会责任履行度影响因素的实证研究——来自上证 A 股的经验证据》，《珞珈管理评论》2009 年第 2 期。

李维岳：《论西方企业社会责任培育机制的形成与发展》，《辽宁行政学院学报》2010 年第 6 期。

李伟：《基于公司特征对企业社会责任影响的实证》，《统计与决策》

2012 年第 3 期。

李心合：《面向可持续发展的利益相关者管理》，《当代财经》2001 年第 1 期。

李新春：《中国的家族制度与企业组织》，《中国社会科学季刊（香港）》1998 年秋季卷。

李正：《企业社会责任与企业价值的相关性研究——来自沪市上市公司的经验证据》，《中国工业经济》2006 年第 2 期。

李正辉、李春艳：《两型社会视角下工业企业社会责任的评价模型研究》，《统计与信息论坛》2010 年第 6 期。

梁启超：《新民说》，辽宁人民出版社 1994 年版。

林松池：《基于财务指标的企业社会责任评价探讨》，《财会通讯》（综合版）2009 年第 4 期。

卢代富：《国外企业社会责任界说评述》，《现代法学》2001 年第 3 期。

彭净：《企业社会责任度模糊测评研究》，四川大学出版社 2006 年版。

山立威、甘犁、郑涛：《公司捐款与经济动机——汶川地震后中国上市公司捐款的实证研究》，《经济研究》2008 年第 11 期。

沈洪涛、沈艺峰：《公司社会责任思想起源与演变》，世纪出版集团、上海人民出版社 2007 年版。

石守斌、何伟：《公司社会责任的缺失与承担》，《广东农工商职业技术学院学报》2011 年第 3 期。

石守斌：《强化我国公司社会责任探析》，《政法学刊》2009 年第 2 期。

疏礼兵：《民营企业社会责任认知与实践的调查研究》，《软科学》2010 年第 10 期。

宋建波、盛春艳：《企业履行社会责任对财务绩效影响研究——来自中国制造业上市公司的实证检验》，《财经问题研究》2012 年第

8 期。

谭森、刘开明：《跨国公司的社会责任与中国社会》，社会科学文献出版社 2003 年版。

唐更华：《企业社会责任发生机理研究》，湖南人民出版社 2008年版。

万建华：《利益相关者管理》，海天出版社 1998 年版。

汪丁丁：《经济学理性主义的基础》，《社会学研究》1998 年第 2 期。

王开田、何玉：《中国民营企业履行社会责任的意愿、方法与效果研究：一项探索性调查》，《江西财经大学学报》2010 年第 6 期。

王世权、李凯：《企业社会责任解构：逻辑起点、概念模型与履约要义》，《外国经济与管理》2009 年第 6 期。

王艳：《从传统文化看当前社会责任的实现》，《兰州学刊》2007 年第 10 期。

吴玲、贺红梅：《基于企业生命周期的利益相关者分类及其实证研究》，《四川大学学报》2005 年第 6 期。

吴明隆：《问卷统计分析实务——SPSS 操作与应用》，重庆大学出版社 2010 年版。

辛杰：《企业社会责任价值观研究——以山东省 2200 家企业调查为例》，《华东经济管理》2008 年第 11 期。

颜剩勇：《企业社会责任财务评价研究》，西南财经大学出版社 2007年版。

杨春方：《中国企业社会责任影响因素实证研究》，《经济学家》2009年第 1 期。

杨家宁、陈健民：《非政府组织在中国推动企业社会责任的模式探讨》，《中国非营利评论》2010 年第 2 期。

杨联陞：《报——中国社会关系的一个基础》，《中国思想与制度论集》，段昌国等译，台湾联经出版事业公司 1976 年版。

杨熠、沈洪涛：《我国公司上海责任与财务业绩关系的实证研究》，

《暨南学报》（哲学社会科学版）2008 年第 6 期。

翟学伟：《报的运作方位》，《社会学研究》2007 年第 1 期。

张建君：《外企捐款的驱动因素：一个两阶段制度模型》，《管理世界》2011 年第 7 期。

张五常：《企业的契约性质》，载陈郁《企业制度与市场组织——交易费用经济学文选》，上海人民出版社、上海三联书店 1996 年版。

张衔、谭克诚：《企业社会责任研究新探》，《中流通经济》2011 年第 1 期。

章辉美、李绍元：《中国企业社会责任的理论与思考》，《北京师范大学学报》（社会科学版）2009 年第 5 期。

郑海东：《企业社会责任行为表现：测量维度、影响因素及绩效关系》，高等教育出版社 2012 年版。

中国企业家调查系统：《企业家对企业社会责任的认识与评价——2007 年中国企业经营者成长与发展专题调查报告》，《管理世界》2007 年第 6 期。

钟宏武：《中国企业社会责任报告白皮书（2013）》，经济管理出版社 2013 年版。

周立新：《家族企业社会责任：研究动态》，《商业经济与管理》2010 年第 11 期。

［法］埃米尔·涂尔干：《社会分工论》，渠敬东译，生活·读书·新知三联书店 2000 年版。

［美］安德鲁·卡内基：《财富的福音》，杨会军译，京华出版社 2006 年版。

［美］彼得·F. 德鲁克：《管理——任务、责任、实践》，孙耀君等译，工人出版社 1989 年版。

［美］波斯特·J. E. 、安妮·T. L. 、詹姆斯·W. ：《企业与社会：公司战略公共政策与伦理》，张志强译，中国人民大学出版社 2005

年版。

[美] 戴维·J. 弗里切：《商业伦理学》，机械工业出版社 1999 年版。

[意] 蒂托·康迪：《组织自我评价》，马义中译，中国标准出版社
2005 年版。

[美] 菲利普·科特勒、南希·李：《企业的社会责任：通过公益事
业拓展更多的商业机会》，姜文波等译，机械工业出版社 2006
年版。

[美] 弗里德曼等：《社会心理学》，高地、高佳等译，周先庚校，黑
龙江人民出版社 1984 年版。

[美] 哈罗德·孔茨、海因茨·韦里克：《管理学》，郝国华等译，经
济科学出版社 1997 年版。

[英] 哈耶克：《致命的自负》，冯克利、胡晋华译，中国社会科学出
版社 2000 年版。

[德] 霍尔斯特·S.、阿尔伯特·L.：《企业伦理学基础》，李兆雄
译，上海社会科学出版社 2001 年版。

[美] 科斯：《企业的性质：企业、市场和法律》，上海三联书店、上
海人民出版社 1990 年版。

[韩] 李哲松：《韩国公司法》，吴日焕译，中国政法大学出版社 2000
年版。

[美] 里基·W. 格里芬：《实用管理学》，杨洪兰等译，复旦大学出
版社 1989 年版。

[美] 理查德·T.、德·乔治：《经济伦理学》，李布译，北京大学出
版社 2002 年版。

[美] 理查德·斯格特：《组织理论》，黄洋等译，华夏出版社 2002
年版。

[美] 迈克尔·詹森、威廉·麦克林：《企业理论：管理行为、代理
成本与所有权结构》，载陈郁《所有权、控制权与激励》，上海人
民出版社 1998 年版。

〔美〕米尔顿·弗里德曼：《资本主义与自由》，商务印书馆 1986
年版。

〔美〕P. 普拉利：《商业伦理》，洪成文等译，中信出版社 1999
年版。

——《利益相关者管理：企业伦理管理的时代要求》，《经济问题探
索》2003 年第 2 期。

——《企业利益相关者三维分类的实证分析》，《经济研究》2004 年
第 4 期。

〔美〕乔治·恩德勒：《面向行动的经济伦理学》，高国希等译，上海
社会科学院出版社 2002 年版。

〔美〕斯蒂芬·P. 罗宾斯：《管理学》，黄卫伟等译，中国人民大学
出版社 1997 年版。

〔美〕托马斯·唐纳森、托马斯·W. 邓菲：《有约束力的关系——对
企业伦理学的一种社会契约论的研究》，赵月瑟译，上海社会科学
院出版社 2001 年版。

〔美〕沃克、马尔：《利益相关者权力》，赵宝华、刘彦平译，经济管
理出版社 2003 年版。

〔英〕亚当·斯密：《国民财富的性质和原因的研究》，郭大力、王亚
楠译，商务印书馆 1981 年版。

〔美〕约翰·B. 库仑：《多国管理——战略要径》，邱立成等译，机
械工业出版社 2000 年版。

二 英文文献

Ackerman R. W. , "How Companies Respond to Social Demands", *Harvard Business Review*, Vol. 51, No. 4, 1973.

Adizes I. , *Corporate Lifecycles: How and Why Corporations Grow and Die and What to Do About It*, Prentice Hall, 1989.

Agle B. R. , Mitchell R. K. & Sonnenfeld J. A. , "Who Matters to CEOs?

An Investigation of Stakeholder Attributes and Salience, Corporate Performance, and CEO Values", *Academy of Management Journal*, Vol. 42, No. 5, 1999.

Alpaslan M. & Mitroff I. I. , *Bonded Morality: A Study of Crisis Management in the Fortune*, NY: Unpublished Paper, 2004.

Al-Hadia A. , Chatterjeeb B. , Yaftianc A. , Taylora G. & Hasan M. M. , "Corporate Social Responsibility Performance, Fnancial Distress and Firm Life Cycle: Evidence From Australia", *Accounting & Finance*, Vol. 32, No. 26, 2017.

Anderson C. R. & Zeithaml C. P. , "Stage of Product Life Cycle, Business Strategy, and Business Performance", *Academy of Management Journal*, Vol. 27, No. 1, 1984.

Ansoff H. I. , *Corporate Strategy: An Analytic Approach to Business Policy for Growth and Expansion*, New York: McGraw-Hill, 1965.

Anthony J. & Ramesh K. , "Association between Accounting Performance Measures and Stock Prices", *Journal of Accounting and Economics*, Vol. 15, No. 2 – 3, 1992.

Aupperle K. E. , Carroll A. B. & Hatfield J. D. , "An Empirical Examination of the Relationship Between Corporate Social Responsibility and Profitability", *Academy of Management Journal*, Vol. 28, No. 2, 1985.

Baron D. , *Business and Its Environment*, Upper Saddle River, NJ: Prentice Hall, 2003.

Baumann-Pauly D. , Wickert C. , Spence L. J. & Scherer A. G. , "Organizing Corporate Social Responsibility in Small and Large Firms: Size Matters", *Journal of Business Ethics*, Vol. 115, No. 4, 2013.

Berle A. A. & Means Gardiner C. , *The Modern Corporation and Private Property*, New Brunswick: Transaction Publishers, 1991.

Berle A. A. , *The 20th Century Capitalist Revolution*, New York: Harcourt, Brace and Company, 1954.

Berle A. A. , "Corporate Powers as Powers in Trust", *Harvard Business Review*, Vol. 44, No. 7, 1931.

Berle A. A. , "Modern Functions of the Corporate System", *Columbia Law Review*, Vol. 62, No. 3, 1962.

Berman S. L. , Wicks A. C. , Kotha S. & Jones T. M. , "Does Stakeholder Orientation Matter? The Relationship between Stakeholder Management Models and Firm Finan Cial Performance", *Academy of Management Journal*, Vol. 42, No. 5, 1999.

Bhattacharya C. B. & Sen S. , "Does Doing Good Always Lead to Doing Better? Consumer Reactions to Corporate Social Responsibility", *Journal of Marketing Research*, Vol. 38, No. 2, 2001.

Bhattacharya C. B. & Sen Sankar, "Doing Better at Doing Good: When, Why and How Consumers Respond to Corporate Social Initiatives", *California Management Review*, Vol. 47, No. 1, 2004.

Blair M. M. , *Ownership and Control: Rethinking Corporate Governance for the Twenty-first Century*, Washington D. C. : The Brooking Institution, 1995.

Bowen H. R. , *Social Responsibilities of the Businessman*, Iowa: University of Iowa Press, 2013.

Bowen Howard R. , *Social Responsibility of the Businessman*, New York: Harper & Row, 1953.

Bowman E. H. & Haire M. , "A Strategic Posture Toward Corporate Social Responsibility", *California Management Review*, Vol. 18, No. 2, 1975.

Bragdon J. & Marlin J. , "Is Pollution Profitable?", *Risk Management*, Vol. 19, No. 4, 1972.

Brammer S. , Williams G. & Zinkin J. , "Religion and Attitudes to Corporate Social Responsibility in A Large Cross-Country Sample", *Journal of Business Ethics*, Vol. 71, No. 3, 2007.

Brown W. , Helland E. & Smith J. , "Corporate Philanthropic Practices", *Journal of Finance*, Vol. 12, No. 5, 2006.

Bruck G. , "The Hazards of Corporate Responsibility", *Fortune Magazine*, June, 1973.

Brummer J. J. , *Corporate Responsibility and Legitimacy: An Interdisciplinary Analysis*, New York: Greenwood Press, 1991.

Brummer J. , *Corporate Responsibility and Legitimacy*, Greenwood Press, 1991.

Cabeza-García L. , Fernández-Gago R. & Nieto M. , "Do Board Gender Diversity and Director Typology Impact CSR Reporting?", *European Management Review*, https://doi. org/10. 1111/emre. 12143, 2017.

Cameron K. S. & Whetten D. A. , "Perceptions of Organizational Effectiveness over Organizational Life Cycles", *Administrative Science Quarterly*, Vol. 26, No. 3, 1981.

Campbell J. L. , "Why Would Corporations Behave in Socially Responsible Way? A Institutional Theory of Corporate Social Responsibility", *Academy of Management Review*, Vol. 32, No. 3, 2007.

Carroll A. B. , "Corporate Social Responsibility: Evolution of a Definitional Construct", *Business and Society*, Vol. 38, No. 3, 1999.

Carroll A. B. , "The Pyramid of Corporate Social Responsibility: Toward the Moral Management Organizational Stakeholders", *Business Horizons*, Vol. 34, No. 4, 1991.

CED, *Social Responsibilities of Business Corporations*, New York: Commottee for Economic Development, 1971.

Chandler A. D. , *Strategy and Sructure*, Cambridge, MA: MIT Press, 1962.

Charkham J. , "Corporate Governance: Lessons from Abroad", *European Business Journal*, Vol. 4, No. 2, 1992.

Chrisman J. J. , Kellermanns F. W. , Chan K. C. & Liano K. , "Intellectual Foundations of Current Research in Family Business: An Identification and Review of 25 Influential Articles", *Family Business Review*, Vol. 23, No. 1, 2010.

Chua J. H., Chrisman J. J. & Sharma P., "Defining Family Business by Behavior", *Entrepreneurship Theory and Practice*, Vol. 23, No. 4, 1999.

Clack J. M., "The Changing Basis of Economic Responsibility", *Journal of Political Economy*, Vol. 24, No. 3, 1916.

Clark G. & Hebb T., *Why do They Care? The Market for Corporate Global Responsibility and the Role of Institutional Investors*, Oxford: Oxford University School of Geography, 2004.

Clark J. & Maurice, "The Changing Basis of Economic Responsibility", *Journal of Political Economy*, Vol. 24, No. 3, 1916.

Clarkson M. E., "A Stakeholder Framework for Analyzing and Evaluating Corporate Social Performance", *Academy of Management Review*, Vol. 20, No. 1, 1995.

Clarkson M. E., "Corporate Social Performance in Canada, 1976 – 1986", *Research in Corporate Social Performance and Policy*, Vol. 10, 1988.

Clarkson M. E., "Defining, Evaluating, and Managing Corporate Social Performance: The Stakeholder Management Model", in *Research in Corporate Social Performance and Policy*, No. 12, edited by L. E. Preston, Greenwich, CT: JAI Press, 1991.

Crifo P. & Forget V. D., "The Economics of Corporate Social Responsibility: A Firm-Level Perspective Survey", *Journal of Financial Economic Surveys*, Vol. 29, No. 1, 2015.

Davis K. & Blomstrom R. L., *Business and Society: Environment and responsibility* (3rd ed), New York: McGraw-Hill, 1975.

Davis K., "Can Business Afford to Ignore Social Responsibility?", *California Management Review*, Vol. 2, No. 3, 1960.

Davis K., "The Case for and Against Business Assumption of Social Responsibilities", *Academy of Management Journal*, Vol. 16, No. 2, 1973.

De Madariaga J. G. & Valor C., "Stakeholders Management Systems: Empirical Insights from Relationship Marketing and Market Orientation Perspectives", *Journal of Business Ethics*, Vol. 71, No. 4, 2007.

DeAngelo H., DeAngelo L. & Stulz R. M., "Dividend Policy and the Earned/ Contributed Capital Mix: a Test of the Life-cycle Theory", *Journal of Financial Economics*, Vol. 81, No. 2, 2006.

Delmas M. & Toffel M. W., "Stakeholders and Environmental Management Practices: An Institutional Framework", *Business Strategy and the Environment*, Vol. 13, No. 4, 2004.

Dickinson V., "Cash Flow Patterns as a Proxy for Firm Life Cycle", *The Accounting Review*, Vol. 11, No. 86, 2011.

DiMaggio P. J. & Powell W. W., "The Iron Cage Revisited: Institutional Isomorphism and Collective Rationality in Organizational Fields", *American Sociological Review*, Vol. 48, No. 2, 1983.

Dodd E. M., "For Whom are Corporate Managers Trustees?", *Harvard Business Review*, Vol. 45, No. 7, 1932.

Dodge H. J. & Robbins J. E., "An Empirical Investigation of the Organizational Life Model for Small Business Development and Survival", *Journal of Small Business Management*, Vol. 30, No. 1, 1992.

Dodge H. J., Fullerton S. & Robbins J. E., "Stage of the Organizational Life Cycle and Competition as Mediators of Problem Perception for Small Businesses", *Strategic Management Journal*, Vol. 15, No. 2, 1994.

Donaldson T. & Preston L. E., "The Stakeholder Theory of the Corporation: Concepts, Evidence and Implications", *Academy of Management Review*, Vol. 20, No. 1, 1995.

Donaldson T., "The Stakeholder Revolution and the Clarkson Principles", *Business Ethnics Quarterly*, Vol. 12, No. 2, 2002.

Drazin R. & Kazanjian K. , "Research Notes and Communications: A Re-analysis of Miller and Friesen's Life Cycle Data", *Strategic Management Journal*, Vol. 11, No. 4, 1990.

Drucker P. F. , "The New Meaning of Corporate Social Responsibilities", *California Management*, Vol. 26, No. 2, 1984.

Eells R. & Walton C. , *Conceptual Foundations of Business* (3rd ed.), Burr Ridge, IL: Irwin, 1974.

Ehrgott M. , Reimann F. , Kaufmann L. & Carter C. R. , "Social Sustainability in Selecting Emerging Economy Suppliers", *Journal of Business Ethics*, Vol. 98, No. 1, 2011.

Eilbert H. & Parket I. R. , "The current status of corporate social responsibility", *Business Horizons*, Vol. 16, No. 4, 1973.

Elsayed K. & Paton D. , "The Impact of Financial Performance on Environmental Policy: Does Firm Life Cycle Matter?", *Business Strategy and the Environment*, Vol. 18, No. 6, 2009.

Epstein E. , "The Corporate Social Policy Process: Beyond Business Ethics, Corporate Social Responsibility and Corp orate Social Responsiveness", *California Management Review*, Vol. 29, No. 3, 1987.

Faccio M. , Masulis R. W. & McConnell J. J. , "Political Connections and Corporate Bailouts", *The Journal of Finance*, Vol. 61, No. 6, 2006.

Faisal M. N. , "Sustainable Supply Chains: A Study of Interaction Among the Enablers", *Business Process Management Journal*, Vol. 16, No. 3, 2010.

Falck O. & Heblich S. , "Corporate Social Responsibility: Doing Well by Doing Good", *Business Horizons*, Vol. 50, No. 3, 2007.

Fassin Y. , Werner A. , Van Rossem A. , Signori S. , Garriga E. , von-Weltzien Hoivik H. & Schlierer H. J. , "CSR and Related Terms in SME 'owner-managers' Mental Models in Six European Countries: National Context Matters", *Journal of Business Ethics*, Vol. 128, No. 2, 2015.

Figar N. & Figar V. , "Corporate Social Responsibility in the Context of the Theory of Stakeholders", *Economics and Organization*, Vol. 8, No. 1, 2011.

Fisman R. , "Estimating the Value of Politically Connections", *American Economic Review*, Vol. 91, No. 4, 2001.

Fombrun C. , Shanley M. , "What's in a Name? Reputation Building and Corporate Strategy", *Academy of Management Journal*, Vol. 33, No. 2, 1990.

Frederick W. C. , *Business and Society*, *Corporate Strategy*, *Public Policy*, *Ethics* (6th ed.), McGraw-Hikk Book Co, 1988.

Frederick W. C. , "From CSR1 to CSR2", *Business and Society*, Vol. 33, No. 2, 1994.

Frederick W. C. , "The Growing Concern over Business Responsibility", *California Management Review*, Vol. 2, No. 4, 1960.

Frederick W. C. , "Toward CSR3: Why Ethical Analysis is Indispensable and Unavoidable in Corporate Affairs", *California Management Review*, Vol. 34, No. 1, 1986.

Freeman R. E. & Reed D. L. , "Stockholders and Stakeholders: A New Perspective on Corporate Governance", *California Management Review*, Vol. 25, No. 3, 1983.

Freeman R. E. , *Strategic Management: A Stakeholder Approach*, Boston: Pittman-Ballinger, 1984.

Freeman R. E. & Evan William, "Corporate Governance: A Stakeholder Interpretation", *Journal of Behavioral Economics*, Vol. 19, No. 4, 1990.

Friedman M. , *Capitalism and Freedom*, Chicago: University of Chicago Press, 2002.

Friedman M. , "The Social Responsibility of Business is to Increase its Profits", *The New York Times*, Vol. 13, No. 9, 1962.

Frooman J. , "Socially Irresponsible and Illegal Behavior and Shareholder

Wealth: A Meta-analysis of Event Studies", *Business & Society*, Vol. 36, No. 3, 1997.

Frooman J., "Stakeholder Influence Strategies", *Academy of Management Review*, Vol. 24, No. 2, 1999.

Galaskiewic J. & Wasserman S., "Mimetic Processes Within an Interorganizational Field: An Empirical Test", *Administrative Science Quarterly*, Vol. 34, No. 3, 1989.

Galaskiewicz J. & Burt R. S., "Interorganizational Contagion in Corporate Philanthropy", *Administrative Science Quarterly*, Vol. 36, No. 1, 1991.

Galbraith J. K., *The New Industrial State* (2nd ed), Boston: Houghton Mifflin Company, 1971.

Galbraith J., "The Stages of Growth", *The Journal of Business Strategy*, Vol. 3, No. 4, 1982.

Galbreath J., "Drivers of Corporate Social Responsibility: The Role of Formal Strategic Planning and Firm Culture", *British Journal of Management*, Vol. 21, No. 2, 2010.

Gardner J. W., "How to Prevent Organizational Dry Rot", *Harper's Magazine*, October, 1965.

Gergen K., *Social Psychology: Exploration in Understanding*, Del Mar, Calif: CRM Books, 1974.

Goldman E., Rocholl J. & So J., "Politically Connected Boards of Directors and the Allocation of Procurement Contracts", *Working Paper*, Indiana University, 2013.

Gort M. & Klepper S., "Time Paths in the Diffusion of Product Innovations", *Economic Journal*, Vol. 92, No. 367, 1982.

Granovetter M., "Economic Action and Social Structure: The Problem of Embeddedness", *American Journal of Sociology*, Vol. 91, No. 3, 1985.

Gray B. & Ariss S. S., "Politics and Strategic Change Across Organizational

Life Cycles", *Academy of Management Review*, Vol. 16, No. 4, 1985.

Greiner L. E. , "Evolution and Revolution as Organizations Grow", *Harvard Business Review*, Vol. 50, No. 4, 1972.

Griffin Jenifer J. & Mahon John F. , "The Corporate Social Performance and Corporate Financial Performance Debate: Twenty-five Years of Incomparable Research", *Business and Society*, Vol. 31, No. 1, 1997.

Haire M. , *Biological Models and Empirical History of the Growth of Organizations: Modem Organizational Theory*, New York: John Wiley and Sons, 1959.

Hanks S. , Watson C. , Hansen E. & Chandler G. , "Tightening the Life Cycle Construct", *Entrepreneurship Theory and Practice*, Vol. 18, 1993.

Harbangh W. , "What do Donations Buy? A Model of Philanthropy Based on Prestige and Warm Glow", *Journal of Public Economics*, Vol. 67, No. 2, 1998.

Hartman L. P. , Rubin R. S. & Dhanda K. K. , "The Communication of Corporate Social Responsibility: United States and European Union Multinational Corporations", *Journal of Business Ethics*, Vol. 74, 2007.

Hasan M. M. & Habib A. , "Corporate Life Cycle, Organizational Financial Resources and Corporate Social Responsibility", *Journal of Contemporary Accounting & Economics*, Vol. 13, No. 1, 2017.

Hasan M. M. , Hossain M. & Habib A. , "Corporate Life Cycle and Cost of Equity Capital", *Journal of Contemporary Accounting & Economics*, Vol. 11, No. 1, 2015.

Helfat C. E. & Peteraf M. A. , "The Dynamic Resource-based View: Capabilities Lifecycles ", *Strategic Management Journal*, Vol. 24, No. 10, 2003.

Hemingway C. A. & Maclagan P. W. , "Managers' Personal Values as Drivers of Corporate Social Responsibility", *Journal of Business Ethics*, Vol. 50,

No. 1, 2004.

Hill C. W. L. & Jones G. R., *Strategic Management: An Integrated Approach*, Houghton Mifflin, Boston, MA, 2007.

Hoffman A. J., "Institutional Evolution and Change: Environmentalism and the U. S. Chemical Industry", *The Academy of Management Journal*, Vol. 42, No. 4, 1999.

Hoi C. K., Wu Q. & Zhang H., "Is Corporate Social Responsibility (CSR) Associated with Tax Avoidance? Evidence from Irresponsible CSR Activities", *The Accounting Review*, Vol. 88, No. 6, 2013.

Hrebiniak L. G. & Joyce W. F., "Organizational Adaptation: Strategic Choice and Environmental Determinism", *Administrative Science Quarterly*, Vol. 30, No. 3, 1985.

Ingram, R. W., "An Investigation of Information Content (Certain) Social Responsibility Disclosure", *Journal of Accounting Research*, Vol. 16, No. 2, 1978.

Jawahar I. M. & McLaughlin G. L., "Toward a Descriptive Stakeholder Theory: An Organizational Life Cycle Approach", *Academy of Management*, Vol. 26, No. 3, 2001.

Jenkins D., Kane G. & Velury U., "The Impact of the Corporate Life-cycle on the Value-relevance of Disaggregated Earnings Components", *Review of Accounting and Finance*, Vol. 3, No. 4, 2004.

Jenkins H., "Corporate Social Responsibility and the Mining Industry: Conflicts and Constructs", *Corporate Social Responsibility and Environmental Management*, Vol. 11, No. 1, 2004.

Jensen M. & Meckling W., "Theory of the Firm: Managerial Behavior, Agency Costs, and Ownership Structure", *Journal of Financial Economics*, Vol. 3, No. 4, 1976.

Johnson H. L., *Business in Contemporary Society: Framework and Issues*,

Belmont, CA: Wadsworth, 1971

Johnson H. L. , *Business in Contemporary Society: Framework and Issues*, Wadsworth Pub. Co. , 1971.

Johnson R. A. & Greening D. W. , "The Effects of Corporate Governance and Institutional Ownership Types on Corporate Social Performance", *Academy of Management Journal*, Vol. 42, No. 5, 1999.

Jones T. M. & Wicks A. C. , "Convergent Stakeholder Theory", *Academy of Management Review*, Vol. 24, No. 2, 1999.

Jones T. M. , "Corporate Social Responsibility Revisited, Redefined", *California Management Review*, Vol. 22, No. 3, 1980.

Jones T. M. , "Instrumental Stakeholder Theory: A Synthesis of Ethics and Economics", *Academy of Management Review*, Vol. 20, No. 2, 1995.

Kaiser H. F. & Rice J. , "Little Jiffy, Mark IV", *Educational and PsychologicalMeasurement*, Vol. 34, No. 1, 1974.

Kazanjian R. K. , "The Organizational Evolution of Technology-based New Ventures: A Stage of Growth Model", *Academy of Management Journal*, Vol. 31, 1988.

Klein B. & Leffler K. , "The Role of Market Forces in Assuring Contractual Performance", *Journal of Political Economy*, Vol. 89, No. 4, 1981.

Lambert D. M. , Cooper M. C. & Pagh J. D. , "Supply Chain Management: Implementation Issues and Research Opportunities", *International Journal of Logistics Management*, Vol. 9, No. 2.

Lamberti L. & Lettieri E. , "CSR Practices and Corporate Strategy: Evidence from a Longitudinal Case Study", *Journal of Business Ethics*, Vol. 87, No. 2, 2009.

Lee E. Preston, By (author) James E. Post, *Private Management and Public Policy: Principle of Public Responsibility*, NJ: Prentice Hall, 1975.

Leontiades M. , *Strategies for Diversification and Change*, MA: Little

Brown, 1980.

Lepouter J. & Heene A. , "Investigating the Impact of Firm Size on Small Business Social Responsibility: A Critical Review", *Journal of Business Ethics*, Vol. 67, No. 3, 2006.

Liao Y. , "The Effect of Life-cycle Stage of an Organization on the Relationship between Corporate Control and Product Innovation", *International Journal of Management*, Vol. 23, 2006.

Lindgreen A. , Swan V. & Johnson W. J. , "Corporate Social Responsibility: An Empirical Investigation of U. S. Organizations", *Journal of Business Ethics*, Vol. 85, No. 2, 2009.

Lippitt G. L. & Schmidt W. H. , "Crisis in a Developing Organization", *Harvard Business Review*, Vol. 45, 1967.

Manne H. G. & Wallich H. C. , *The Modern Corporation and Social Responsibility*, Washington D. C. : American Enterprise Institute for Public Policy Research, 1972.

Manne H. G. , "The Social Responsibility of Regulated Utilities", *Wisconsin Law Review*, No. 4, 1972.

Manne H. G. , "The 'Higher Criticism' of the Modern Corporation", *Columbia Law Review*, Vol. 62, No. 3, 1962.

March J. G. & Olsen J. P. , "The new Institutionalism: Organizational Factors in Political Life", *American Political Science Review*, Vol. 78, No. 7, 1984.

Margolis Joshua D. & Walsh James P. , "Misery Loves Companies: Rethinking Social Initiatives by Business", *Administrative Science Quarterly*, Vol. 38, No. 3, 2003.

Marsden C. , "The New Corporate Citizenship of Business: Part of The Solution to Sustainability", *Business and Society Review*, Vol. 105, No. 1, 2000.

Matten D. & Moon J. , " 'Implicit' and 'Explicit' CSR: A Conceptual Framework for A Comparative Understanding of Corporate Social Responsibility" , *Academy of Management Review* , Vol. 33 , No. 2 , 2008.

McGuire J. W. , *Business and Society* , New York: McGraw-Hill , 1963.

McWilliams A. , Van Fleet D. & Cory K. , " Raising Rivals' Costs Through Political Strategy: An Extension of Resource-based Theory" , *Journal of Management Studies* , Vol. 39 , No. 5 , 2002.

McWilliams Abagail & Donald Siegel , "Corporate Social Responsibility and Financial Performance: Correlation or Misspecification?" , *Strategic Management Journal* , Vol. 21 , No. 5 , 2000.

Meyer J. W. & Rowan B. , "Institutionalism: Organization: Formal Structure as Myth and Ceremony" , *American Journal of Sociology* , Vol. 83 , No. 3 , 1977.

Meyer John W. & Rowan B. , "Institutionalized and Organizations: Formal Structure as Myth and Ceremony" , *American Journal of Sociology* , Vol. 83 , No. 3 , 1977.

Mikalsen Knut H. & Jentoft Svein , "From User-groups to Stakeholders? The Public Interest in Fisheries Management" , *Marine Policy* , Vol. 25 , No. 4 , 2001.

Miller D. & Friesne P. H. , "A Longitudinal Study of the Corporate Life Cycle" , *Management Science* , Vol. 30 , No. 10 , 1984.

Miller D. & Friesne P. H. , "Successful and Unsuccessful Phases of the Corporate Life Cycle" , *Organizational Studies* , Vol. 4 , No. 3 , 1983.

Milliman J. , Von Glinow M. A. & Nathan M. , "Organizational Life Cycles and Strategic International Human Resource Management in Multinational Companies: Implications for Congruency Theory" , *Academy of Management Review* , Vol. 16 , No. 2 , 1991.

Mintzberg H. , "Power and Organizational Life Cycles" , *Academy of Man-*

agement Review, Vol. 9, 1984.

Mitchell A., Agle B. R. & Wood D., "Toward a Theory of Stakeholder I-dentification and Salience: Defining the Principle of Whom and What Really Counts", *Academy of Management Review*, Vol. 22, No. 4, 1997.

Moon Jeremy, "Government as a Driver of Corporate Social Responsibility", Vol. 20 – 2004 ICCSR Research Paper Series - ISSN 1479 – 5124, Available from: http://citeseerx.ist.psu.edu/viewdoc/download; jsessionid = 0F10E751708CA1ABDA208AACEAA53E84? doi = 10.1.1.198.8346&rep = rep1&type = pdf. 2004.

Narver J. C. & Savitt R., *The Marketing Economy: An Analytical Approach*, New York: Holt, Rinehart and Winston, 1971.

Navarro P., "Why Do Corporations Give to Charity?", *Journal of Business*, Vol. 61, No. 1, 1988.

Nehrt C., "Timing and Intensity Effects of Environmental Investments", *Strategic Management Journal*, Vol. 17, No. 7, 1996.

Olson P. & Terpstra D., "Organizational Structural Changes: Life-cycle Stage in Fluences and Managers' and Interventionists' Challenges", *Journal of Organizational Change Management*, Vol. 5, No. 4, 1992.

Orlitzky, Marc, Frank Schmidt and Sara L. Rynes, "Corporate Social and Financial Performance: A Meta-Analysis", *Organization Studies*, Vol. 24, No. 3, 2003.

O' Shaughnessy K. C., Gedajlovic E. & Reinmoeller P., "The in Fluence of Firm, Industry and Network on the Corporate Social Performance of Japanese Firms", *Asia Pacic Journal of Management*, Vol. 24, 2007.

Penrose E., *The Theory of the Growth of the Firm* (3rd ed.), Oxford, UK: Oxford University Press, 1959.

Pfeffer J. & Salancik G., *The External Control of Organ Izations: A Resource Dependence Perspective*, New York: Harper & Row, 1978.

Porter M. E. & Kramer M. R. , "Strategy and Society: The Link between Competitive Advantage and Corporate Social Responsibility", *Harvard Business Review*, Vol. 84, No. 12, 2006.

Post J. E. & Mellis M. , "Corporate Responsiveness and Organizational Learning", *California Management Review*, Vol. 20, No. 3, 1978.

Powell S. M. , Shearer H. & Davies M. , "Motivating Corporate Social Responsibility in the Supply Chain", In: *Proceedings of the Australian and New Zealand Marketing Academy Conference*, Australian & New Zealand Marketing Academy, Melbourne, Australia, 2007.

Preston L. & O'Bannon D. , "The Corporate Social-flnancial Performance Relationship: A Typology and Analysis", *Business and Society*, Vol. 36, No. 4, 1997.

Ramaswamy V. , Ueng J. C. & Carl L. , "Corporate Governance Characteristics of Growth Companies: An Empirical Study", *Academy of Accounting and Financial Studies*, Vol. 12, 2008.

Rashid M. Z. A. & Ibrahim S. , "Executive and Management Attitudes Towards Corporate Social Responsibility in Malaysia Corporate Governance", *The International Journal of Effective Board Performance*, Vol. 2, No. 4, 2002.

Roussel F. J. , "Thinking about Going Into Business?", Document Vol. 1001. Little Rock: Arkansas Small Business Development Center, http: //asbdc: ualr. edu/fod/1001. htm, 2000.

Russo A. & Perrini F. , "Investigating Stakeholder Theory and Social Capital: CSR in Large Firms and SMEs", *Journal of Business Ethics*, Vol. 91, No. 2, 2010.

Salzmann O. , Ionescu Somers A. & Steger U. , "The Business Case for Corporate Sustainability: Literature Review and Research Options", *European Management Journal*, Vol. 23, No. 1, 2005.

Sehwartz M. Z. & Carroll A. B. , "Corporate Soeial Responsibility: A Three Domain Approach", *Business & Ethies Quarterly*, Vol. 13, No. 4, 2003.

Selznick P. , "Institutionalism 'Old' and 'New'", *Administrative Science Quarterly*, Vol. 41, No. 2, 1996.

Sethi S. P. , "Dimensions of Corporate Social Performance: An Analytical Framework", *California Management Review*, Vol. 17, No. 3, 1975.

Smith K. G. & Mitchell T. R. , Summer C. E. , "Top-level Management Priorities in Different Stages of the Organizational Life Cycle", *Academy of Management Journal*, Vol. 28, No. 4, 1985.

Smith N. C. , "Consumers as Drivers of Corporate Responsibility", *Centre for Marketing Working Paper*, Vol. 07 - 103, London Business School. 2007.

Smith N. C. , "Corporate Social Responsibility: Whether or How?", *California Management Review*, Vol. 45, No. 4, 2003.

Sonnenfeld J. , "Measuring Corporate Performance", *Academy of Management Proceedings*, Vol. 6, 1982.

Steiner G. A. & Steiner J. F. , *Business, Government and Society*, New York: McGraw-Hill Inc. , 1997.

Strahilevitz M. , "The Effects of Product Type and Donation Magnitude on Willingness to Pay More for a Charity-Linked Brand", *Journal of Consumer Psychology*, Vol. 8, No. 3, 1999.

Swanson D. L. , "Addressing a Theoretical Problem by Reorienting the Corporate Social Performance Model", *Academy of Management Review*, Vol. 20, No. 1, 1995.

Tan J. , "Institutional Structure and Firm Social Performance in Transitional Economies: Evidence of Multinational Corporate in China", *Journal of Business Ethics*, Vol. 86, No. 2, 2009.

Tetlock P. E. & Manstead A. S. R. , "Impression Management Versus In-
trapsychic Explanations in Social Psychology: A Useful Dichotomy?",
Psychological Review, Vol. 92, No. 1, 1985.

Thomas A. S. & Simerly R. L. , "Internal Determinants of Corporate Social
Performance: The Role fo Top Managers", *Paper Presenter at the Annual
Meeting of the Academy of Management*, Vancouver, Canada, 1995.

Timmons J. , *Entrepreneurship in the 1990s* (3rd ed.), Boston:
Irwin, 1990.

Tixier M. , "Note: Soft vs. Hard Approach in Communicating on Corporate
Social Responsibility", *Thunderbird International Business Review*,
Vol. 45, No. 1, 2003.

Tuzzolino F. & Annandi B. R. , "A need Hierarchy Framework for Assess-
ing Corporate Social Responsibility", *Academy of Management Review*,
Vol. 6, No. 1, 1981.

Udayasankar K. , "Corporate Social Responsibility and Firm Size", *Jour-
nal of Business Ethics*, Vol. 83, 2008.

Vachani S. , Doh J. P. & Teegen H. , "NGOs' in Fiuence on MNEs' So-
cial Development Strategies in Varying Institutional Contexts: A Transac-
tion Cost Perspective", *International Business Review*, Vol. 18, 2009.

Van de Ven A. H. & Poole M. S. , "Explaining Development and Change in
Organizations", *Academy of Management Review*, Vol. 21, No. 3, 1995.

Votaw D. , "Genius Becomes Rare", in D. Votaw and S. P. Sethi (ed.),
The Corporate Dilemma: Traditional Values Versus Contemporary Problems
(Prentice Hall, Englewood Cliffs, NJ), 1975.

Waddock S. A. & Graves S. B. , "The Corporate Social Performance-financial
Performance Link", *Strategic Management Journal*, Vol. 18, No. 4, 1997.

Walden W. D. & Schwartz B. , "Environmental Disclosures and Public Pol-
icy", *Journal of Accounting and Public Policy*, Vol. 16, No. 2, 1997.

Walton C. C. , *Corporate Social Responsibilities*, Belmont, CA: Wadsworth, 1967.

Wartick S. L. & Cochran P. L. , "The Evolution of the Corporate Social Performance Model", *The Academy of Management Review*, Vol. 10, No. 4, 1985.

Weber J. , "Measuring the Impact of Teaching Ethics to Future Managers: A Review, Assessment, and Recommendations", *Journal of Business Ethics*, Vol. 9, No. 3, 1990.

Werhane P. H. & Freedman R. E. , *The Blackwell Encyclopedic Dictionary of Business Ethics*, USA: Blackwell Business, 1998.

Werther W. & Chandler D. , "Strategic Corporate Social Responsibility as Global Brand Insurance", *Business Horizons*, Vol. 48, No. 4, 2005.

Westphal J. D. , Gulati R. & Shortell S. , "Customization or Conformity? An Institutional and Network Perspective on the Content and Consequences of TQM Adoption", *Administrative Science Quarterly*, Vol. 42, No. 2, 1997.

Wheeler D. & Maria S. , "Including the Stakeholders the Business Case", *Long Range Planning*, Vol. 31, No. 2, 1998.

Wood D. J. & Jones R. E. , "Stakeholder Mismatching: A Theoretical Problem in Empirical Research on Corporate Social Performance", *International Journal of Organizational Analysis*, Vol. 3, No. 3, 1995.

Wood D. J. , "Corporate Social Performance Revisited", *Academy of Management Review*, Vol. 16, No. 4, 1991.

Wood D. J. , "Social Issues in Management: Theory and Research in Corporate Social Performance", *Journal of Management*, Vol. 17, No. 2, 1991.

Woodward D. , Edwards P. & Birkin F. , "Some Evidence on Executive Views of Corporate Social Responsibility", *British Accounting Review*, Vol. 33, No. 3, 2001.

Yang X. & Rivers C. , "Antecedents of CSR Practices in MNCs' Subsidiaries: A Stakeholder and Institutional Perspective", *Journal of Business Ethics*, Vol. 86, 2009.